翠珉琳琅

大同市博物馆藏历代碑刻选粹

大同市博物馆 编著

山西出版传媒集团 三晋出版社

编委会

主　编　段晓莉

副主编　曹臣明　林　皓

编　撰　林　皓　左风英　赵　璐

拓　印　康林虎

资料整理　吴中华

顾　问　王利民

前言

大同历史悠久，文化底蕴深厚，出土的碑刻文物甚为丰富。大同市博物馆自建馆以来，经几代文博人艰苦奋斗，勠力同心，收集600余件不同历史时期的碑刻文物，不但保护了国家珍贵的文物，而且通过解读碑文，填补了诸多历史文献资料的空白。2021年，大同市博物馆从中精选约130件（套），首次集中推出以古代碑刻为专题的图书，为社会各界人士提供一次难得的研究、交流碑刻艺术的机会，同时也是一次展示大同悠久历史、灿烂文化的饕餮盛宴。

该图书依据大同的历史发展脉络，内容上侧重于三个历史时期的碑刻文物。其一，北魏时期。大同是魏碑体的发源地，北魏平城地区出土的碑刻文物反映了北魏早期拓跋鲜卑族与中原民族之间相交融的社会风貌，表现出拓跋鲜卑人受儒家思想影响，遵循汉地书写格式，并对两汉隶书进行改革的客观事实。其二，辽、金、元时期。这一时期，北方少数民族受中原文化与佛教文化的影响，结合各民族自身的特点，创造出契丹文、女真文与巴思八文等带有浓厚北方游牧民族特色的文字。同时，众多汉人也深入北地定居，接受游牧民族的生活方式。其三，明朝时期。明王朝实行分封藩王制度，大同地区自第一代代王朱桂始，至末代代王朱传㸄止，共13位，传承253年，大致贯穿整个大明王朝。历代代王就藩大同，为巩固边疆、促进贸易、宣传中原文化起到积极作用。近年来，大同地区出土诸多代王家族成员及明代大同地区名人雅士的墓志，为我们研究代王家族谱系及明代各时期的边疆政策提供了宝贵的历史实物资料。同时，各时期的碑刻书体也反映出不同历史时代的书法艺术及文化内涵，对今人研究汉字文化发展的各阶段特征具有一定的指导意义。

该图书的成功出版，立足于大同市博物馆丰富的碑刻文物藏品优势，首次进行了全面、系统的整理与研究，精心撰写，涉及诸多历史名人与重大事件，尽力还原不同历史时期社会的整体风貌，对大同的历史文化研究起到重要的推动作用。

引言

碑刻是中国古代物质文化不可或缺的一部分。碑刻文物为考古学、历史学、古文字学、美术学等学科提供了丰富、可靠的历史材料，对解决历史疑团、还原历史原貌有着至关重要的意义。根据目前所掌握的考古资料，碑刻起源于新石器时代晚期，先民在石头上或崖壁上刻画符号，用以记事或绘画。先秦时期是中国碑刻的萌芽期，战国时代秦国的石鼓文、中山国的监囿守丘刻石为其代表。两汉时期，碑刻艺术走向繁荣。东汉中后期，统治者提倡崇儒重道的治国理念，各地兴起铭刻风潮，大量儒家、道家经典名录被凿刻于山石之上，出现了如《甘陵相碑》《石门颂》等碑刻名品。北朝碑刻沿袭汉晋风格，以质朴、均守旧法、书体古拙为特色，成为后世广泛效仿的对象。隋唐时期是中国碑刻艺术走向成熟的阶段，此时的碑刻艺术融汇众长，出现大量流传千古的佳品。辽、宋、金、元时期，各民族间相互交流、融合，文化上兼容并蓄，碑刻是各民族文化汇聚的客观反映，异彩纷呈。明清时期，碑刻艺术表现得更加规范化和程式化，反映出森严的封建等级制度。

大同作为国务院首批24座历史文化名城之一，素有两汉要塞、北魏京华、辽金陪都、明清重镇的美称。悠久的历史和独特的地理位置，使得大同这片土地上保留着诸多历朝历代极具史料与艺术价值的精美碑刻文物。大同市博物馆收藏的众多古代碑刻，充分展现了上至北魏平城时代，历经唐、辽、金、元各代，下至明清时期大同地区的社会发展历程。其中，北魏平城时代的碑刻最具特色，为北魏孝文帝创建魏碑体奠定了坚实的基础，也为今人研究魏碑体的起源、发展提供了翔实的实物资料。

本书是大同市博物馆自1959年建馆至今首次翔实地整理、研究、出版馆藏古代碑刻，按照历史发展顺序，以拓片与铭文两种方式相结合，呈现出不同时代的碑刻艺术。本书所辑录的古代碑刻，上至北魏皇兴三年（469年）韩受洛拔妻邢合姜墓志，下到1917年两朝帝师李殷林墓志，约130件（套）。许多碑刻书法工整精美，字体苍劲有力，包括篆、隶、楷、行、草等各种书体，具有极高的艺术价值。其内容包罗万象，涉及历史人物、历史事件、名人事迹等，对研究悠久灿烂的大同历史、传承内涵丰富的大同文化具有重要的作用。

“聪者听于无声，明者见于未形”，千年的风月如白驹过隙，但那些刻于石头上的文字是艺术的百科全书，向世人生动再现大同昔日的光辉。

编者希望本书能够为中国碑刻艺术理论和历史研究提供参考，同时也为馆藏文物的整理与研究尽些绵薄之力。莽莽苍苍，赫赫扬扬，中华五千年文明是由一点一滴积累起来的，就像那碑刻上的一笔一画、一字一句，聚沙成塔，愿本书成为流芳百世的佳品。

北 朝

唐 朝

目录

辽金元

明　朝

清及民国

北朝

大代皇興三年歲在
己酉丁卯朔辛曹與
州燕郡安次縣人韓
吏名務彭邢俗妻夏
州間河郡移至眞受
馮朔郡冥年弩大邢
令美年大十不上

韩受洛拔妻邢合姜墓志

年代：北魏皇兴三年（469 年）

尺寸：宽 42.5 厘米，高 28 厘米

出土于山西省大同市富乔电厂

录文：

大代皇兴三年，岁在己酉丁卯朔辛酉，幽州燕郡安次县人韩受洛拔妻邢合姜，定州润河郡移到苌安冯翊郡万年县人邢合姜，年六十六亡。

君姓申諱洪之魏郡魏縣人也曾祖鍾前趙司徒東
陽公祖道生輔國將軍兗州刺史金鄉縣侯子孫家
焉君少遭屯蹇与兄直懃令乾之歸命于魏君識幹
强明行操貞敏孝友慈仁溫恭惠和兄弟同居白首
交懽閨門怡怡九族式軌是以銓才委任甫授東宮
莫堤將闡茂績克崇世業而降年不遐年五十有七
以魏延興二年十月五日喪於京師以舊墳懸遠歸
穸理難且嬴博之葬蓋隨時矣考謀龜筮皆休云吉
遂築塋於平城桑乾河南形隨化往德与時著敢刻
斯石以昭不朽
先地主文忸于吴提賀賴吐伏延賀賴吐根
高梨高郁突四人邊買地廿頃官絹百匹從來
廿一年今洪之喪靈永安於此故記之

申洪之墓志

年代：北魏延兴二年（472 年）
尺寸：宽 48 厘米，高 61 厘米，厚 9 厘米
出土于山西省大同市附近

录文：

君姓申，讳洪之，魏郡魏县人也。曾祖钟，前赵司徒、东阳公。祖道生，辅国将军、兖州刺史、金乡县侯，子孙家焉。君少遭屯蹇，与兄直勤令乾之，归命于魏。君识干强明，行操贞敏，孝友慈仁，温恭惠和。兄弟同居，白首交欢，闺门怡怡，九族式轨，是以诠才委任。甫授东宫莫堤，将阐茂绩，克崇世业，而降年不遐，年五十有七，以魏延兴二年十月五日丧于京师。以旧坟悬远，归窆理难，且嬴博之葬，盖随时矣。考谋龟筮，皆称云吉，遂筑茔于平城桑干河南。形随化往，德与时著。敢克斯石，以昭不朽。

先地主文忸于吴提、贺赖吐伏延、贺赖吐根、高梨高郁突四人边买地廿顷，官绢百匹，从来廿一年。今洪之丧灵永安于此，故记之。

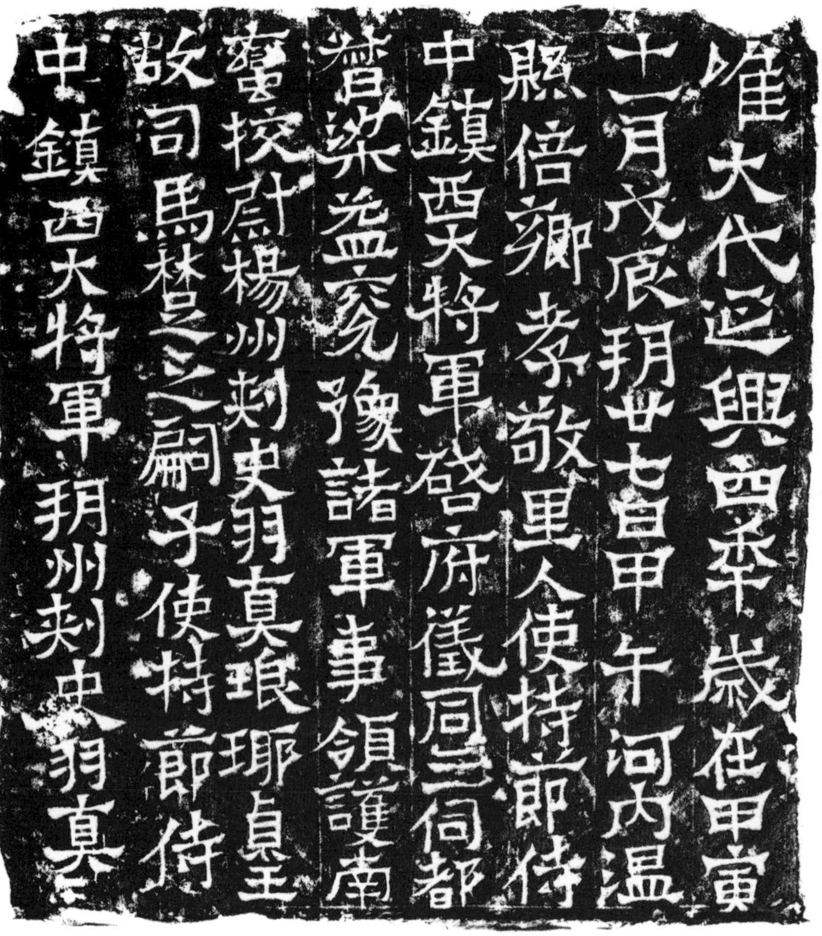
唯大代延興四年歲在甲寅
十一月戊辰朔廿七日甲午河內溫
縣倍鄉孝敬里人使持節侍
中鎮西大將軍啓府儀同三司都
督梁益兗豫諸軍事領護南
蠻校尉揚州刺史羽真琅琊貞王
故司馬楚之嗣子使持節侍
中鎮西大將軍朔州刺史羽真

（阳）

琅琊王金龍妻侍中太尉
隴西王直懃賀豆跋女
乞伏文照王外孫女欽文
姬辰之銘

（阴）

司马金龙之妻姬辰墓铭

年代：北魏延兴四年（474年）

尺寸：宽28厘米，高30厘米，厚6厘米

出土于山西省大同市石家寨村司马金龙夫妇墓

录文：

【阳】唯大代延兴四年，岁在甲寅十一月戊辰朔廿七日甲午，河内温县倍乡孝敬里人，使持节、侍中、镇西大将军、启府仪同三伺（司）、都督梁益兖豫诸军事，领护南蛮校尉、扬州刺史、羽真、琅琊贞王，故司马楚之嗣子，使持节、侍中、镇西大将军、朔州刺史、羽真。

【阴】琅琊王金龙妻，侍中、太尉、陇西王、直勤贺豆跋女，乞伏文照王外孙女钦文姬辰之铭。

大代太和八年歲
在甲子十一月庚午
朔十六日乙酉懷州
河內郡溫縣肥鄉孝
敬里使持節侍中鎮
西大將軍吏部尚書
羽真司空冀州刺史
瑯琊康王司馬金龍
之銘

司马金龙墓铭

年代：北魏太和八年（484年）

尺寸：宽56厘米，高54厘米，厚14.5厘米

出土于山西省大同市石家寨村司马金龙夫妇墓

录文：

大代太和八年，岁在甲子十一月庚午朔十六日乙酉，怀州河内郡温县肥乡孝敬里，使持节、侍中、镇西大将军、吏部尚书、羽真、司空、冀州刺史、琅琊康王司马金龙之铭。

魏故城陽宣王墓誌

侍中征西大將軍尚書僕射城陽宣王諱忠字仙德昭
皇帝之曾孫丞相常山王之孫征西大將軍三都坐大官常
山康王之中子稟風雲之秀氣體星景之嘉靈識警機詳邃
量凝遠韞玉內暎懷素寶其奇逸彩外彰摛華尚其妙故耐
下照旻暉延恩天眷文纓月從戎章歲襲秘略宣謀聲譽出
內心贊之寄寵莫二為將遠畐昌國永贊鴻業而慶善靡徵
屬纊在候鑾輿親幸使者屬路春秋卌有五太和四年歲次
庚申七月乙未朔十日甲辰薨於外第天子愍悼民哀邦瘁
贈謚之厚禮殊恒命暨景明五年歲次甲申正月戊申朔十
四日辛酉妃河內司馬氏晉譙王之孫也穿妣王春秋五十
有六薨於洛陽清明里第緝融禮饋式昭近訓四德詳著母
儀帝宗□□□□錫拜鄉追贈溫縣君粵十一月甲辰朔
六日己酉謹惟周典改卜遷兆闉窆于代都永固白登之陽
阿松門方杳薰闈將扃刊石泉宮式永休烈其辭曰
業廣維城綿葛昌祚曰懋君王玉潤淵度德契機華道蔚詳
素識鏡秋明義冨春霧優遊其賞昭指其靈敷庸景徽錫光
天顧秘謀云在禁言己處出入寵榮頻繁慶遇端綜九官式
清百務衡管剋和居鏈耐方賴輔勳台平俟譽不憖遺人
與善寘數滅景幽軒沉暉泉路楊庭壹藹松門不曙勒銘玄
㝢休光永布

城阳宣王拓跋忠墓志

年代：北魏正始元年（504年）
尺寸：宽42.5厘米，高70.5厘米
出土于山西省大同市附近

录文：

魏故城阳宣王墓志

侍中、征西大将军、尚书仆射、城阳宣王，讳忠，字仙德，昭成皇帝之曾孙，丞相、常山王之孙，征西大将军、三都坐大官、常山康王之中子。禀风云之秀气，体星景之嘉灵，识警机详，邃量凝远。韫玉内映，怀素宝其奇；逸彩外彰，擒华尚其妙。故耐下照旻晖，延恩天眷；文缨月徙，戎章岁袭。秘略宣谋，声誉出内，心膂之寄，宠莫二焉。将远图昌国，永赞鸿业，而庆善靡征，嘱纩在侯。銮舆亲幸，使者属路。春秋卌有五，太和四年，岁次庚申七月乙未朔十日甲辰，薨于外弟（第）。天子愍悼，民哀邦瘁。赠襚之厚，礼殊恒命。暨景明五年，岁次甲申正月戊申朔十四日辛酉，妃，河内司马氏，晋谯王之孙也，字妙玉，春秋五十有六，薨于洛阳清明里弟（第）。缉融礼馈，式昭庭训，四德详著，母仪帝宗。朝命钦嘉，锡□梓乡，追赠温县君。粤十一月甲辰朔六日己酉，谨惟周典，改穸迁兆，阖窆于代都永固白登之阳阿。松门方杳，薰闼将扃，刊石泉宫，式永休烈。其辞曰：

业广维城，绵葛昌祚，曰懋君王，玉润渊度。德契机华，道蔚详素。
识镜秋明，义富春雾。优游其赏，昭晳其虑。敷庸景彻，锡光天顾。
秘谋云在，禁言已处。出入宠荣，频繁庆遇。端综九官，式清百务。
衡管克和，居键耐□。方赖辅勋，台平侯誉。不慭遗人，与善冥数。
灭景幽轩，沉晖泉路。杨庭壹蔼，松门不曙。勒铭玄图，休光永布。

屯騎校尉建威將軍洛州刺
史昌國子封使君墓誌銘
屯騎校尉領都牧令昌國子公
姓封字和突恒州代郡平城人
也昊天不弔春秋六十有四以
景明二年春正月薨於官帝用
震悼遣使即柩贈州刺史璽印
綬禮也以正始元年夏四月卜
兆于武周界刊石勒頌式述聲
芳其辭曰少深岐嶷長罰寬明
內盡孝思外竭忠誠在高無危
處滿不盈鐫摸玄石庶揮風清

封和突墓志

年代：北魏正始元年（504 年）

尺寸：宽 33 厘米，高 44 厘米，厚 9 厘米

出土于山西省大同市小站村附近

录文：

屯骑校尉、建威将军、洛州刺史、昌国子封使君墓志铭

屯骑校尉、领都牧令昌国子，公姓封，字和突，恒州代郡平城人也。昊天不吊，春秋六十有四，以景明二年春正月薨于官。帝用震悼，遣使即柩，赠州刺史，蜜印绶，礼也。以正始元年夏四月卜兆于武周界。刊石勒颂，式述声芳。其辞曰：

少深岐嶷，长勖宽明。内尽孝思，外竭忠诚。

在高无危，处满不盈。镌摸玄石，庶挥风清。

魏靖公之墓誌

大魏故使持節平北將軍肆朔[illegible]
二道諸軍事平城鎮將復贈使持節[illegible]東[illegible]
刺史嘉謚曰靖元諱淵字買仁司[illegible]
昭成皇帝曾孫常山康王第廿五子[illegible]
軌於齠年忠禎發於未弁靖與儔淵爭其[illegible]競其[illegible]至於始
立而感黃霸之風暨於不惑而樹勿攘之[illegible]功於千祀顯六德於
方葉故受換彖魏吏可得而略之以正始[illegible]年歲次丁亥十月丙辰朔
廿三日戊寅春秋六十一其夫人乃賀渾給事桐州刺史相國侯趙郡
呂金安第六之敘女[illegible]稟霜節之夙長遵氷潔之度化光爰自三宮風
蟬蔎於四裒恒軌宗姬之遺迹常准起家之餘範故達績於百齡之下
立名於千歲之上焉可詳哉且略其旨也以正始五年歲次戊子三月
甲寅朔五日戊戌春秋五十六斂葬於舊京金城之公館越自來歲
永平元年[illegible]有一月庚辰朔十五日甲午窆於白澄之陽措乎蕃屬逝
身[illegible]以幽石鏤以顯述其辭曰
無矣[illegible]顯自黃基分環神封敦瓊靈芝德由泰夏道新肆茲慧屬鳳
舉啓應龍期雲潭朔壤風流燕區義隆平鎮温盛相櫨響績八表功聞
九居[illegible]承寶曆德音[illegible]永不異探霜弗改彫內儀明閨外式顯韶徽
咏三宮性歌四樹節圖[illegible]姬靖[illegible]遂仁[illegible]彩德齊夏榮純以綏徽
[illegible]以接[illegible]于[illegible]揚堂鴻[illegible]風悼奮京[illegible]
[illegible]歸[illegible]

元淑墓志

年代：北魏永平元年（508年）

尺寸：宽44厘米，高78.5厘米，厚9厘米

出土于山西省大同市城东白登山下的东王庄村

录文：

魏元公之墓志

大魏故使持节、平北将军、肆朔燕三州刺史、都督□□□□□□□□二道诸军事、平城镇将，复赠使持节、镇东将军、都督相州诸军事、相州刺史，嘉谥曰靖，元讳淑，字买仁，司州河南洛阳人也。昭成皇帝曾孙常山康王第廿五之宠子。公承□皇极，分琼帝绪，孝友轸于龆年，忠顺发于未弁，靖与停渊争其凝，动与流波竞其骇。至于始立而栽黄霸之风，暨于不或（惑）而树勿揃之化。标九功于千祀，显六德于万叶。故文焕于魏史，可得而略之。以正始四年岁次丁亥十月丙辰朔廿三日戊寅，春秋六十一。其夫人乃贺浑，给事、相州刺史、相国侯、赵郡吕金安第六之敬女。幼禀霜节之规，长遵冰洁之度。化光爰自三宫，风辉发于四裔。恒轨宋姬之遗迹，常准起家之余范。故建绩于百龄之下，立名于千岁之上。乌可详哉，且略其旨也。以正始五年岁次戊子三月甲申朔十五日戊戌，春秋五十六，佥薨于旧京金城之公馆。越自来岁，永平元年十有一月庚辰朔十五日甲午，葬于白登之阳。惜乎遘厉，逝矣弗救。乃镌以幽石，镂以显迹。其辞曰：

赫矣元极，显自黄基。分琨神荆，敷琼灵芝。

德由泰夏，道新肆兹。慧属风举，哲应龙期。

云潭朔壤，风液燕区。义隆平镇，温盛相墟。

响绩八表，功闻九居。宜承宝历，德音实符。

冰不异操，霜弗改凋。内仪明闺，外式显韶。

徽咏三宫，休歌四标。节固宋姬，情□逍遥。

仁侔春彩，德齐夏荣。纯以綅微，粹以接英。

百两方显，著于千龄。□则松□，恋则杨堂。

鸿悲风悼，禽哀云伤。魂归霄□，魄□□□。

铭金前□，宣迹后彰。

魏故討寇將軍奉朝請天水太守程君墓誌銘
府君姓程諱暐字保明汪州安定郡烏氏縣奉
義鄉崇賢里人也祖父景姚鎮東府長史略陽
太守值中國喪乱乃率合宗族遷于洛陽父龍
洛州主簿州都假給事中河南令君年廿四司
州牧咸陽王辟爲兵曹從事後拜輔國府中兵
參軍行天水武都二郡太守府罷仍除奉朝請
領殿中待御史加討寇將軍春秋五十有七以
正光二年歲次辛丑六月丁卯朔三日己巳遘
疾卒于京師洛陽縣永安里之宅粵十一月乙
未朔廿六日庚申卜窆于伊洛之南緱氏原崔
光澗東九百步乃作銘以誌之其詞曰
淳曜炳靈世德凝英曾構遠植逸氣孤亭入事
孝友出忠貞俳佪春賞寡亮襟誠注庇收字
來仕王朝遂風舉翮遂路揚鑣秉茲憲直邁彼
清僚廬年克懋令遂允照徂川東逝落影西沈
霜酸宿草風結寒林舟壑易運陵谷難尋聊誌
玄石以象德音

程暐墓志铭

年代：北魏正光二年（521 年）

墓志尺寸：宽 60 厘米，高 59 厘米

志盖尺寸：底宽 59.5 厘米，高 59.5 厘米

录文：

魏故讨寇将军、奉朝请、天水太守程君墓志铭

府君姓程，讳暐，字保明，泾州安定郡乌氏县奉义乡崇贤里人也。祖父景姚，镇东府长史、略阳太守。值中国丧乱，乃率合宗族迁于洛阳。父龙，洛州主簿、州都、假给事中、河南令。君年廿四，司州牧咸阳王辟为兵曹从事，后拜辅国府中兵参军，行天水、武都二郡太守。府罢，仍除奉朝请，领殿中侍御史，加讨寇将军。春秋五十有七，以正光二年岁次辛丑六月丁卯朔三日己巳遘疾，卒于京师洛阳县永安里之宅。粤十一月乙未朔廿六日庚申，卜窆于伊洛之南缑氏原雀儿涧东九百步。乃作铭以志之，其词曰：

淳曜炳灵，世德凝英。曾标远植，逸气孤亭。

入事孝友，出亢忠贞。徘徊春赏，寥亮襟诚。

往庇收宇，来仕王朝。望风举翮，逆路扬镳。

秉兹宪直，迈彼清僚。廉平克懋，令望允照。

俎川东逝，落影西沉，霜酸宿草，风结寒林。

丹壑易运，陵谷难寻，聊志玄石，以象德音。

临洮王妃杨氏墓志铭

年代：北魏正光四年（523年）

尺寸：宽69厘米，高67厘米

录文：

魏故临洮王妃杨氏墓志铭

妃讳奥妃，字婉瀴，恒农华阴人也。汉太尉震之裔，晋太保骏之□世孙。祖伯念，安南、秦州、安邑子。考深德，兰陵太守。家世皆以忠笃知名、清廉推称，所以长荣守贵，见赏前朝。妃少而机悟，长而温敏。幽闲表德，宽裕在躬。孝友纯深，因情而至。方严和谨，克自天然。年十有八，百两云归。鳌务轩闱，内言不出。奉王以敬，接下以慈。虽小星惠及而不专，关雎进贤以辅佐，以斯为匹，不能尚也。若夫彤管箴戒之篇，母仪妇容之典，顾史问诗之诲，开图镜鉴之录，莫不寻读玩诵，谈说如流。必以身厉下，不以贵惰物。女工之艺，妙绝当时。织纴组紃之业，饎酿醴酏之品，蘋藻荐羞之仪，笾豆折俎之数，皆详达法制，谙晓无疑。躬自先人，必经乎目。虽王博之妻，老而无废；叔文之母，相而犹绩。度彼俦兹，乌能是过。王既遇祸，幽居别室。四子蒙稚，半离襁褓。一女遗育，甫及将年。情计分擘，□□涂炭。行路为之改容，闻者为之洒泣。妃推亡抚存，哀而有礼。虽敬姜昼哭，杞妇崩隍，假斯而譬，何足云也。岁序言周，西光复迫。以永平二年十一月十二日薨于第，春秋廿有九。苍梧不从，盖祔非古。正光四年岁次癸卯四月丁巳朔廿九日乙酉，窀穸于洛阳之西陵东南培塿之阳先王神茔之内，乃作铭曰：

昌源启胄，肇自帝辛。桐珪既锡，命氏斯因。灼灼丞相，实为俊民。

堂堂两仪，实迈清尘。於穆不已，诞兹柔惠。表淑来嫔，君王是俪。

质优桃李，声芳□桂。玉式葳蕤，金相琬瘱。有闻六行，无违四德。

温良恭俭，秉心渊塞。望班均操，瞻樊取则。方以母师，永贻邦国。

与仁乖信，报道诚欺。松凋霰日，兰灭春时。回飚娥英，倏忽俺嵫。

祖庭戒轸，远卜斯期。惟□既备，驾言归止。月照松萋，风翻旆起。

穷扃一闭，方为万祀。刊石泉幽，流芬无已。

息宝月，年廿二；宝辉，年廿一；宝炬，年十七；宝明，年十六。息女明月，年十五。月嫔萧氏，曾祖伪齐高皇帝。祖映，齐司空临川献王。父子贤，齐太子□□平乐侯。妣□□氏，□皇太后再从侄。祖洪仪，冯翊太守。父曰□平□□□。明月适侯民□□□□皇太后姨弟少□。月息男永沙，年二。

君諱逸字伯洛鉅鹿楊氏人也其
先啟武丁之苗胄神降靈瑞手文顯
見父王爲之遂爲氏矣佐命啟宗鼎
翼姬漢魏晉平基世踵匡弼十一世
祖晃建元勳於晉朝帝授之以顯爵
乃受任幽州品爲鉅鹿方業連量組
紱奕世祖市懷道養德除趙郡內史
君稟純和之精資自然之氣幼秉弘
毅之頴少懷先成之智謙恭孝友雲
已待賢悟不逐匠通豈由人年十有
五寢疾卒於家故鄉黨箴其絜親戚
訛其奇裒蘭桂之彫弊樟梁木之
早摧矜兮石[illegible]銘德既伊人之可
悽乃作銘曰吉[illegible]往今來兮[illegible]機
承靈氣誕資惟昏有曉荊巖之
伊和是寶不秀不實饗年大邑
云其美寔足存偉尤策碑肯挺
斯容金體玉質誰偶誰雙遠譽精
徽神与寔通惟恭可尚惟孝可欽厚
不苟華榮不移心形青如玉磨絜如
金鳴呼介士名德孔沈刻石記美以
樹德音大魏孝昌元年歲在乙巳十
一月壬寅朔廿日辛酉刻伯諾銘記

剧逸墓志铭

年代：北魏孝昌元年（525 年）
尺寸：宽 55 厘米，高 34 厘米

录文：

君讳逸，字伯洛，巨鹿杨氏人也。其先殷武丁之苗胄。神降灵瑞，手文显见，父王嘉之，遂为氏矣。佐命殷宗，鼎翼姬汉，魏晋承基，世踵匡弼。十一世祖晃，建元勋于晋朝，帝授之以显爵，乃受任幽州，品嘉巨鹿。万叶连晕，绵飏奕世。祖市，怀道养德，除赵郡内史。君禀纯和之精，资自然之气，幼秉弘毅之頳，少怀老成之智。谦恭孝友，虚己待贤，悟不迳匠，通岂由人。年十有二，寝疾卒于家。故乡党义其洁，亲戚玩其奇，哀兰桂之凋敝，悼梁木之早摧，刊玄石□铭德，永伊人之可怀。乃作铭曰：

故往今来，玄机未兆。灵气诞资，惟昏有晓。
荆岩之□，伊和是宝。不秀不实，响牟大皂。
□云其美，实曰伊僮。元气诞育，挺□斯容。
金体玉质，谁偶谁双。远识精彻，神与冥通。
惟恭可尚，惟孝可钦。辱不苟去，荣不移心。
形青如玉，响絜如金。呜呼介士，名德尣沉。
刊石记美，以标德音。

大魏孝昌元年岁在乙巳十一月壬寅朔廿日辛酉，剧伯洛铭记。

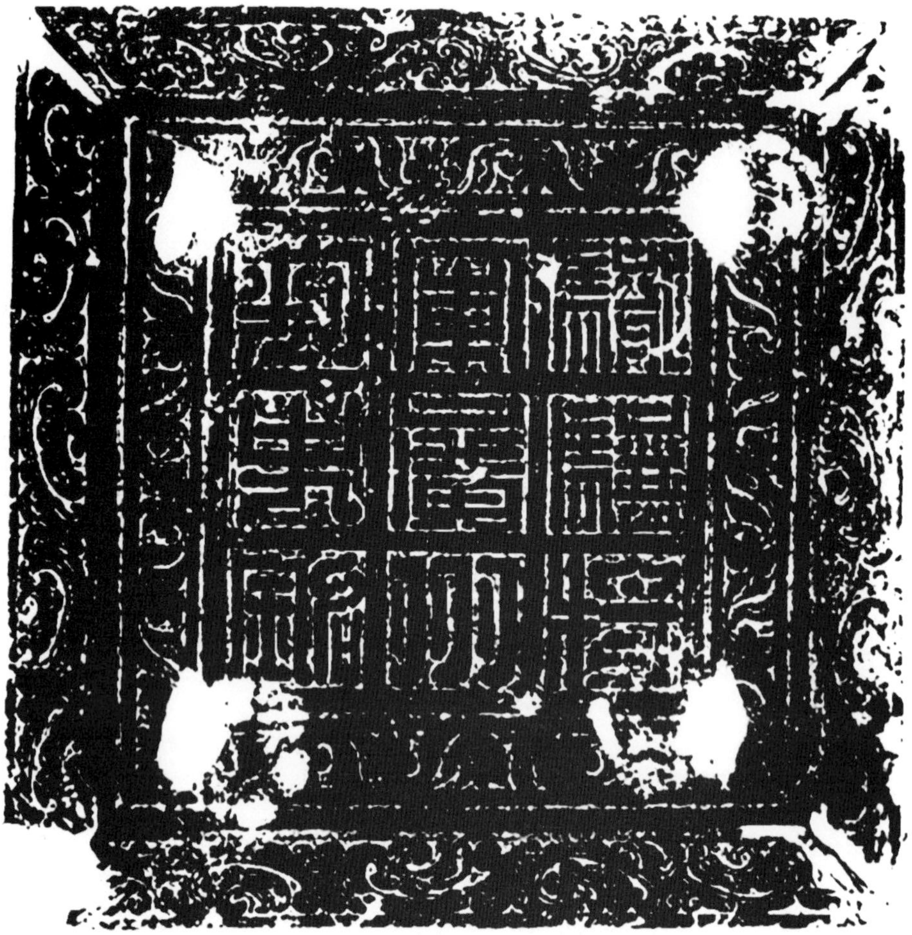

（盖）

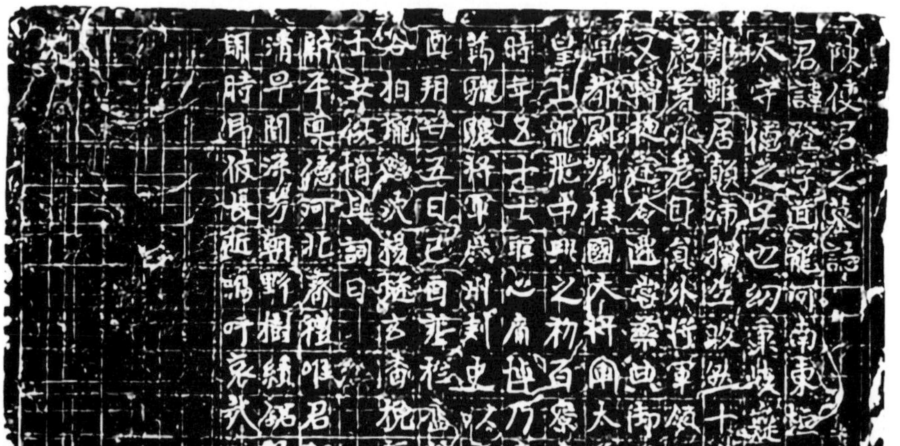

（铭）

陈隆墓志

年代：北魏永安元年（528 年）
墓志尺寸：宽 66 厘米，高 66 厘米
志盖尺寸：底宽 67 厘米，高 67 厘米

录文：

龙骧将军广州刺史铭

陈使君之墓志

君讳隆，字道龙，河南东垣人。新平府君闻之玄孙，河北太守德之子也。幼秉岐嶷，有孤成之□。太和中寅遘家难，虽居颠沛，独立皎然。十有五，给事官闱君，趋任掖庭，声著永巷。自员外将军领私府令，在官勤称，加骑都尉，又转掖庭令。迁尝药典御，承韬辖流响，除宁远将军，奉车都尉。嘱柱国大将军、太原王建殿之始，皇上龙飞中兴之初，百寮奉迎于河阴，遂为滥兵所害，时年五十七。圣心痛悼，乃遣使就殡，祭以太牢，册赠持节、龙骧将军、广州刺史。以永安元年岁次戊申十月乙酉朔廿五日己酉，葬于旧茔。其所也，带河跨峄，左源右谷，柏垅幽次，杨隧玄杳。挽輀一届，天长地久，道俗同悲，士女俱悄。其词曰：

新平导德，河北齐礼，唯君独秀，能孝善悌。

守志有素，忠清早闻，流芳朝野，树绩铭勋。

情业未遂，奄见弃世，背此明时，即彼长逝。

呜呼哀哉！

永安元年十月廿五日己酉葬。

（盖）

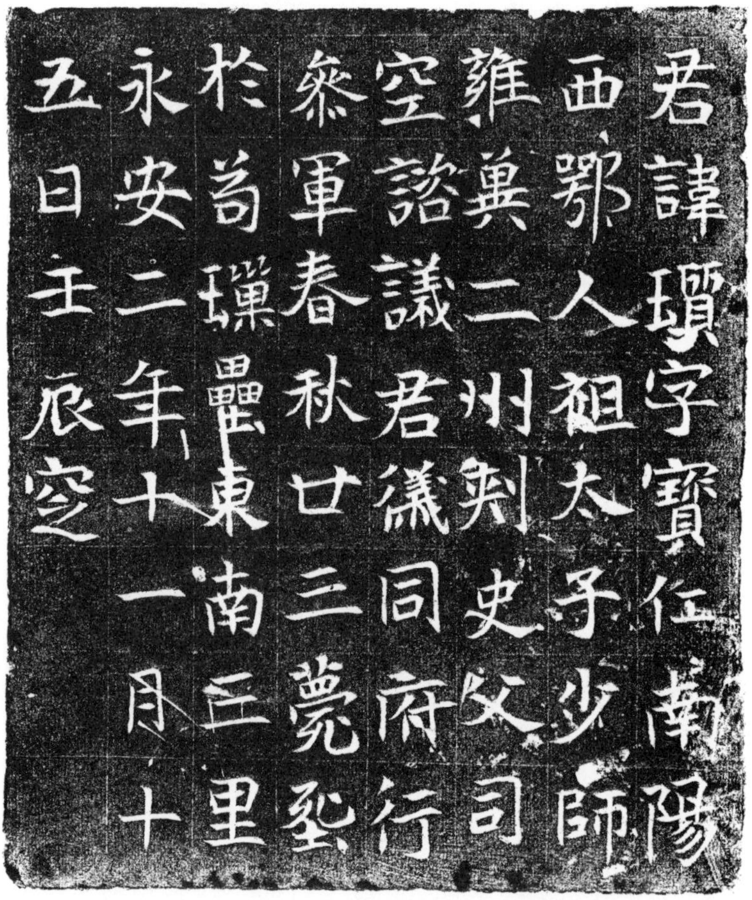

君諱瓆字寶仁南陽西鄂人祖太子少師雍冀二州刺史父司空諮議君儀同府行參軍春秋廿三薨墊於莒璞壘東南巨里永安二年十一月十五日壬辰窆

（铭）

张瓆墓志

年代：北魏永安二年（529 年）
墓志尺寸：宽 20 厘米，高 24 厘米
志盖尺寸：底宽 20 厘米，高 23.5 厘米

录文：

君讳瓆，字宝仁，南阳西鄂人。祖太子少师，雍、冀二州刺史。父司空谘议。君仪同府行参军，春秋廿三薨，葬于苟璅垒东南三里，永安二年十一月十五日壬辰窆。

魏故常山尉府君
之誌
君諱州字并州晉
長宜將初崘之孫
儀同三司定州刺
史可悉陵之子年
廿四正光五年十
月卒於恒州北二
百里涼城郡　詔
贈殄虜將軍常山
太守永熙三年正
月廿六日葬於中
山行唐之祁村

尉州墓志

年代：北魏永熙三年（534年）

尺寸：宽33厘米，高17.5厘米

录文：

魏故常山尉府君之志

君讳州，字并州，酋长宣将初峆之孙，仪同三司、定州刺史可悉陵之子。年廿四，正光五年十月卒于恒州北二百里凉城郡。诏赠征虏将军、常山太守。永熙三年正月廿六日葬于中山行唐之祕村。

唐朝

唐故定襄郡定襄府果毅都尉安定梁君墓誌銘并序

夫捻身名節之地勵行仁義之圃操特百夫忠信十室又
不得其死繼者何吾知蘭薰以摧玉縝而折有是已公諱
秀字定秀其先安定烏氏人也曾大夫益徽列乎前漢將
軍統克貽于後即其裔也公羈丱成童風神適駿嘗謂生
而設弧於左示有四方公事弱冠遂發軔河洛學紬燕代
相六郡之風土注三軍之耳目物無不可首官于石嶺鎮
時與切偕俄將于安平府尋而授定襄府果毅都尉公仁
勇智決敦詩閱禮締文以信出言有章挹其守者露披入
其門者雲峙琴心酒德而無阻寸祿計儲[illegible]故頤道
者寢寡於公矣此郡之人寔維潔侮境[illegible]勢吞林胡
亂結鈞駹滅沒析弦掌拊者三之二擒獲[illegible]者曰之一
洵子察意遲暖陽和地分廣場庭平層城直啓武人三陌
而雖躍駿馬千蹄而驟踴公志捷高霞蹤混流葦條尔發
亂奄忽纔瑶綿綿盤晨屬纏以豫難楚人墜車而心醉終
覆黨升較以魂溴春風正時朝露盡多鳴呼哀哉享年若
千即以其載月日殯于新城之東原禮也究非夢得二豎
有協於膏肓壹事朔來十龜空嗟於窮年銘曰
皇穹莫究兮胡仁而輔言冒垂堂兮白中見料剡不好
弄兮奄羅斯苦士朋執紼兮九原相出弱子孀妻兮
雲泣雨
天寶七載歲次戊子正月壬申朔廿五日丙申

梁秀墓志铭

年代：唐天宝七载（748 年）

尺寸：宽 60 厘米，高 60 厘米，厚 5 厘米

出土于山西省大同市城东曹夫楼村

录文：

唐故定襄郡定襄府果毅都尉安定梁君墓志铭并序

夫检身名节之地，励行仁义之圃。标特百夫，忠信十室。又不得其死，然者何？吾知兰熏以摧，玉缜而折，有是已。公讳秀，字定秀，其先安定乌氏人也。晋大夫益徽列乎前，汉将军统克绍于后，即其裔也。公羁丱成童，风神遒骏，尝谓生而设弧于左，示有四方公事。弱冠遂发轫河洛，学剑燕代。相六郡之风土，注三军之耳目，物无不可。首官于石岭镇，时与功偕。俄将于安平府，寻而授定襄府果毅都尉。公仁勇智决，敦诗阅礼。谛交以信，出言有章。挹其宇者雾披，入其门者云峙。琴心酒德而无阻，寸禄斗储而□弊。故颐道者寝处于公矣。此邦之人，实维御侮。境披□□，势吞林胡。佩纯钧，驰灭没。扞弦掌拊者三之二，撩猎□街者日之一。洎乎霁景迟暖，阳和兆分；广埸底平，层城直启。武人三陌而距跃，骏马千蹄而騤蹫。公志栖高寝，迹混流辈。倏尔登骫，奄然毙踣。绵绵盈晨，属纩以俟。虽楚人坠车而心醉，终宾党升榖以魂复。春风正时，朝露溘至。呜呼哀哉，享年若干，即以其载月日殡于新城之东原，礼也。灾非梦得，二竖有协于膏肓；丧事朋来，十龟空嗟于旁午。铭曰：

皇穹莫究兮，胡仁而辅。言冒垂堂兮，日中见枓。矧不好弄兮，奄罹斯苦。十朋执绋兮，九原相土。弱子孀妻兮，悲云泣雨。

天宝七载岁次戊子三月壬申朔廿五日丙申。

（盖）

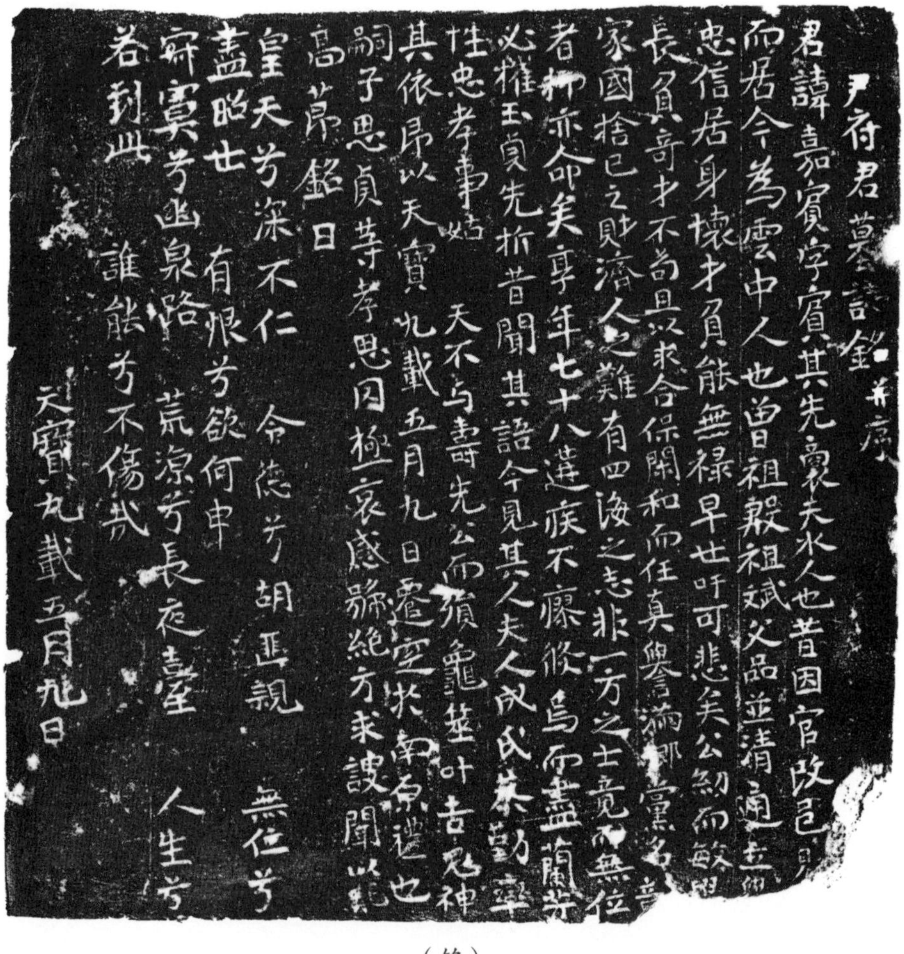
尹府君墓誌銘并序
君諱嘉賓字賓其先襄天水人也昔因官改邑見
而居今為雲中人也曾祖穀祖斌父品並清適五[illegible]
忠信居身懷才負能無祿早世吁可悲矣公幼而敏[illegible]
長負奇才不尚且以求合保閑和而任真與譽滿鄉黨名[illegible]
家國捨己之財濟人之難有四海之志非一方之士竟而無位
者抑亦命矣享年七十八遘疾不瘳倏焉而盡蘭芳
必摧玉貞先折昔聞其語今見其人夫人成氏恭勤專
性忠孝事姑 天不与壽先公而殞龜筮叶吉兆神
其依吊以天寶九載五月九日遷窆於南原禮也
嗣子思貞等孝思罔極哀感躃絕方求誄聞鍵
高節銘曰
皇天兮深不仁 令德兮胡匪親 無位兮
盡昭世 有恨兮欲何申
窮冥兮幽泉路 荒涼兮長夜臺 人生兮
若到此 誰能兮不傷哉
天寶九載五月九日

（铭）

尹嘉宾墓志铭

年代：唐天宝九载（750年）
墓志尺寸：宽37厘米，高37厘米，厚6厘米
志盖尺寸：宽37厘米，高37厘米，厚10厘米

录文：

尹君墓志

尹府君墓志铭并序

君讳嘉宾，字宾。其先裔天水人也。昔因官改邑，易□而居，今为云中人也。曾祖殷，祖斌，父品，并清通立□，忠信居身，怀才负能，无禄早世。吁！可悲矣。公幼而敏学，长负奇才。不苟且以求合，保闲和而任真。誉满乡党，名彰家国。舍己之财，济人之难。有四海之志，非一方之士。竟而无位者，抑亦命矣。享年七十八，遘疾不瘳，倏焉而尽。兰芳必摧，玉贞先折。昔闻其语，今见其人。夫人成氏，恭勤率性，忠孝事姑。天不与寿，先公而殒。龟筮叶吉，鬼神其依。即以天宝九载五月九日迁窆于南原，礼也。嗣子思贞等，孝思罔极，哀感号绝。方求谀闻，以纪高节。铭曰：

皇天兮深不仁，令德兮胡匪亲。无位兮尽昭世，有恨兮欲何申。寂寞兮幽泉路，荒凉兮长夜台。人生兮若到此，谁能兮不伤哉？

天宝九载五月九日。

（盖）

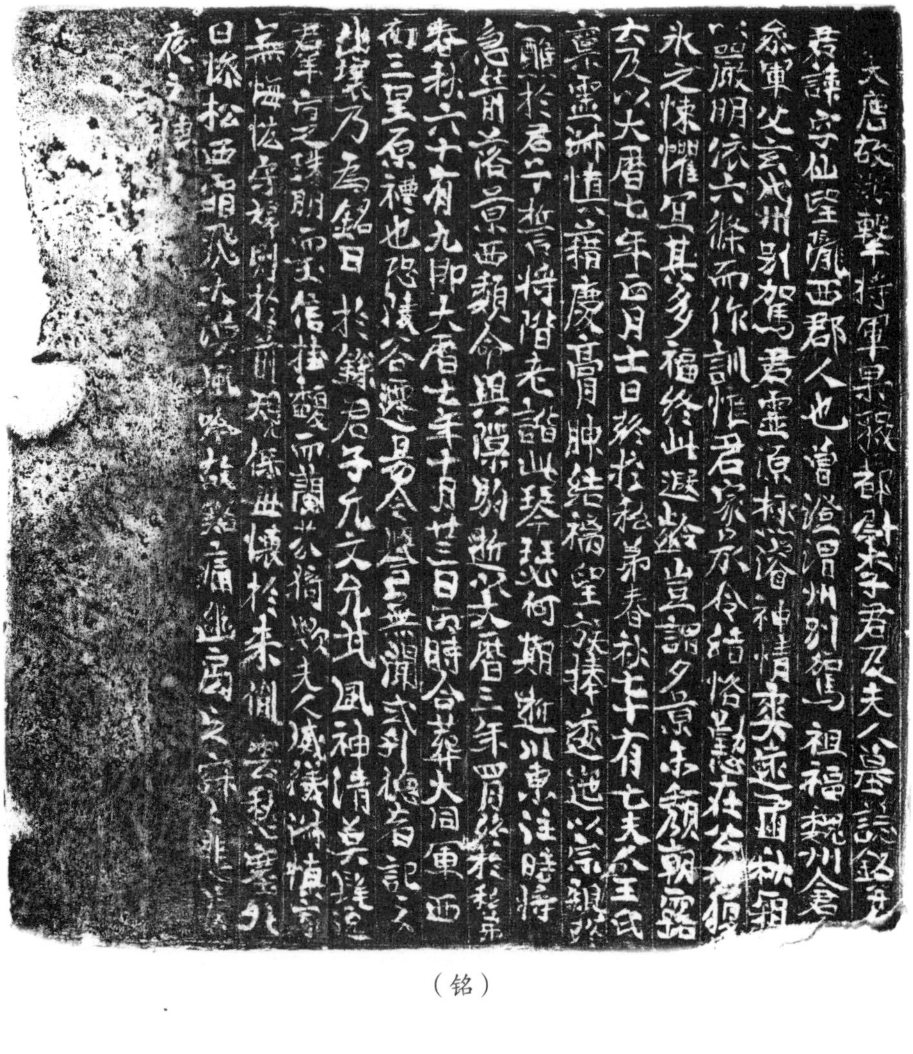

（铭）

李宁及夫人墓志铭

年代：唐大历七年（772 年）

墓志尺寸：宽 38 厘米，高 39 厘米，厚 7 厘米

志盖尺寸：宽 39 厘米，高 41 厘米，厚 7 厘米

出土于山西省大同市西南振兴街一带

录文：

李君王氏墓志

大唐故游击将军果毅都尉李君及夫人墓志铭并□

君讳宁，仙望陇西郡人也。曾澄，渭州别驾；祖福，魏州仓□参军；父玄，代州别驾。君灵源极浚，神情爽远，肃秋霜以严明，依六条而作训。惟君家承令绪，恪勤在公，如履冰之悚惧，宜其多福，终此遐龄。岂谓夕景未颓，朝露云及，以大历七年正月十一日终于私弟（第），春秋七十有七。夫人王氏，禀灵淑慎，藉庆膏腴，结褵望族，捧逶迤以宗亲，终一醮于君子，誓将偕老，谐此琴瑟。何期逝川东往，时将急箭，落景西颓，命与隙驹。逝以大历三年四月，终于私弟（第），春秋六十有九。即大历七年十月廿三日丙时合葬大同军西南三里原，礼也。恐陵谷迁易，令誉无闻，式刊德音，记之幽壤。乃为铭曰：

於□君子，允文允武。风神清英，髦逸群寔。珠朋而玉信，桂馥而兰芬。猗欤夫人，威仪淑慎，家无诲吝。守妇则于前规，保母怀于来胤。云愁塞北，日惨松西。霜飞大漠，风吟故溪。痛幽扃之寂寂，悲长夜之凄凄。

唐故京地府甘泉府折衝都尉賜紫金魚袋上柱國常君墓誌銘并序

君諱崇俊，河內人也，後遷太原，今為家矣。其先承高辛之苗裔，襲文王之遺風，王積常山，流流諸海。曾祖諱讜，左驍衛大將軍，展効邊城，戎細柳，石標銅柱，聲振金微。祖諱君節，汾州司馬，留心經史，縱志衣冠，五[illegible]和光，題與接武。父諱玄貞，鄉閭稱伸，雅俗楷模，志好文儒，兼披內典。公孝德之次子也，立[illegible]遜恭，致身[illegible]之道，習古人之風。於戲！誰謂上蒼不息[illegible]育[illegible]疾以[illegible]日終于大同軍私第，時年七十有六。夫人[illegible]陽[illegible]儀名光女史，日月不居，早歸泉壤。貞元二年二月[illegible]川奇攀，恭擗裂，泣血絕漿，永懷罔極之[illegible]月癸未朔十七日己酉，於大同軍城[illegible]南[illegible]里丙地平原，禮也。北走玄[illegible]代異時更，陵谷遷移，[illegible]遂勒貞石，永記其銘。銘曰：

猗嗟常君，魁修文教。事上能忠，榮親至孝。
蒲柳之年，桑榆之日。長夜已侵，奄歸玄室。
孝子泣血，攀[illegible]塋。千秋万歲，長赴佳城。

貞元六年歲次庚午十月十七日[illegible]

常崇俊墓志铭

年代：唐贞元六年（790年）
尺寸：宽49厘米，高48.7厘米，厚7厘米
出土于山西省大同市水泉洼和沙岭村之间

录文：

唐故京兆府甘泉府折冲都尉赐紫金鱼袋上柱国常君墓志铭并序

君讳崇俊，河内人也。后迁太原，今为家矣。其先承高辛之芳裔，袭文王之遗风。望积常山，派流沧海。曾祖讳谦，左骁卫大将军，展効边城，邑戎细柳，名标铜柱，声振金微。祖讳君节，汾州司马，留心经史，纵志衣冠。与□□□光，题舆接武。父讳玄贞，乡闾标□，尘俗楷模。志好文儒，兼披内典。公□□之次子也，立□温恭，致身□□，□□□之道，贤古人之风。於戏！谁谓上苍不惠，膏肓尔疾，仙贞……终于大同军私第，时年七十有六。夫人南阳张氏，六行……仪，名光女史。日月不居，早归泉壤。兴元元年十二月廿……用等攀慕榷裂，泣血绝浆，永怀同穴之……葬之礼……兆以其年□月癸巳朔十七日己酉，于大同军城东南七里丙地平原，礼也。北走玄塞，南眺雁门。犹恐代异时更，陵谷迁变，遂勒贞石，永记其猷。铭曰：

猗嗟常君，克修文教。事上能忠，荣亲至孝。

蒲柳之年，桑榆之日。长夜已侵，奄归玄室。

爱子泣血，抚衬临茔。千秋万岁，长赴佳城。

贞元六年岁次庚午十月十七日撰。

唐□同十□□□大將軍□守左□□衛大將軍李公墓誌銘 并序

公諱□字□□其先隴西城紀人也以貞元九年五月八日遇疾□□□

於□□開成□□坊之私第也享年五十有三祖□□□中□

將□父□□□□□十將□府儀同三司太常卿公即同府之元子

□□□□□□□當代忠以奉主孝以榮親自幼從仕迄□

天子令□有揖言何無黜以父仕邊塞不願離遠

元戎方□任以腹心難捋其志遂轉受同十將復何圖年□廿

務不□忠自侍於一門孝友□乎千里即銕書□□□□

勳恩授□□大將軍上柱國若乎不盡老萊之□□□

商之□哉□辰曷其云亡公平昔懷抱放曠清□□□琴

酒自娛不以名利為意人所達者也信而有徵□□不□□□□

妙歸鴻故園路遥返葬未遂即以其年五月十九日□□□□□

於雲州城西南五里夫人清河張氏鏡□□□□□□□

長女葬府係□木其壞嗣子太華□□大初二子万

忠等並哭毀□骨棘□乳氣□思陵谷將□式□□

文銘曰 人之生也福兮禍倚樂□哀生□

少悲哉傷慈父之所情獨寘寘而去已□□□

下城隅之傍玉□其□珠潛其光嶽山我□□

水湯湯月□云夜尾悲白楊

李海清墓志铭

年代：唐贞元九年（793年）

尺寸：宽47厘米，高47厘米，厚7厘米

录文：

唐故同十将冠军大将军守左金吾卫大将军李君墓志铭并序

公讳某，字海清，其先陇西成纪人也。以贞元九年五月八日遇暴疾，卒于云州城北平坊之私第也，享年五十有三。祖莫遮，中郎将。父天德，奉诚军十将、开府仪同三司、太常卿。公即开府之元子也，雅量周身，雄勇当代，忠以奉主，孝以荣亲。自幼从仕，迄终天年。令闻有称，言何无点。以父仕边塞，不愿离违。元戎频欲任以腹心，难抑其志，遂转受同十将，复得同军筮仕，□养不亏。忠贞传于一门，孝友彰乎千里。即针书“父子异代齐勋，恩授冠军大将军上柱国”。嗟乎！不尽老莱之心，翻悲卜商之泣。壮心未展，曷其云亡？公平昔怀抱，放旷清闲，多以琴酒自娱，不以名利为意。人所达者也，信而有征。曾不寝疾，偃然如归焉。故国路遥，返葬未遂，即以其年五月十九日权窆于云州城西南五里。夫人清河张氏，镜孤鸾影，剑阙龙泉。女萝靡依，梁木其坏。嗣子太华、次子太初、三子万迪等并柴毁羸骨，棘心孔哀。恐陵谷将变，式志斯文。铭曰：

人之生也，福兮祸倚。乐极哀生，块然悲起。伤慈父之肝，情独冥冥而长已，坟垅叩卜城隅之傍。玉瘗其响，珠潜其光。蘋山峩峩，逝水汤汤。月号玄夜，风悲白杨。

故河東節度散將守左金吾衛寧州三會府左果毅都尉員外置同正員上柱國武君墓誌銘 并序

君諱青其先太原郡人也高辛之令緒姬氏之芳苗周有聖
母臨朝握金鏡而照天下 唐有飛將濟世輪寶刀以定
山東衣冠礼樂弈葉重榮至于今矣 祖諱令珣任蔚州
刺史兼橫野軍使風神爽朗器宇溫凝勇分四岳潛動雲雷獨
占二天高懸日月 父諱崇彥任嵐州方山縣令屈展驥之
資就飛鳧之任君即先君之次子也慕班超之高志懷白起之深
謀遠肄泳川久遊邊郡叨名軍旅頻立功勳特奉推揚早登官位
又能遠繼先賢善訓愛子忠以報 國孝以榮 親致身花
幕之間延望青雲之裏此乃父之賢也子之明也聞詩聞礼道之備
矣嗚呼誰謂天与其才不与其壽膏肓不痊藥餌無徵洎貞元
九年十月廿七日時年七十九終于大同軍私第將以遠歸鄉邑
占筮未宜遂擇其年十二月十五日權殯於大同軍城西南五里
平原礼也嗣子昇朝進朝江朝諫言等號天叩地泣血
絕漿能備凶儀深彰孝行猶慮日月居諸陵谷遷變遂
勒貞石永記德音銘曰
偉夫武公 早歲從戎 北勳塞外 料敵雲中
五郡傳名 三軍頌美 氣緒陰山 心清寒水
天何不惠 奄歸冥寞 古木風悲 荒營月落
青鳥下地 嗣子號天 孤魂何託 長歸草玄

武青墓志铭

年代：唐贞元九年（793年）

尺寸：宽52厘米，高51.5厘米，厚6厘米

出土于山西省大同市振华南街

录文：

故河东节度散将守左金吾卫宁州三会府左果毅都尉员外置同正员上柱国武君墓志铭并序

君讳青，其先太原郡人也。高辛之令绪，姬氏之芳苗。周有圣母临朝，握金镜而照天下；唐有飞将济世，轮宝刀以定山东。衣冠礼乐，弈叶重荣，至于今矣。祖讳令珣，任蔚州刺史，兼横野军使，风神爽朗，器宇温凝，旁分四岳，潜动云雷，独占二天，高悬日月。父讳崇彦，任岚州方山县令，屈展骥之资，就飞凫之任。君即先君之次子也，慕班超之高志，怀白起之深谋，远辞汾川，久游边郡，叨名军旅，频立功勋，特奉推扬，早登官位。又能远继先贤，善训爱子，忠以报国，孝以荣亲，致身花幕之间，近望青云之里，此乃父之贤也，子之明也；闻诗闻礼，道之备矣。呜呼！谁谓天与其才，不与其寿，膏肓示疾，药饵无征。洎贞元九年十月廿七日，时年七十九，终于大同军私第。将以远归乡邑，占筮未宜，遂择其年十二月十五日权殡于大同军城西南五里平原，礼也。嗣子昇朝、进朝、江朝、谏言等号天叩地，泣血绝浆，能备凶仪，深彰孝行，犹虑日月居诸，陵谷迁变，遂勒贞石，永记德音。铭曰：

伟夫武公，早岁从戎。收勋塞外，料敌云中。

五郡传名，三军颂美。气结阴山，心清寒水。

天何不惠，奄归冥寞。古木风悲，荒营月落。

青鸟卜地，嗣子号天。孤魂何托，长归草玄。

隴西
李君
墓誌
蛇 馬 羊

（盖）

唐故李府君墓誌銘并序
公諱儫恩字儫恩出自隴西老君之胤其先因官食邑并州今為太
原人也 皇祖諱辭靜而廉謹强毅越人貽教子孫由昌後嗣祖
妣王氏過姬姜之姿比孟母之德 皇考諱安行高性密縱志逸
羣議恭禮樂信義資身因地之宜知利而進乃創業居於雲中
皇妣劉氏貞純松竹潔操凌霜 公克紹堂構揚名顯親慈愛
訓導九族榮門閭取則鄉黨稱仁博雅君子約儉平均 夫人常
氏美艷凝素淑德令聞將謂福深江海壽祿無疆豈料穹蒼
不愸前後殂殁 公長子仙少而逝殤求官未歸絕倚廬之望
及黃泉之期分離隔生誠痛哉矣次子暉承父義方聰敏好學備
遠邪志恭近禮儀移仕公家忠孝不遺留軍旅師人輯睦出征
伐如挾纊恩從戎幕周給士徒貧弱之流喜而懷惠善謀佐治職
官屢遷与羣寮用察歡和惟一同心得意情無二三軍府衆
賢孰非仰望次子重榮等各竭其力稼穡務勤積聚豐食
懷橘供膳愷悌之至寔為孝子 公以貞元十三年服寓流
柴弥留厥疾針藥不達有加而無瘳甚年二月十日終于私
第及貞十四年十月九日合祔葬于大同軍西南七里平原禮也暉等丁心泣
血攀罔極深恩含恨黃泉奄慈顏永殁晝霜流運聞松栢摧薪陵谷
酌移風俗時變慮子孫無識故刊貞石序以誌之銘曰
秋風鳴兮悲白楊 墳壠立兮草荒 離兮哀苦傷
嗟乎生兮期不常 逝者如川何所往 萬古無還鄉

（铭）

李像恩墓志铭

年代：唐贞元十四年（798年）

墓志尺寸：宽57.5厘米，高57.5厘米，厚8厘米

志盖尺寸：宽56.5厘米，高57厘米，厚10厘米

出土于山西省大同市西南的大同机车厂北

录文：

陇西李君墓志

唐故李府君墓志铭并序

公讳像恩，字像恩，出自陇西老君之胤。其先因官食邑并州，今为太原人也。皇祖讳璧，静而廉谨，强毅越人，贻教子孙，由昌后嗣。祖妣王氏，过姬姜之姿，比孟母之德。皇考讳安，行高性密，纵志逸群。谦恭礼乐，信义资身。因地之宜，知利而进，乃创业居于云中。皇妣刘氏，贞纯松竹，洁操凌霜。公克绍堂构，扬名显亲。慈爱训导，九族荣门。闾阎取则，乡党称仁。博雅君子，约俭平均。夫人常氏，美艳凝素，淑德令闻。将谓福深江海，寿禄无疆，岂料穹苍不矜，前后殂殁。公长子仙，少而游荡，求官未归，绝倚庐之望。及黄泉之期，分离隔生，诚痛哉矣。次子晖，承父义方，聪敏好学，侮远邪忒，恭近礼仪，移仕公家，忠孝不匮。习军旅，师人辑睦；出征伐，如挟纩恩；从戎幕，周给士徒。贫弱之流，喜而怀惠。善谋佐治，职官屡迁。与群寀朋寮，欢和惟一。同心得意，情无二三。军府众贤，孰非仰望。次子重荣等，各竭其力，稼穑务勤。积罄丰食，怀橘供膳。恺悌之至，实为孝子。公以贞元十三年，腹寓沉染弥留，厥疾针药不达，有加而无瘳。其年二月十日终于私第。及贞十四年十月九日合祔，葬于大同军西南七里平原，礼也。晖等丁心泣血，攀罔极深恩；含恨黄泉，奄慈颜永殁；星霜流运，闻松柏摧薪。陵谷亏移，风俗时变，虑子孙无识，故刊贞石，序以志之。铭曰：

秋风鸣兮悲白杨，坟垅立兮塞草黄。□□离兮哀苦伤。

嗟平生兮胡不常，逝者如川何所往。□□万古无远乡。

（盖）

皇清河崔府君墓誌
唐垂景命發揺萃輔令族之盛莫匪稱先嗚呼清河崔
府君君諱嶠曰若稽古高辛氏之後自丁之裔史册詳
矣府君 祖唐之勳臣考諱愛開元中以經明高選署汾州
別駕莅政課績恩和春色邪縣編户大揖風議府君即別
駕之令嗣幼爲人傑長成國器風骨榮耀鬱爲衆異須遇
國步多難師亂幽都洎公全家寄居恒趙縣是不莖於仕
辱身雲林醉及滄浪信包人物府君妣史氏高堂藝慶
桂芳月華公嚴訓資孝移順滑敬奉親魚播色養無
忒因極之後遭親傳家起公轉詣河東不幸遘疾以大曆
十四年四月一日傾於壽陽縣春秋五十有七嗚呼痛哉
夫人王氏蘂也凛景冰潔玉寒因詫雲州育長孤幼故得蘭
芳自美栢舟詠河悲夫旱霜爰移奄從生疾以元和四年
四月廿七日傾於里舍享年七十五府君嗣子一人秀林女三
人從家孝悌哀號逾禮以其年七月五日奉壽陽之櫬歸
於雲州城東南七里合祔禮也羽翣粢器如士大夫之儀
於是行路悽愴飲恨按血流水烏啼與時俱咽乃刊貞石
誌之斯文詞曰
於皇崔君 孤標不群 令族之盛 題與[illegible]門
惟此俛儼 雲中之墳 嗚呼人事 千秋不[illegible]

（铭）

崔峤墓志铭

年代：唐元和四年（809 年）
墓志尺寸：长 54 厘米，高 54 厘米，厚 10 厘米
志盖尺寸：长 56 厘米，宽 57 厘米，厚 12 厘米

录文：

崔公墓铭

皇清河崔府君墓志

唐垂景命，贤哲萃辅。令族之盛，莫匪称先。呜呼，清河崔府君！君讳峤，曰若稽古，高辛氏之后，自丁之裔，史册详矣。府君祖，唐之勋臣。考讳爱，开元中以经明高选，署汾州别驾，莅政课绩，恩和春色，邦县编户，大揖风议。府君即别驾之令嗣。幼为人杰，长成国器。风骨荣耀，郁为众异。顷遇国步多难，师乱幽都。洎公全家，寄居恒赵。繇是不筮于仕，屏身云林，醉及沧浪，信包人物。府君妣史氏，高堂袭庆，桂芳月华。公严训资孝，移顺资敬。奉亲鱼橘，色养无忒。罔极之后，遭魏博众起，公转诣河东，不幸遘疾。以大历十四年四月一日倾于寿阳县，春秋五十有七。呜呼，痛载！夫人王氏，嫠也漂影，冰渕玉寒。因托云州，育长孤幼，故得兰芳自美，柏舟咏河。悲夫！星霜变移，奄然生疾。以元和四年四月廿七日倾于里舍，享年七十五。府君嗣子一人秀林，女三人，承家孝悌，哀号逾礼。以其年七月五日奉寿阳之榇，归于云州城东南七里合祔，礼也。羽翣祭器，如士大夫之仪。于是行路惨凄，饮恨拉血。流水乌啼，与时俱咽。乃刊贞石，志之斯文。词曰：

於皇崔君，孤标不群。令族之盛，题舆之门。

惟此伉俪，云中之坟。呜呼人事，千秋不闻。

□誠府十將隴西李府君夫人遼東安氏合葬墓誌銘并序
府君薨於奉節坊私第時年八十有一以是歲十月十二日
□年十二月廿日　夫人殁於家享齡七十有八越以十二年龍
奉遷　夫人神櫬即祔府君之塋禮也　府君公諱
□州上開府將作監德宇邃深風烈清濬才當五百名
□上柱國平盧道行軍司馬歷職內外佳譽克彰
信左武衛中郎將攝京兆府三原縣令牧馭衆
郎之長子勁節孤標寒松可比矜莊嚴毅禀
副之職揮戈衝陣無不獲全斬將搴旗指掌必
以為將領師衆歸心竭力盡忠擔清封豕所有臨危在
之謀屢立奇功累加前秩公知命　達道無慮無營故不求
至斯豈嗚呼上壽雖富終從物故哀哉　夫人本
□州尚德府折衝門傳一劍之術代襲六韜之
□之婦言帥非師受克宣內助徽為
也不吉祔禮未從遠日云來歸
□朔少子興晟並志列慕
□是不忘絕漿感慼
□曰
□能自致

李君及辽东夫人安氏合葬墓志铭

年代：唐元和十二年（817年）

尺寸：残宽61厘米，残高37厘米，厚8厘米

录文：

……奉诚府十将陇西李府君夫人辽东安氏合葬墓志铭并序

府君薨于奉节坊私第，时年八十有一，以是岁十月十二日……□年十二月廿日，夫人终于家，享龄七十有八。越以十二年，龙……奉迁夫人神帏，即祔府君之茔，礼也。府君公讳……朝士开府将作监。德宇遐深，风烈清濬，才当五百名……卿、上柱国、平卢道行军司马，历职内外，佳誉克彰。……信，左武卫中郎将，摄京兆府三原县令，牧民驭众，……中郎之长子，劲节孤标，寒松可比。矜庄严毅，凛……副之职，挥戈突阵，无不获全；斩将搴旗，指掌必……及为将领，师众归心，竭力尽忠。誓清封豕所有，临危在……之谋，屡立奇功，累加前秩。公知命达道，无虑无营，故不登……至斯丧。呜呼！上寿虽沾，终从物故。哀哉！夫人本……州尚德府折冲。门传一剑之术，代袭六韬之……女工妇言，帅非师受，克宣内助，欢为……兆不吉，祔礼未从。远日云来，归……少子兴晟，并志列慕……是不忘，绝浆感戚……

……能自致……

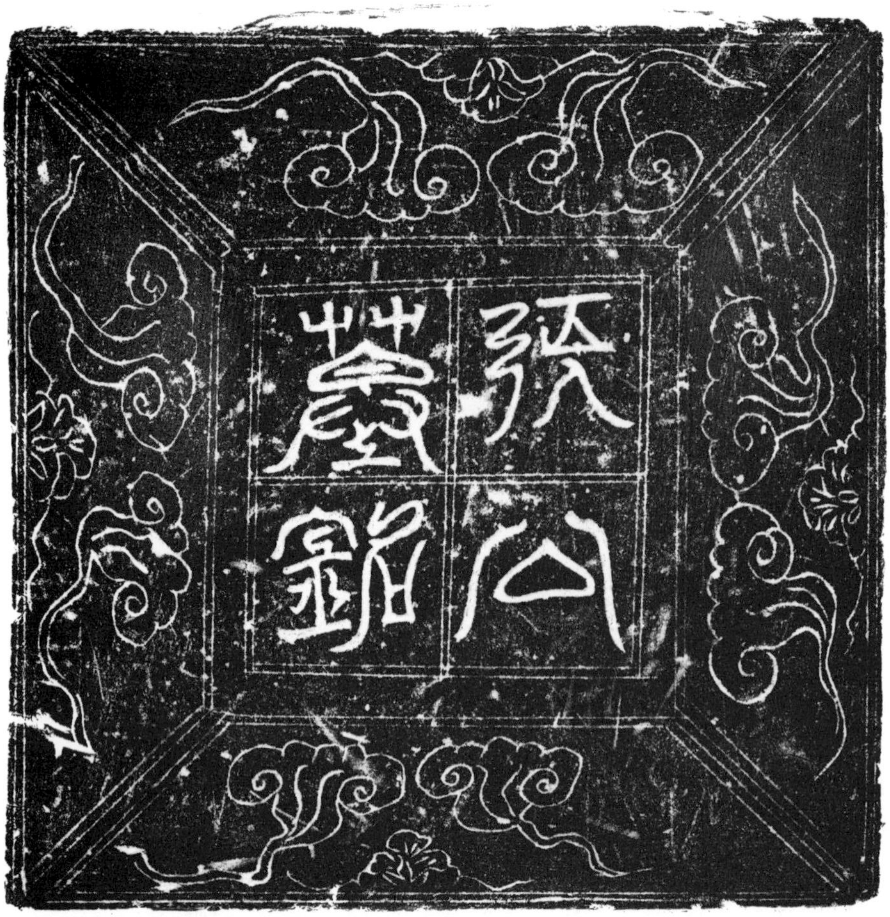

（盖）

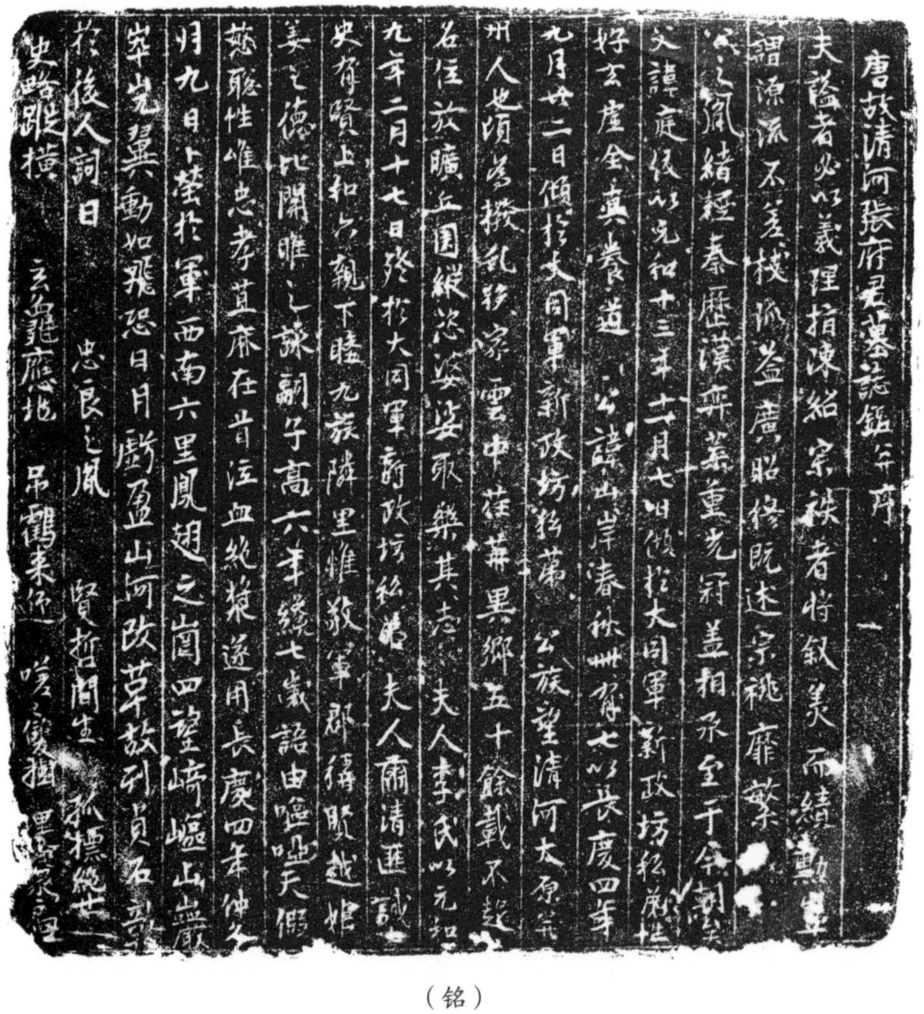
唐故清河張府君墓誌銘并序
夫謚者必以義理指陳紹宗祧者將叙美而績勳業
緝源流不差枝派益廣昭穆既述宗祧靡繁
公之胤緒經秦歷漢弈葉重光冠蓋相承至于今嗣矣
父諱庭俊以元和十三年十一月七日傾於大同軍新政坊私第
好玄虛全真養道 公諱山岸春秋卅有七以長慶四年
九月廿二日傾於大同軍新政坊私第 公族望清河太原宗
州人也頃為撥亂移家雲中蓬蒿異鄉五十餘載不起
名位放曠丘園縱恣婆娑取樂其志 夫人李氏以元和
九年二月十七日終於大同軍新政坊私第 夫人肅清匪誠
史奉賢上和六親下睦九族隣里推敬軍郡稱賢越姆
姜之德比關雎之詠嗣子高六年纔七歲語由嗚咽天假
慈聰性唯忠孝苴麻在背泣血絕漿遂用長慶四年仲冬
月九日卜塋於軍西南六里鳳翅之岡四望崎嶇山巖
岑嶤翼翼動如飛恐日月虧盈山河改革故刊貞石誌
於後人詞曰 忠良之風 賢哲間生 孤標絕世
史踏蹤横 玄魚應地 吊鶴來仙 嗟之俊掇 里閭哀泣

（铭）

张山岸墓志铭

年代：唐长庆四年（824 年）
墓志尺寸：宽 43 厘米，高 44 厘米，厚 6.5 厘米
志盖尺寸：宽 43 厘米，高 41 厘米，厚 9 厘米
出土于山西省大同市振兴街

录文：

张公墓铭

唐故清河张府君墓志铭并序

夫谥者，必以义理指陈绍宗，秩者将叙美而绩勋。岂谓源流不差，枝派益广；昭穆既述，宗祧靡繁。□□公之胤绪，经秦历汉，弈叶重光。冠盖相承，至于今朝矣。父讳庭绂，以元和十三年十一月七日倾于大同军新政坊私第。性好玄虚，全真养道。公讳山岸，春秋卌有七，以长庆四年九月廿二日倾于大同军新政坊私第。公族望清河，太原并州人也。顷为拨乱，移家云中，荏苒异乡五十余载。不趋名位，放旷丘园。纵恣婆娑，取乐其志。夫人李氏，以元和九年二月十七日终于大同军府政坊私第。夫人肃清匪诫，□史有贤。上和六亲，下睦九族。邻里惟敬，军郡称贤。越姬姜之德，比关雎之咏。嗣子高六，年才七岁。语由呕哑，天假慜聪，性唯忠孝。苴麻在首，泣血绝浆。遂用长庆四年仲冬月九日卜茔于军西南六里凤翅之岗。四望崎岖，山岩崒屼，翼动如飞。恐日月亏盈，山河改革，故刊贞石，彰于后人。词曰：

忠良之胤，贤哲间生。孤标绝世，史略踪横。

玄龟应兆，吊鹤来迎。嗟嗟双树，埋瘗泉扃。

李君
墓誌

（盖）

唐故河東節度都遊弈軍左一將判官忠武將軍守左金吾衛大將軍[illegible]
卿李府君墓誌銘并序
府君諱莫華夫謚名者義理指塵紹宗族者將叙美而積勳原流
不差枝派益廣即宗祧美繁　公之胤叙本望隴西即是
皇帝之苗裔因官轉職遂至雲城荏苒時多至於今矣　公即海
氣竭出莫靈間生一自有唐賢于今矣　[illegible]諱思明天生孝悌[illegible]
衆出君羣明閑禮律鄉黨共推大限有極早歲沉輪　父諱嗣
暉文武雙美忠孝兩全年始初立俄歸逝川　府君轅門卓立
弓劍全身詩書滿腹歌酒推先見善而就見惡不前訓男
得遠近欽風誡女書家之則府君行年八十有二天祿告終
抱瘵枕疾救療不痊寶曆元年九月十七日終於大同軍遊
弈軍營內之私第嗚呼長天星落鄴城劍埋軍人慟哭將
[illegible]悲哀兒女號叫聲哀如雷孀妻叩地寶劍之光沉
府君遺腹四子孟曰晏仲曰是季曰[illegible]小子暈等喜父毋
曰孝兄弟曰友利物曰仁分財曰義四德之美公等兼
之[illegible]眉壽終悲過隳遂卜寶曆二年十月廿七日辛酉
[illegible]殯於大同軍城西南八里平原禮也其地西隆東起後
[illegible]豐名四會公卿將相恐後遷移山谷海變椽榆列
[illegible]芳終古　其詞曰
[illegible]號　長辭白日　永謝[illegible]

（铭）

李英华墓志铭

年代：唐宝历二年（826年）

墓志尺寸：宽50厘米，高51厘米，厚7厘米

志盖尺寸：宽50厘米，高51厘米，厚8厘米

出土于山西省大同市振华南街

录文：

李君墓志

唐故河东节度都游弈军左一将判官忠武将军守左金吾卫大将军试太常卿李府君墓志铭并序

府君讳英华。夫谥名者，义理指尘；绍宗族者，将叙美而积勋。原流不差，枝派益广，即宗祧美繁。公之胤叙本望陇西，即是皇帝之苗裔，因官转职，遂至云城。荏苒时多，至于今矣。公即海气竭出，英灵间生。一自有唐，贵于今矣。祖讳思明，天生孝悌，处众出群。明闲理律，乡党共推。大限有极，早岁沉沦。父讳嗣晖，文武双美，忠孝两全。年始初立，俄归逝川。府君辕门卓立，弓剑全身。诗书满腹，歌酒推先。见善而就，见恶不前。训男得远近钦风，诫女曹家之则。府君行年八十有二，天禄告终。抱瘿枕疾，救疗不痊，宝历元年九月十七日终于大同军游弈军营内之私弟（第）。呜呼！长天星落，酆城剑埋；军人恸哭，将幕悲哀；儿女号叫，声发如雷；孀妻叩地，嗟宝剑之先沉。府君遗腹四子：孟曰晏，仲曰旻，季曰暠，小子晕等。善父母曰孝，善兄弟曰友，利物曰仁，分财曰义。四德之美，公等兼之。虽分眉寿，终悲过隙。遂卜宝历二年十月廿七日辛酉，权殡于大同军城西南八里平原，礼也。其地西隆东起，后□前仰，岗名四会。公卿将相，恐后迁移山谷，海变桑榆，刊□□□，传芳终古。其词曰：

……

荣魂。长辞白日，永谢□□。

……

（盖）

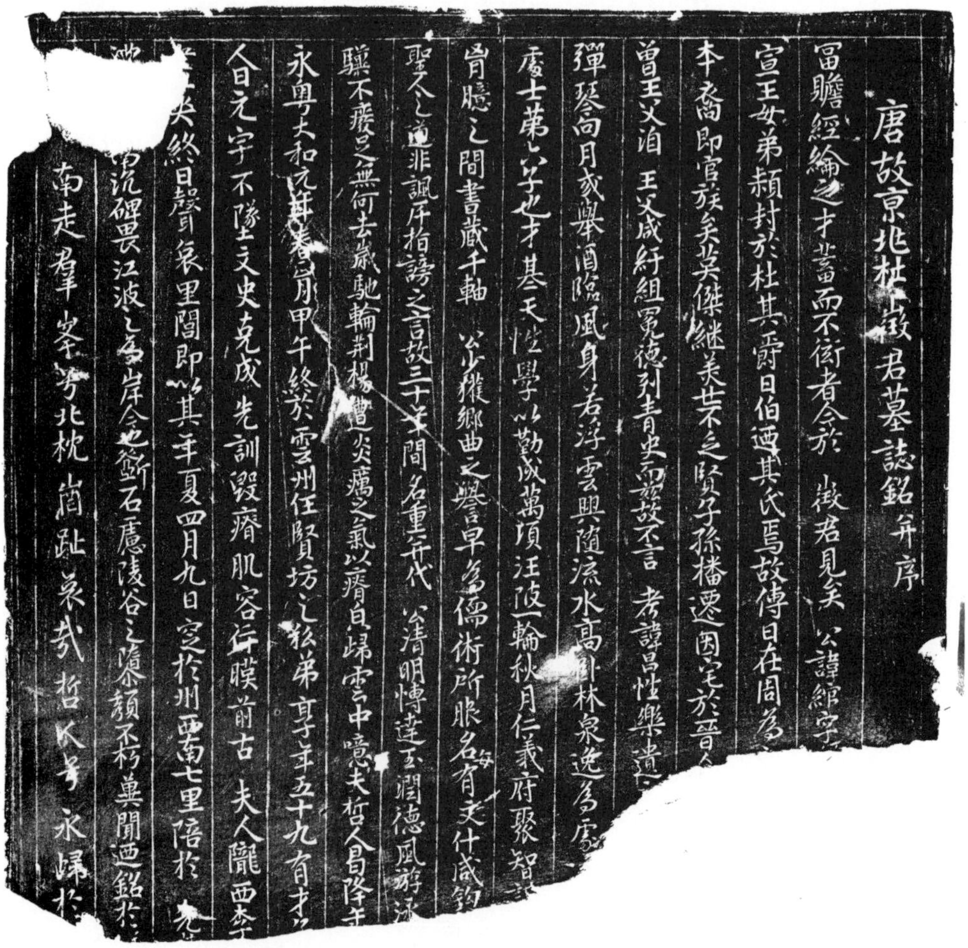
唐故京兆杜徵君墓誌銘并序
畐膽經綸之才蓄而不衒者今於　徵君見矣　公諱綰字
宣王女弟頵封於杜其爵曰伯迺其氏焉故傳曰在周為
李裔即官族矣英傑繼美世不乏賢子孫播遷因宅於晉
曾王父洎　王父咸紆組冕德列青史而茲故不言　考諱昌性樂遺
彈琴高月或舉酒臨風身若浮雲與隨流水高卧林泉逸為處
處士第二子也才基天性學以勤成萬頃汪陂一輪秋月仁義府聚智
胄臆之間書藏千軸　公少獲鄉曲之譽早為儒術所服名每育是什咸鈞
聖人之道非諷斥指謗之言故三十年間名重當代　公清明博達玉潤德風游泳
驥不展足無何去歲馳輪荊楊遭炎瘴之氣以瘠負歸雲中噫夫哲人昌降年
永粤大和元年春二月甲午終於雲州任賢坊之私第享年五十九有才
人曰元宇不墜文史克成　先訓毀瘠肌容哀瞑前古　夫人隴西李
矣終日聲哀里閭即以其年夏四月九日窆於州西南七里陪於先
流碑畏江波之為岸今也斲石慮陵谷之遷泰顏不朽冀聞迺銘於
南走羣峯兮北枕崗趾哀哉哲人兮永歸於

（铭）

杜绾墓志铭

年代：唐大和元年（827 年）

墓志尺寸：宽 54 厘米，高 52.5 厘米，厚 6 厘米

志盖尺寸：宽 54 厘米，高 52.5 厘米，厚 7.5 厘米

出土于山西省大同市振华南街

录文：

杜公墓铭

唐故京兆杜徵君墓志铭并序

富瞻经纶之才，蓄而不炫者，今于徵君见矣。公讳绾，字……宣王母弟颖封于杜，其爵曰伯，乃其氏焉。故《传》曰，在周为……本裔即官族矣。英杰继美，世不乏贤，子孙播迁，因宅于晋……曾王父洎王父，咸纡组冕，德列青史，而兹故不言。考讳昌，性乐遗……弹琴向月，或举酒临风。身若浮云，兴随流水。高卧林泉，逸为处……处士第六子也。才基天性，学以勤成。万顷汪波，一轮秋月。仁义府聚，智谋……胸臆之间，书藏千轴。公少获乡曲之誉，早为儒术所服名。每有文什，咸钩……圣人之道，非讽斥指谤之言，故三十年间，名重并代。公清明博达，玉润德风。游泳……骥不废足。无何，去岁驰轮荆杨，遭炎疠之气，以瘠貌归云中。噫！夫哲人曷降年……永。粤大和元年春正月甲午终于云州任贤坊之私弟（第），享年五十九，有才……人，曰元宇，不坠文史，克成先训。毁瘠肌容，行映前古。夫人陇西李……终日声哀里闾。即以其年夏四月九日窆于州西南七里，陪于先……沉碑，畏江波之为岸，今也斫石，虑陵谷之隳颓不朽，冀闻乃铭于……

……

南走群峰兮北枕岗趾，哀哉哲人兮永归于□。

唐故節度散將騎都尉試左金吾衛大將軍兼奉誠軍押
衙太原武府君墓誌并序 李武伯撰
公諱言字諫言其先太原人也洎乎得姓至于今之日千有餘年
矣官勳弈葉代有奇才 府君浪跡遊邊遂為邊上從
事 曾祖徹 祖清 父彧以文武並前誌誌之不可再而述
也公即 府君之第四子也初授節度散將騎都尉試左金吾衛
大將軍兼奉誠軍押衙妙年雄勇志性剛強非礼不言
進退有度感激在懷深心有託三友以信行及六親以道
義和隣里鄉黨皆慕其德風則仁者之用心有異於常
倫者也嗚呼大運不留如箭公遘疾於雲州任賢坊之
私第不逾時月奄然而去享年六十有四前夫人渤
海高氏貞元廿年十月廿八日先公而亡今乃与公合祔
焉即以大和元年十一月三日奄玄宮於先塋州西五里
之沙原礼也有子三人長曰士則次曰士政小曰士穎茹荼
泣血哀過於礼高崇曾子之傳也事繼親孫順顏色孝過於
古人兄弟議其年代綵遠谷變陵遷請而誌之遂為銘曰
太武武氏 世出其賢 惟公鍾美 必紹其先 雄心好勇 從事于邊 靜難解紛
强敵無前 方之古人 孰可比肩 今夕何夕 不享其年 漫漫厚土 杳杳窮泉
嗟乎永別 明不聞天 松作薪兮壠為土 後人知是何人墓 此數字兮不磨不滅
俾兮孫兮知其處所 故不覊於泉路

武言墓志铭

年代：唐大和元年（827 年）

尺寸：宽 56.5 厘米，高 55 厘米，厚 10 厘米

出土于山西省大同市振华南街居民区

录文：

唐故节度散将骑都尉试左金吾卫大将军兼奉诚军押衙太原武府君墓志并序

李武伯撰

公讳言，字谏言，其先太原人也。洎乎得姓，至于今之日，千有余年矣。官勋弈叶，代有奇才。府君浪迹游边，遂为边上从事。曾祖彻，祖清，父或以文或并前志志之，不可再而述也。公即府君之第四子也。初授节度散将、骑都尉，试左金吾卫大将军，兼奉诚军押衙。妙年雄勇，志性刚强，非礼不言，进退有度。感激在怀，深心有托，三友以信，行及六亲。以恩义和邻里，乡党皆慕其德风。则仁者之用心，有异于常伦者也。呜呼！大运不留如箭。公遘疾于云州任贤坊之私第，不逾时月，奄然而去，享年六十有四。前夫人渤海高氏，贞元廿年十月廿八日先公而亡，今乃与公合祔焉。即以大和元年十一月三日奄玄宫于先茔，州西五里之沙原，礼也。有子三人，长曰士则，次曰士政，小曰士颖，茹荼泣血，哀过于礼，高柴、曾子之俦也。事继亲承顺颜色，孝过于古人。兄弟议其年代深远，谷变陵迁，请而记之，遂为铭曰：

大哉武氏，世出其贤，唯公钟美，必绍其先。

雄心好勇，从事于边，静难解纷，强敌无前。

方之古人，孰可比肩，今夕何夕，不享其年。

茫茫厚土，杳杳穷泉，嗟乎永别，叨不闻天。

松作薪兮垄为土，后人知是何人墓，此数字兮不磨不灭，

俾子孙兮知其处所，故不亏于泉路！

唐大同軍故衙前兵馬使彭城郡劉府君墓誌銘并序　鄉貢進士白□□撰
府君諱買信家本雲州雲中縣人也　父諱興守職終河東節
度押衙並門傳武略世習儒風奕葉連芳光于後裔其受賞封
之始立仁立孝之名録在譜諜之上此不復書　公即府君第一之子也幼承
立節剛直不群孝悌終身恢弘壯氣盡禮樂於鄉黨樹仁義於隣里曾
為九州之遊採玉塞邊塵經百戰之艱難金瘡遍體黑山之北破虜
將多賞河邊西功威遠著勇而不僞猛而不懼　公德自天生藝叶神志心能
府谷人間受兵符當咸通六年八月廿一日没于雲州亭年五十有一矣有
妻李氏亡後有男四人長曰聖郎次曰定戎次曰大寒小寒有女七人長曰
道當氏次曰韓氏成氏茹氏三人在室幼子小娘子也其男女克
遵嚴訓忠孝謙和與人結交深而益敬遂使家業不廢名勤轉高事親
盡忠於父之道小娘子識度沖遠能和能柔心懷令淑氣襲蘭孫一家
之風孔雀之美聖郎號天叩地哀當年十一月十九日葬于州城之西南十
里店之東隅祔葬原之禮也嗣子等俱以悲深陟岵恨切風枝卜宅
坐以摧心戀　父恩之深血淚終無路泣淚如泉乞之飽飲家風敍
託荒蕪叙述　光德誌曰
彭城劉氏　功業名貴　久戰砂漠　聲振萬里　除蕃戰寢　標㨾如蜺
報國盡忠　□家治理　能英能傑　有愛有畏　身歸大夜　雲愁不已
魂遊秋月　魂隨逝水　哀哉哉　誰不淚

刘良信墓志铭

年代：唐咸通六年（865年）

墓志尺寸：宽58厘米，高59厘米，厚10厘米

出土于山西省大同市机车工厂大门东侧实验室楼北

录文：

唐大同军故衙前兵马使彭城郡刘府君墓志铭并序

乡贡进士白允之撰

府君讳良信，家本云州府云中县人也。父讳兴守，职终河东节度押衙。并门传武略，世习儒风，弈叶连芳，光于后裔。其受氏受封之始，立仁立孝之规，录在谱牒之上，此不复书。公即府君第一之子也，幼而立节，刚直不群。孝悌修身，恢弘壮气。尽礼乐于乡党，倾仁义于邻里。曾为九州之游探，玉塞绝烟；经百战之艰难，金疮遍体。黑山之北，破虏弥多；黄河之西，功成远著。勇而不慑，猛而不惧。公德自天生，艺叶神志。心能廓落，人间爱畏。何图咸通六年八月十一日殁于云州，享年五十有一矣。有妻李、霍二氏。有男四人，长曰圣郎，次曰定戎，幼曰大塞、小塞。有女七人，长曰□常氏，次曰韩氏、成氏、茹氏，三人在室。仕子喜如、小喜是也。其男女克遵严训，忠孝谦和，与人结交，深而益敬，遂使家业不废，名节转高。事亲尽忠于父之道。小娘子识度冲远，能和能柔，心怀令淑，气袭兰荪。一家之风，九族之美。圣郎等号天叩地，取当年十一月十九日殡于州城之西南十里店之东隅，祔葬原之，礼也。嗣子等但以悲深陟屺，恨切风枝。卜宅兆以摧心，恋父恩之洒血。妻孥无路，泣泪如泉。允之饱饮家风，诚托荒芜，叙述先德。铭曰：

彭城刘氏，功业名贵。久战沙漠，声流万里。

除蛮斩寇，扫妖如蚁。报国尽忠，于家治理。

能英能杰，有爱有畏。身归大夜，云愁不已。

魄逐孤舟，魂随逝水。哀哉苦哉，谁不啼泪。

唐故宣州左押衙撿校國子祭酒充左教練使兼水軍營使
兼侍御史趙郡李公夫人汝南郡殷氏墓誌銘并序　鄉貢進士姚淮撰
夫日月不固人世豈常運偶彀窮嘻夫命矣　夫人其先汝南人也昔以湯君祚[illegible]
紂其終微子封邦武王賜國殷宗不泯乃為氏焉　夫人　考諱同皇歙州
軍事判官文林郎試大理評事早逝陰冥聲華尚著　夫人以笄歲嫁邑飛禮
適于隴西公也　公宣州左押衙撿校國子祭酒充左教練使諸水軍營使兼侍
御史諱寀公之　祖皇試太常寺協律郎諱璟公之　考銀青光祿大夫撿校國子祭
酒慶州刺史兼御史中丞諱良皆文爵武班乘軒剖竹命雖流逝德尚昆詩
夫人族冠纓裾世承簪紱德入鵲巢之詠美彰荇菜之謠自令亂離鄉官從仕
國每抱倚門之望長懷斷織之悲有路面期無實夢憶情懸志念遥辭雲
水之鄉捨桐乘輿遠屆風沙之塞五千里外盜喜氣於黄香三十年來解愁
顏於陶母豈圖遘疾魂墜冥臺以乾符三年正月廿二日奄終華帳享年七十
有九　令嗣大同軍都防禦左押衙銀青光祿大夫撿校國子祭酒兼殿中侍御
史充清塞軍使日温讓自違故國終日傾心每懷膝下之思幾落風前之淚幾
縈侍養之勤　親期不待倏罹殃罰慟哭匪我未歸松檟之原兆宅魏都之
野以其年十一月十七日安厝於雲州城西南七里祔塋之礼也慮以歲時綿
邈陵谷更遷乃琢銘埏紵列豊石　其詞曰
昭灼穠華　芳菲桃李　行采蘋薇　志馨蘭蕙　令淑咸稱　箴規懿美
鵲鵲徽光　洋洋千歲　上天胎禍　人世俄頹　鏡臺無影　垂絲網生
烏啼隴樹　月照墳塋　冥泉一固　陰壤永扃

李公夫人汝南郡殷氏墓志铭

年代：唐乾符三年（876 年）

尺寸：宽 47 厘米，高 47 厘米，厚 7 厘米

出土于山西省大同市振华南街

录文：

唐故宣州左押衙检校国子祭酒充左教练使诸水军营使兼侍御史赵郡李公夫人汝南郡殷氏墓志铭并序

乡贡进士姚涯撰

夫日月不固，人世岂常？运偶数穷，嘻！夫命矣。夫人其先汝南人也。洎以汤君祚灭，辛纣基终，微子封邦，武王霸国，殷宗不泯，乃为氏焉。夫人考讳同，皇歙州军事判官、文林郎，试大理评事。早逝阴冥，声华尚著。夫人以笄岁嗰飞礼，适于陇西公也。公宣州左押衙、检校国子祭酒，充左教练使、诸水军营使，兼侍御史，讳审。公之祖，皇试太常寺协律郎，讳环。公之考，银青光禄大夫、检校国子祭酒、庆州刺史，兼御史中丞，讳良。皆文爵武班，乘轩剖竹。命虽流逝，德尚民歌。夫人族冠缨裾，世承簪绂。德入鹊巢之咏，美彰荇菜之谣。自令胤离乡，官从他国，每抱倚门之望，长怀断织之悲。有路面期，无宵梦忆。情悬志念，遥辞云水之乡；舍舸乘舆，远届风沙之塞。五千里外溢喜气于黄香，三十年来解愁颜于陶母。岂图遘疾，魂坠冥台。以乾符三年正月廿二日奄终华帐，享年七十有九。令嗣大同军都防御左押衙、银青光禄大夫、检校国子祭酒，兼殿中侍御史，充清塞军使，曰温让。自违故国，终日倾心。每怀膝下之思，几落风前之泪。才荣侍养之勤，亲期不待，倏罹殃罚。恸哭匪莪，未归松槚之原，兆窆魏都之野。以其年十一月十七日安厝于云州城西南七里，创茔之礼也。虑以岁时绵邈，陵谷更迁，乃琢铭埏，伫列丰石。其词曰：

昭灼浓华，芳菲桃李。行采蘋薇，志馨兰蕙。

令淑咸称，箴规懿美。蔼蔼徽光，洋洋千岁。

上天胎祸，人世俄倾。镜台鸾坠，虫丝网生。

乌啼垄树，月惨坟茔。冥泉一固，阴尘永扃。

郭公諱文弁字德祖太原人也世不襲文儒未
閑武略但放曠不仕惟以義烈孝道推於時輩
不以錐刀求和於市仍好佛慕善多親敬釋
氏致介壽於從心之年以乾寧四年十二月廿五日
寢疾卒於雲中崇容里之私舍
妻張氏亦雲中閭閻之家素有淑德愛睦
姻親雖未及天命而爲脩短道殊先奄於大
夜以乾寧三年三月四日辛時年卌九有男三
人長曰行諫次曰行全長兒有女一人適王氏並孝
女出人容德邁世以乾寧五年歲次戊午
正月十二日壬午祔葬於城西南舊塋禮也或
慮時代遷變山谷非移因斫片石
聊記之耳 進士石記一片 造人皇甫文立

郭文弁墓志

年代：唐乾宁五年（898年）

尺寸：宽44厘米，高40厘米，厚9厘米

录文：

郭公讳文弁，字德祖，太原人也。世不袭文儒，未闲武略，但放旷不仕，惟以义烈、孝道推于时辈，不以锥刃求和于市。仍好佛、慕善，多亲敬释氏，致介寿于从心之年，以乾宁四年十二月廿五日寝疾卒于云中崇荣里之私舍。妻张氏，亦云中闾阎之家，素有淑德，爱睦姻亲，虽未及天命，而为修短道殊，先奄于大夜，以乾宁三年三月四日卒，时年卌九。有男三人，长曰行谏，次曰行金、长儿。有女一人，适王氏，并孝友，出人容德迈世。以乾宁五年岁次戊午正月十二日壬午祔葬于城西南旧茔，礼也。或虑时代迁变，山谷非移，固所片石。

聊记之耳，进上石记一片，造人皇府文立。

大唐故張府君墓誌銘并序

府君諱行本字道流其先清河郡人也暨自周隋及唐袝塋不絕唯唐初將軍曾塋即其裔也府君舊族爰止鄉門數代枌榆皆寄於彼土頃因多難派寓中雖廿龍襲於丹青而放閑於碧綠自故府隴西公怜其巧藝署以衙前兵馬使仍舉為繪士之酋加以纓冕混俗塗畫通神擅三晉之賢豪倫四人之盛業至於莊嚴佛事摸寫真容縱隋之展虔晉之顧愷不可同年而語也嗚呼東波嘆逝西日流光以乾寧五年九月三日寢疾終于任賢里之私第享年六十四　夫人王氏慶于偕老而殆謝偏鍾乃持一志之貞是契三從之德有子二人長曰敬玫不墜盛業尤重義輕金而乃慶表循陔念生陟岵毛子嘉捧檄之義仲由持負米之時次男敬伸惠而早亡新婦崔氏李氏莘皆孝感香江貞動寒竹孫男三合孫女尹哥伴伴莘並妍姿挺秀花色雍容咸與扣地之哀莫盡同天之戚以是年九月廿四日葬於晉州西北原禮也或慮時更代陵谷推遷爰刊翠琰佇茲不朽其銘曰　爰茲哲人　乃眷碩德　煥若丹青　瀴然金碧　俯厚地以無私　念終天而永隔

张行本墓志铭

年代：唐乾宁五年（898 年）

尺寸：宽 44 厘米，高 42 厘米，厚 6 厘米

录文：

大唐故张府君墓志铭并序

府君讳行本，字道滋。其先清河郡人也。暨自周、隋及唐，冠盖不绝。唯唐初将军僧遥，即其裔也。府君旧版，爰止雁门。数代枌榆，皆寄于彼土。顷因多难，流云中。虽世袭于丹青，而放闲于碧绿。自故府陇西公怜其巧辩，署以衙前兵马使，仍举为绘士之酋，加以缨冕混俗。绘素通神，郁三晋之贤豪，备四人之盛业。至于庄严佛事，模写真容，纵隋之展虔、晋之顾恺，不可同年而语也。呜呼！东波叹逝，西日流光。以乾宁五年九月三日寝疾，终于任贤里之私弟（第），享年六十四。夫人王氏，庆于偕老，而殆谢偏钟。乃持一志之贞，是契三从之德。有子二人。长曰敬玫，不坠盛业，尤重义轻金，而乃庆表循陔，念生陟岵。毛子嘉捧檄之义，仲由持负米之时。次男敬神，惠而早亡。新妇崔氏、李氏等，皆孝感香江，贞动寒笋。孙男三合。孙女尹哥、伴伴等，并妍姿挺秀，花貌雍容。咸兴扣地之哀，莫尽同天之戚。以是年九月廿四日葬于云州西北原，礼也。或虑时更代，陵谷推迁，爰刊翠珉，伫兹不朽。其铭曰：

爰兹哲人，乃眷硕德。焕若丹青，洁然金碧。

俯厚地以无私，念终天而永隔。

辽金元

（盖）

许从赟墓志铭

年代：辽乾亨四年（982年）

墓志尺寸：宽62厘米，高58.5厘米，厚11厘米

志盖尺寸：宽62厘米，高58.5厘米，厚18厘米

出土于山西省大同市西南郊新添堡村南许从赟墓

录文：

□契丹国故大同军节度管□观察处置等使、特进、检校太保、右领军卫上将军兼御史大夫、□柱国、高阳县开国男、食邑三百户、赠太傅许公洎夫人康氏墓志铭并序

公讳从赟，字温毅，其先炎帝之胤。太岳佐尧而有功，文叔事周而封许，因以命氏焉。皇祖讳景亮，摄怀州别驾。王父讳廷秀，摄宪州长史。烈考讳昭胤，隰州都押衙。爰董牙璋，克扬仁望，果诞英子，尤大吾门。公即都衙之长子也，气禀五行之秀，神融万物之精。骨貌多奇，幼状穴中之虎；胸襟有变，长侔水上之蛟。唐清泰初，事云州元帅沙公，遂补为马步使。典疑难之狱，明且绝私；惩暴恶之徒，刚而能断。奏为内外巡检斩斫使、银青崇禄大夫兼监察御史、武骑尉。会嗣圣皇帝提虎旅而越雁门，翦唐师而解晋难，公遂率身而归焉，乃授大同军节度副使、尚书右仆射、御史大夫、上柱国。声猷允洽，睿渥益隆，加检校司空。既嗣晋渝盟，王师震讨，及中原大定，乃异数遄，加授建雄军节度使。旋值圣上升遐，群方溃命，洎天授皇帝出绍丕基，特旌勋旧，授大同军节度使、检校司徒，由是安民和众，吐惠含仁，抑酋豪而恤鳏寡，重刑罚而轻赋役。期月之间，政成事立；三年之内，家给人足。才解殿帮，尤资卫社，

[illegible]國故大同軍節度使[illegible]等使特進檢校太傅右領軍衛上將軍兼御史[illegible]
上柱國高陽縣開國男食邑三百戶贈太傅許公洎夫人康氏墓誌銘　并序
公諱從贇字溫毅其先炎帝之胤太嶽佐堯而有功文叔事周而封許因以命氏焉
皇祖諱景亮攝懷州別駕　王父諱廷秀攝憲州長史　烈考諱昭胤隰州都押
衙爰董[illegible]璋克揚仁望果誕英子尤大吾門　公即都衙之長子也氣稟五行之秀神
融万物之精骨貌多奇幼狀穴中之虎胥襟有變長侔水上之蛟唐清泰初事雲州先帥
沙公遂補爲馬步使典疑難之獄明且絕私懲暴惡之徒剛而能斷奏爲內外巡檢斬斫使銀
青崇祿大夫兼監察御史武騎尉會　嗣聖皇帝提虎旅而越鴈門前唐師而解晉[illegible]
公遂率身而歸焉乃授大同軍節度副使尚書右僕射御史大夫上柱國聲猷允洽　睿[illegible]
隆加檢校司空既嗣晉衛聖王師震討及中原大定乃異數益加授建雄軍節度使旋值
聖上昇遐群方遺命自　天授皇帝出紹丕基特旌勳舊授大同軍節度使檢校司徒由是安
民和衆吐惠含仁抑豪而恤鰥寡重刑罰而輕賦役期月之間政成事立三年之內家給人足才辭
殿邦允資衛社授右領軍衛上將軍特進檢校太保方佐周齡之運忽鍾杞國之憂　天順皇帝
纘登大寶甫拔將材擢侍衛步軍都指揮使陳師鞠旅正圖戰伐之勳泰始否終遽染膏肓之疾以
應曆八年九月六日薨於燕京肅慎坊之私第享年五十七　聖君垂悼優贈迴加
夫人長沙康氏故雲州都指揮使敬習之女也姿容端麗詞氣柔順在室以女德傳芳故倫六儀而
歸於我殯天以婦道興晝乃感四時而成其疾以保寧八年三月五日薨於雲州豐稔坊之私第享年
六十五以乾亨四年十月二十七日取　公之神櫬於燕與　夫人靈柩合葬於雲中縣權寶里并二
子附於墳域　公之先志也有男七人長曰守倫衙內都指揮使次曰守貞西頭供奉官並早卒次
曰守節安衆銀冶都監右千牛衛將軍銀青崇祿大夫檢校工部尚書兼御史大夫上柱國懿有文武必
隆家道次曰守忠守素守恒守筠諒承餘慶即趙耳衛姪一人曰彥瓊都知兵馬使早卒有女
七人長適前芝耩子銀冶都監程光胤次適推官陳諷次適教練王恕次出家曰妙淨次早卒次
適虞部員外郎房修已次在室孫男一十四人皆幼孫女九人皆幼　公風儀瑰偉度量弘
雅洎鈞變之後鷹揚已來宣化一方美事旋騰於人[illegible]大星忽墮於營門嗟夫諒綿
茅土之榮可以足矣遽大奄龜鶴之壽不知何也嗣子[illegible]營大葬弥懷罔極之恩不刊
貞珉慮泯平生之迹固茲見託是可據實乃爲銘
卓哉許公　猛神如虎　奮武隆家　仗節擁旌　陳師鞠旅
遽謝遐年　德協朝露　懿哉夫人　婦德無加　母儀有慶
嬪亭[illegible]　忽隱臺姿　生則同室　[illegible]墓　骨掩玄堂　魂歸冥路
萬古千秋兮託大葬於此處

（铭）

授右领军卫上将军、特进、检校太保。方佐周龄之运，忽钟杞国之忧。天顺皇帝缵登大宝，甫拔将材，权侍卫步军都指挥使。陈师鞠旅，正图战伐之勋；泰始否终，遽染膏肓之疾。以应历八年九月六日薨于燕京肃慎坊之私弟（第），享年五十七。圣君垂悼，优赠迥加。夫人长沙康氏，故云州都指挥使敬习之女也。姿容端丽，词气柔顺，在室以女德传芳，故备六仪而归于我；殒天以妇道哭昼，乃感四时而成其疾。以保宁八年三月五日薨于云州丰稔坊之私弟（第），享年六十五。以乾亨四年十月二十七日取公之神榇于燕，与夫人灵柩合葬于云中县权宝里，并二子附于坟，成公之先志也。有男七人，长曰守伦，衙内都指挥使；次曰守贞，西头供奉官，并早卒；次曰守节，安众银冶都监、右千牛卫将军、银青崇禄大夫、检校工部尚书兼御史大夫、上柱国，郁有父风，必隆家道；次曰守忠、守素、守恒、守筠，谅承余庆，即越亨衢。侄一人，曰彦琼，都知兵马使，早卒。有女七人，长适前艾耩子银冶都监程光胤，次适推官陈讽，次适教练王恕，次出家曰妙净，次早卒，次适虞部员外郎房修己，次在室。孙男一十四人，皆幼；孙女九人，皆幼。公风仪瑰伟，度量弘雅，洎豹变之后，鹰扬已来，宣化一方，美事旋腾，于人□□戎□载，大星忽堕于营门，嗟夫！谅绵茅土之荣，可以足矣；遽奄龟鹤之寿，不知何也。嗣子□冲□□营大葬。弥怀罔极之恩，不刊贞珉；虑泯平生之迹，固兹见托。是可摭实，乃为……

卓哉许公，挺神如虎。奋武隆家，□□□□。

仗节拥旌，陈师鞠旅。遽谢遐年，浥晞朝露。

懿哉夫人，□□□□。妇德无加，母仪有度。

暗择薤花，忽坠星婺。生则同室，□□同墓。

骨掩玄堂，魂归冥路。庶万古千秋兮，记大葬于此处。

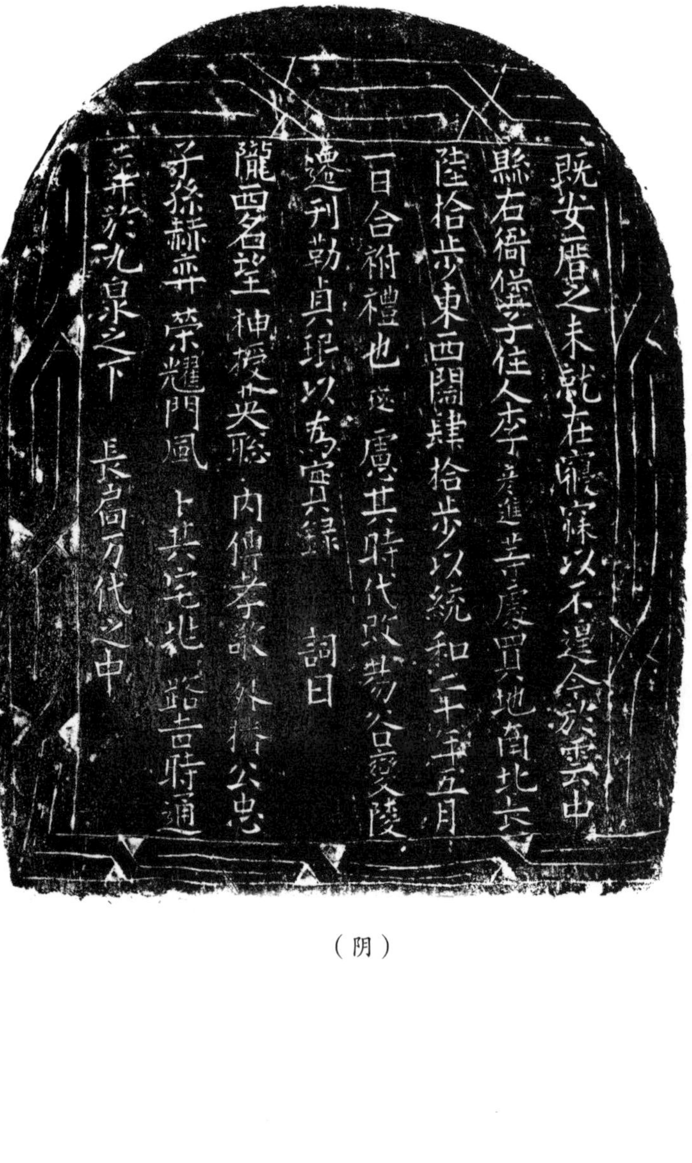
既安厝之未就在寢寐以不遑今於雲中
縣右衙鄉孝住人李孝進等處買地南北六
陸拾步東西闊肆拾步以統和二年五月
一日合祔禮也 從慮其時代改易谷變陵
遷刊勒貞珉以為實錄 詞曰
隴西名望 神授英聰 內傳孝敬 外持公忠
子孫赫弈 榮耀門風 卜其宅兆 路吉時通
去年於九泉之下 長為萬代之中

（阴）

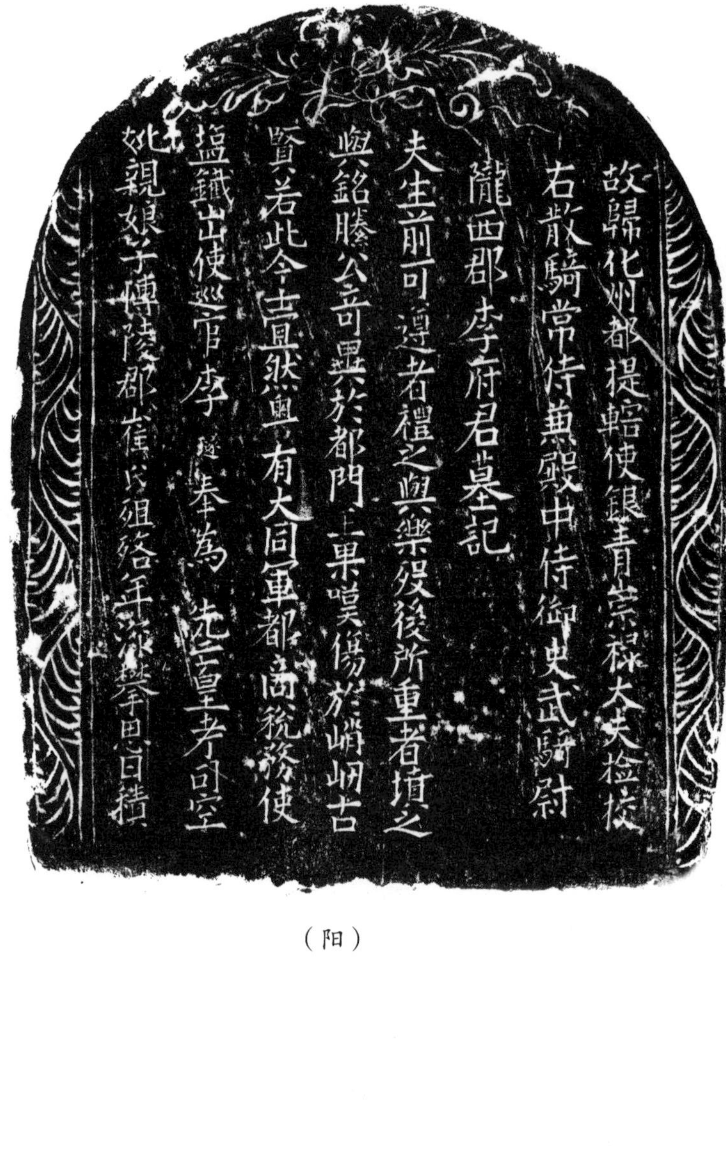
故歸化州都提轄使銀青崇祿大夫檢校
右散騎常侍兼殿中侍御史武騎尉
隴西郡李府君墓記
夫生前可遵者禮之與樂歿後所重者墳之
與銘滕公奇異於都門上果嘆傷於崤峭古
賢若此今古虽然與有大同軍都商稅務使
鹽鐵出使巡官李 從奉為 先亡皇考司空
妣親娘子博陵郡崔氏祖塋年深 甲日積

（阳）

李府君墓记

年代：辽统和二十年（1002年）
尺寸：宽31厘米，高45厘米，厚9厘米
2005年购于周家店街头

录文：

故归化州都提辖使银青崇禄大夫检校右散骑常侍兼殿中侍御史武骑尉陇西郡李府君墓记

夫生前可遵者礼之与乐，殁后所重者坟之与铭。滕公奇异于都门，王果叹伤于峭岈。古贤若此，今士宜然。粤有大同军都商税务使、盐铁出使巡官李璲，奉为先亡皇考司空、妣亲娘子博陵郡崔氏，殂殁年深，攀思日积。既安厝之未就，在寝寐以不遑。今于云中县右衙堡子住人李彦进等处买地，南北长陆拾步，东西阔肆拾步。以统和二十年五月一日合祔，礼也。璲虑其时代改易，谷变陵迁，刊勒贞珉，以为实录。词曰：

陇西名望，神授英聪。内传孝敬，外播公忠。
子孙赫弈，荣耀门风。卜其宅兆，路吉时通。
葬于九泉之下，长扃万代之中。

故威武軍府內都指揮使陳府君墓誌銘　講經論沙門雲㬢撰
君諱主德字彝賢其先潁川人也本推舜裔榮顯漢朝枝葉傳芳子孫[illegible]
祖行進威武軍節度福建等州管內觀察處置等使大同直兵馬都監金紫
光祿大夫檢校太傅使持節福州諸軍事行福州刺史兼御史大夫上柱國
潁川縣開國男食邑三百戶生稟奇謀天資遠略顯著戰軍之譽美擅分閫
之憂　烈考守忠忠勤功臣崇祿大夫檢校太保充威衛大將軍兼御史
大夫上柱國潁川縣開國伯食邑七百戶素有文風早知兵要千年遇主
幾承命以忘家百勝主功每盡忠而報國疊荷絲綸之寵累遷環衛之首
君卽充威衛大將軍之次子也其幼也克岐克嶷其長也如[illegible]如琢內立志
以溫恭外抱直而耿介鄉黨以之而仰德宗姻由之而後仁克奉天倫俾立
國化孔保靜軍節度管內觀察處置等使特授金紫崇祿大夫檢校太保使
持節建州諸軍事建州刺史兼御史大夫上柱國封潁川縣開國男食邑三
百戶充也習武仕於王廷　君乃養親治其家道充成八衛衛內都指揮使
嚴於整肅克孜持盈至孝之行共推好善之名獨見自立年之後每歲三月專事
[illegible]齋端居正念迄終身而無廢也其於捨財圖聖像嚴精舍供繒流而亦多
矣無何良時易度冥數難移忽纏二豎之憂以至逢天之戚享年七十有三
太平八年三月二十四日終於州南之外園其年四月二十九日引柩歸葬於
雲中縣孝義鄉陳氏里之原與夫人祔焉禮也夫人蕭氏得中饋之道有
內助之賢事舅姑以孝聞睦娣姒而義著舉案方期於偕老藏舟遽歎於
云亡春秋六十有九先　君七載而逝有子六人五未冠而夭季曰堯從[illegible]
列軍營院使繼冠王之姿彰遺情之美偏鍾慈愛唯尚優游溫雅可奇隱淪
不仕女四人長適清河張文翊次並未笄而逝幼適順義軍節度副使趙公
之子有孫男八人元亨韓七韓八兆哥孫女二人福姐王姐猗子長曰克一五治節度
使次曰堯寧保靜軍都知兵馬使皆夭姪適許公之子孫元晟並著儀容俱懷遜悌
自　君之疾也克從等夙夜躬親左右扶侍既易簣之昔慟結血之悲爰就佳
城重封馬鬣慮遷陵谷命誌特年謹為銘曰　君居世兮厚德昌君沒世兮遺愛彰
悲逝川兮何不返瞻壠樹兮[illegible]傷

陈匡德墓志铭

年代：辽太平八年（1028年）

尺寸：宽61厘米，高73厘米，厚10厘米

录文：

故威武军府内都指挥使陈府君墓志铭

讲经论沙门云普撰

君讳匡德，字慕贤，其先颍川人也，本推舜裔，荣显汉朝，枝叶传芳，子孙迭□。祖行，进威武军节，授福建等州管内观察处置等使、大同军兵马都监、金紫崇禄大夫、检校太傅、使持节、福州诸军事行福州刺史，进御史大夫、上柱国、肃川县开国男，食邑三百户。生禀奇谋，天资远略，颇著□军之□，美旌分阃之忧。烈孝守忠，忠勤功臣。崇禄大夫、检校太保、左威卫大将军兼御史大夫、上柱国、颍川县开国伯，食邑七百户。素有父风，早知兵要。千年遇主，几承命以忘家；百胜主功，每尽忠而报国。叠荷丝纶之宠，累迁环卫之资。君即左威卫大将军之次子也。其幼也，克岐克嶷；其长也，如珪如璋。内立志以温恭，外抱直而耿介。乡党以之而仰德，宗姻由之而爱仁。克奉天伦，俾匡国化。兄保静军节度管内观察处置等使，特授金紫崇禄大夫、检校太保、使持节、建州诸军事、建州刺史兼御史大夫、上柱国，封颍川县开国男，食邑三百户。兄也习武，仕于王廷。君乃养亲治其家道，充威武军卫内都指挥使，严于整肃，克致持盈。至孝之行共推，好善之名独见。自立年之后，每岁三月专事洁斋，端居正念，迄终身而无废也。其于舍珍财、图圣像、严精舍、供缁流而亦多□。无何，良时易度，冥数难移，忽经□坚之忧，以至逢夭之戚，享年七十有三，太平八年三月二十四日终于州南之外圃。其年四月二十九日引柩归葬于云中县孝义乡陈氏里之原，与夫人祔焉，礼也。夫人萧氏得中馈之道，有内助之贤，事舅姑以孝闻，睦（睦）娣姒而义著。举案方期于偕老，藏舟遽叹于云亡。春秋六十有九，先君七载而逝。有子六人，五未冠而夭。季曰克从，涅烈军节院使，继冠王之姿，彰遗帽之美。偏钟慈爱，唯尚优游。温雅可奇，隐沦不仕。女四人，长适清河张文翊，夭；次并未笄而逝；幼适顺义军节度副使赵公之子。有孙四人，元亨、韩七、韩八、北哥；孙女二人，福姐、玉姐。犹子长曰克一，五治节度使；次曰克宁，保静军都知兵马使，皆夭。侄适许公之子孙元晟，并著仪容，俱怀逊悌。目君之疾也，克从等夙夜躬亲，左右扶侍。既易箦之苦，恸继血之悲。爰就佳城，重封马鬣。虑迁陵谷，命志时年，谨为铭曰：

君居世兮享德昌，君度世兮遗爱彰。悲逝川兮何不返，瞻垄树兮惟黯伤。

茹承誨等
右承誨等四房下分另到今年深所有
在州并州外庄田地土物業等四房下各
自為主今因　三妹身亡雖有舊墳緣
承誨等三父三妹等俱在淺土承誨與房兄
承衍房弟承遂房姪文貴翁兒等求告房
兄承輦都起移三翁三父三妹等灰骨就雲
中縣西陽河庄上一處安置墳園如經葬後承
誨與諸房下弟兄却稱在州地宅并西陽河
庄田地土稍有分割或承誨等三房下後世子
孫亦稱有分割之時罸軍粮叁伯碩征馬壹
疋沒納入
官罪承
官裁恐後無憑立此文據為驗
太平十一年歲次辛未二月戊寅朔五日壬午建墓故記

茹承诲等分地契

年代：辽太平十一年（1031年）
尺寸：宽44厘米，高43厘米，厚8厘米

录文：

茹承诲等

右承诲等四房下分另，到今年深，所有在州并州外庄田、地土、物业等，四房下各自为主。今因三叔身亡，虽有旧坟，缘承诲等亡父、亡叔等俱在浅土，承诲与房兄承衍，房弟承遂，房侄文贵、翁儿等，求告房兄承辇，都起移亡翁、亡父、亡叔等灰骨，就云中县西阳河庄上一处安置坟围。如经葬后，承诲与诸房下弟兄却称在州地宅并西阳河庄田、地土稍有分剂，或承诲等三房下后世子孙，亦称有分剂之时，罚军粮叁佰硕，征马壹匹，没纳入官，罪取官裁。恐后无凭，立此文据为验。

太平十一年岁次辛未二月戊寅朔五日壬午建墓，故记。

大遼國西京留守武推案前行魏 僅上祖券亡
今爲祖墳穴滿於見居宅正南落西丁位上起建
塋其地於雲中縣智家莊住人智奉昌處准錢
壹拾捌貫文買到地南北長三十五步東西闊
三十步其地四自至塋墢南北長二十七步東
西闊二十一步 尊從耶耶 魏 守素在庚穴
父留守衙勾禁押司官魏 泉 母史氏 在申上
兄得壽 在丙上 自身留守武推案前行
魏 僅 妻魏氏 身故在丙穴 張氏 趙氏 見在
弟 得安 妻 張氏 男 子慶 妻楊氏
姪男 福慶、孫男延壽
乾統三年歲次癸未年四月乙酉朔二十五日己酉丁時建

魏仪上祖券文

年代：辽乾统二年（1102年）
尺寸：宽38厘米，高39厘米，厚8厘米

录文：

大辽国西京留守武推案前行魏仪上祖券文

今为祖坟穴满，于见居宅正南落西丁位上起建茔。其地于云中县智家庄住人智奉昌处，准钱壹拾捌贯文买到地，南北长三十五步，东西阔三十步。其地四自至茔冢，南北长二十七步，东西阔二十一步，尊从耶耶。魏守素在庚穴。父留守衙勾案押司官魏泉，母史氏，在甲上。兄得寿，在丙上。自身留守武推案前行魏仪，妻纪氏，身故，在丙穴；张氏、赵氏见在。弟得安，妻张氏。男子庆，妻杨氏。侄男福庆，孙男延寿。

乾统二年岁次壬午四月乙酉朔二十五日己酉丁时建。

故彭城劉公墓誌

公諱承遂世本雲中三井里人也生禀剛
義素全聰惠心常慕善諛信大乘
公父文秀母郭氏乾統十年以具瑩而塟
訖 公然身居俗諦念契 佛家天慶三
年充維那糍印大藏經全四年請諸師讀
大藏經其於齋襯之資皆自供擬又於王
子寺畫毗盧會洎暖湯院繪大悲壇及慈
氏相井樓內畫觀音菩薩像皆威容庠雅
待從端凝公梵課莛僧不可盡紀天慶五
年八月二十日忽疾而逝享年七十有四
公歿之次請王子寺僧録演菩薩戒經講
一百日洎二祥請諸師德讀大藏經三遍
其餘齋禮不可勝數公妻王氏亦皆吉善
子生三長公立五常師已百行華身妻程氏
次公存知禮法識康愚妻王氏長孫仁安
妻殷氏次寶興次九往長子曰孝者五年
然偹奈闕于塟豈為孝哉准價五十貫文
於孫擢堡劉士言處買地九畝擇其日選
其時卜宅兆而乃塟之念先人之德因刻
貞珉記耳 祖宗之際 遺子遺孫
感時思親 陳其祭祀

天慶九年歲次己亥五月丙午朔十五日庚申乾時塟記

刘承遂墓志

年代：辽天庆九年（1119年）

尺寸：宽46.5厘米，高32厘米，厚8厘米

录文：

故彭城刘公墓志

公讳承遂，世本云中三井里人也。生禀刚义，素全聪慧，心常慕善，诀信大乘。公父文秀，母郭氏，乾统十年以具茔而葬讫。公然身居俗谛，念契佛家。天庆三年，充维那，妆印《大藏经》全。四年，请诸师读《大藏经》，其于斋檫之资，皆自供拟。又于王子寺画毗卢会，洎暖汤院绘大悲坛及慈氏相，并楼内画观音菩萨像，皆威容庠雅，侍从端凝。公焚课筵僧，不可尽纪。天庆五年八月二十日，忽疾而逝，享年七十有四。公殁之次，请王子寺僧录演菩萨戒，经讲一百日。洎三祥，请诸师德读《大藏经》三遍。其余斋僧，不可胜数。公妻王氏，亦皆吉善。子生二：长公立，五常饰己，百行华身，妻程氏；次公存，知礼法，识廉愚，妻王氏。长孙仁安，妻殷氏；次宝兴；次九住。长子曰："孝者五事然备，奈阙于葬，岂为孝哉？"准价五十贯文，于孙权堡刘士言处买地九亩，择其日，选其时，卜宅兆，而乃葬之。念先人之德，固刻贞珉记耳。祖宗之荫，遗子遗孙。感时思亲，陈其祭祀。

天庆九年岁次己亥五月丙午朔十五日庚申乾时葬记。

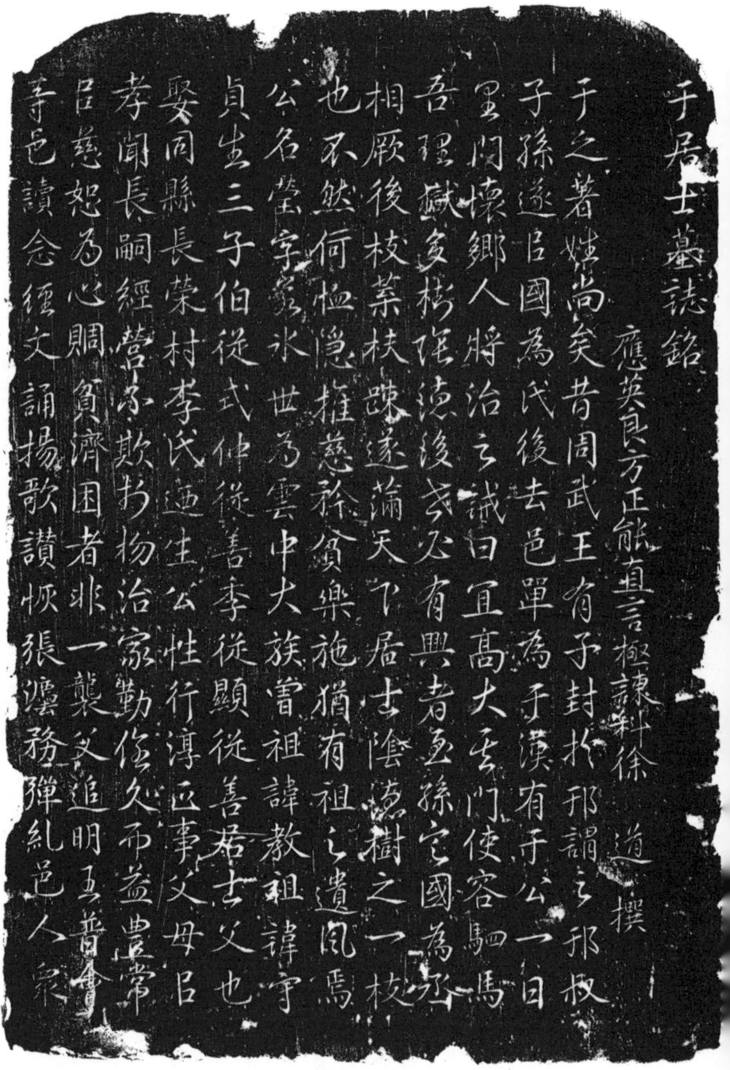
于居士墓誌銘
應英良方正能直言極諫科徐 道 撰
于之著姓尚矣昔周武王有子封於邘謂之邘叔
子孫遂以國為氏後去邑單為于漢有于公一日
里門壞鄉人將治之誡曰宜高大其門使容駟馬
吾理獄多積陰德後世必有興者至孫定國為丞
相厥後枝葉扶疏遂蒲天下居士陰德樹之一枝
也不然何恤隱推慈矜貧樂施猶有祖之遺風焉
公名瑩字義水世為雲中大族曾祖諱教祖諱守
貞生三子伯從式仲從善季從顯從善居士父也
娶同縣長榮村李氏迺生公性行淳正事父母以
孝聞長嗣經營不欺於物治家勤儉久而益豊常
以慈恕為心賙貧濟困者非一襲父道明五普會
寺邑讀念經文誦揚歌讚恢張壇務彈糾邑人衆
（阳）

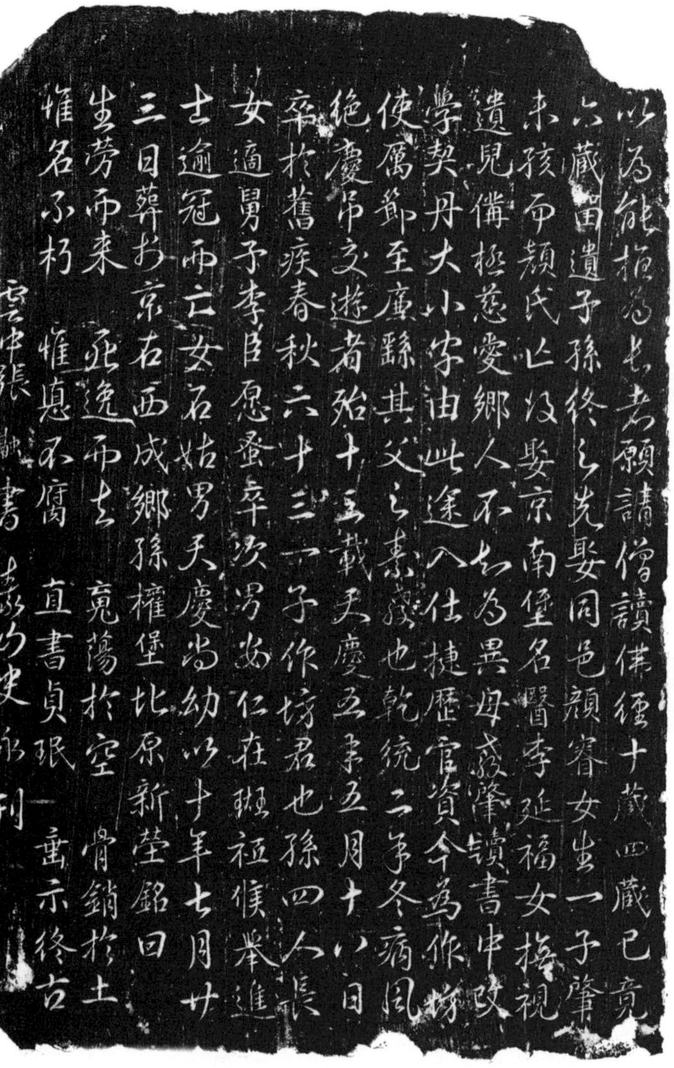
以為能指為長者願請僧讀佛經十藏四藏已竟
六藏留遺子孫終之先娶同邑顏睿女生一子肇
未孩而顏氏亡後娶京南堡名醫李延福女梅視
遺兒備極慈愛鄉人不知為異母戒肇讀書中改
學契丹大小字由此遂入仕捷歷官資今為作坊
使厲節至廣縣其父之素義也乾統二年冬痛風
絕慶而交遊者殆十五載天慶五年五月十八日
卒於舊疾春秋六十三一子作坊君也孫四人長
女適舅子李以恩登卒次男尚仁在班祗候舉進
士適冠而亡女名姑男天慶尚幼以十年七月廿
三日葬於京右西成鄉孫權堡北原新塋銘曰
生勞而來　死逸而去　蒐蕩於空　骨銷於土
惟名不朽　惟恩不腐　直書貞珉　一垂示終古
雲中張𨥉書　孝義以史永刊
（阴）

于莹墓志铭

年代：辽天庆十年（1120 年）

尺寸：宽 39 厘米，高 56 厘米，厚 8 厘米

录文：

于居士墓志铭

应英良方正能直言极谏科徐道撰

于之著姓尚矣。昔周武王有子，封于邘，谓之邘叔。子孙遂以国为氏，后去邑单为于，汉有于公。一日，里门怀乡人将治之，诫曰："宜高大其门，使容驷马，吾理狱多树阴德，后世必有兴者。"至孙定国为丞相，厥后枝叶扶疏，遂满天下，居士阴德树之一枝也，不然何恤隐推慈、矜贫乐施，犹有祖之遗风焉。公名莹，字若冰，世为云中大族。曾祖讳教，祖讳守贞，生三子，伯从式、仲从善、季从显。从善，居士父也，娶同县长荣村李氏，乃生公。性行淳正，事父母以孝闻。长嗣经营，不欺于物。治家勤俭，久而益丰。常以慈恕为心，赒贫济困者非一。袭父追明王、普会等邑，读念经文，诵扬歌赞，恢张法务，弹纠邑人，众以为能，推为长者。愿请僧读佛经十藏，四藏已竟，六藏留遗子孙终之。先娶同邑颜睿女，生一子肇，未孩而颜氏亡没。娶京南堡名医李延福女，抚视遗儿，备极慈爱，乡人不知为异母。教肇读书，中改学契丹大小字，由此途入仕，捷历官资，今为作坊使，厉节至廉，繇其父之素教也。乾统二年冬，病风，绝庆吊交游者，殆十三载，天庆五年五月十八日卒于旧疾，春秋六十三。一子作坊君也。孙四人。长女适舅子李臣愿，蚤卒；次男安仁在班祗候，举进士，逾冠而亡；女石姑，男天庆，尚幼。以十年七月廿三日葬于京右西成乡孙权堡比原新茔。铭曰：

生劳而来，死逸而去，魂荡于空，骨销于土。

惟名不朽，惟德不腐，直书贞珉，垂示终古。

云中张融书，泰山史永刊。

故朝奉大夫王公墓誌

故朝奉大夫王公墓誌

潁川 張 亘世 撰

朝列大夫前河南府推官賜緋魚袋 張 崇 書

徵事郎易州易縣丞 趙 洙 題額

公諱宗彥字子美朔州鄯陽人也曾祖壽祖惟孝皆隱德不仕父珪六宅副使檢校右散騎常侍飛騎尉公即六宅之長子妣太原縣太君張氏公性稟剛直不撓執規持矩未嘗以聲色忤物少篤志於學而又樂親師友朝夕誦說不倦遂博通墳典竟以進士中保大三年丙科授祕書省校書郎調西京懷仁縣簿再遷大理評事判武州軍事就差樞密院書令史遷文林郎祕書省祕書郎借緋公任職明敏論事詼通 朝廷之間皆愛其有可任之才也遂改樞密院房長遷祕書丞兼殿中侍御□丁六宅憂免喪起遷金部員外郎河東北路錢帛都勾兼監察御史借紫未幾以母喪去官服除遷奉直大夫平州觀察判官時太守 皇族挾貴席寵公進謁責以跪禮公不從以他事相窘公曰幕官與太守同事豈有跪見之禮毅然終莫能屈其剛直大率如此累遷朝奉大夫賜五品服權河東北路摠判兵馬皇統五年四月八日以疾終於官享年五十公居家以孝友著聞接物以誠恕臨政確然有守不可涸以私吏畏民愛居官所在著績聲名遠振又性喜賓客與人交有始終鄉黨敬慕之公始合姓延氏早亡繼室以崔生一女適承信校尉張天益再娶丁氏一男灌敦武校尉一女適昭武大將軍虞嘉福三夫人皆封太原縣君以貞元元年十月五日將葬於孝義鄉永樂原公之弟武功與承信以先兄朝奉行狀求誌于潁川張百世僕雖不能文然喜稱儒者之為謹摭其大旨而直書之銘曰

克勤克孝　於先有光　不折不撓　君子之剛

樂施好士　臨政允臧　未及中壽　天實為之

如何不朽　勒銘玄碑

王宗彦墓志铭

年代：金贞元元年（1153年）

尺寸：宽61厘米，高100厘米，厚11厘米

录文：

故朝奉大夫王公墓志

故朝奉大夫王公墓志

颍川张百世撰

朝列大夫前平阳府推官赐紫金鱼袋张崇书

征事郎易州易县丞赵洙题额

公讳宗彦，字子美，朔州鄯阳人也。曾祖寿，祖惟孝，皆隐德不仕。父珪，六宅副使，检校右散骑常侍、飞骑尉。公即六宅之长子，妣太原县太君张氏。公性禀刚直不挠，执规持矩，未尝以声色忤物，少笃志于学而又乐亲师友，朝夕诵说不倦，遂博通坟典，竟以进士中保大三年丙科，授秘书省校书郎，调西京怀仁县簿，再迁大理评事、判武州军事，就差枢密院书令史，迁文林郎，秘书省秘书郎，借绯。公任职明敏，论事该通，朝廷之间皆爱其有可任之才也。遂改枢密院房长，迁秘书丞兼殿中侍御史。丁六宅忧，免丧，超迁金部员外郎、河东北路钱帛都勾兼监察御史，借紫。未几，以母丧去官。服除，迁奉直大夫、平州观察判官。时太守、皇族挟贵席宠，公进谒，责以跪礼。公不从，以他事相窘。公曰："幕官与太守同事，岂有跪见之礼？"毅然终莫能屈，其刚直大率如此。累迁朝奉大夫，赐五品服，擢河东北路总判兵马。皇统五年四月八日，以疾终于官，享年五十。公居家以孝友著闻，接物以诚恕。临政确然有守，不可溷以私，吏畏民爱。居官所在著绩，声名远振。又性喜宾客，与人交有始终，乡党敬慕之。公始合姓延氏，早亡。继室以崔，生一女，适承信校尉张天益。再娶丁氏，一男，灌，敦武校尉；一女适昭武大将军虞嘉福。三夫人□封太原县君。以贞元元年十月五日将葬于孝义乡永乐原。公之弟武功与承信，以先兄朝奉行状求志于颍川张百世。仆虽不能文，然喜称儒者之为，谨摭其大旨而直书之。铭曰：

克勤克孝，于先有光。不折不挠，君子之刚。

乐施好士，临政允臧。未及中寿，天实为之。

如何不朽，勒铭玄碑。

清河郡君牛氏墓誌銘

夫生有名死有銘從古然矣清河郡君牛氏者乃蔚州定安縣左翊衛率府牛鉉次三女也其家族源派已具于尊姑太郡墓誌今不書省文也氏䙷早失父母自幼爲尼託於兄從事郎牛翊昌家居焉至天德三年兄又先逝無所歸倚時年二十有五顧念宣威軍安遠大將軍前東鹿縣令張懿亨前二室係俱親娣皆少病卒抱遺下甥男并女數多慮張君别娶他姓有失撫存因而又適之生男二長曰七十六幼曰山僧宗族協睦室牖齋莊容止進退皆合於禮不幸於正隆元年十一月二十有七日卒患逝于夫之家春秋二十有八以正隆二年歲次丁丑三月丙寅朔八日癸酉巽時權塚于先塋之側以温備託誌于幽石

銘曰　人生百齡　都如一瞬　壽夭何知　神天難問

既備幽窀　無嗟不愁　刻文紀年　永示來閲

牛氏墓志铭

年代：金正隆二年（1157 年）

尺寸：宽 27 厘米，高 43 厘米，厚 8 厘米

录文：

清河郡君牛氏墓志铭

夫生有名，死有铭，从古然矣。清河郡君牛氏者，乃蔚州定安县左翊卫率府牛钛次三女也，其家族源派已具于尊姑太郡墓志，今不书，省文也。氏儿早失父母，自幼为尼，托于兄从事郎牛翊昌家居焉。至天德三年，兄又先逝，无所归倚，时年二十有五。顾念宣威军安远大将军，前束鹿县令张懋亨，前二室系俱亲姊，皆少病卒，抛遗下甥男并女数多，虑张君别娶他姓有失抚存，因而又适之。生男二，长曰七十六，幼曰山僧。宗族协睦，室牖斋庄，容止、进退皆合于礼，不幸于正隆元年十一月二十有七日卒，患逝于夫之家，春秋二十有八，以正隆二年岁次丁丑三月丙寅朔八日癸酉巽时权塚于先茔之侧，以温俌托志于幽石。铭曰：

人生百龄，都如一瞬。寿夭何知，神天难问。

既备幽宅，无皆不愁。刻文纪年，永示来胤。

（阳）

（阴）

陈庆墓志铭

年代：金正隆四年（1159年）
尺寸：宽40厘米，高49厘米，厚12厘米

录文：

……大同府……兵马使陈公墓志铭

昔陈氏之兴也，……周武王封……后胡公满于陈，故子孙……迄于今枝叶相承，绵绵而不绝□。公讳庆，久居大同府人也。公之祖曰秀，秀生玉，玉乃公之父也。玉少以从军，娶同郡李氏，生男、女各一人也。公其长子也。公之妹适定霸军左□□将刘公。公之母蚤卒，公□父享年七十有余而卒。公从幼及壮不习文墨，好倜傥，有大节，常慕狄武襄公之为人也。自亡辽已前亦补定霸籍中，迨至本朝招集捕捉，累有劳效，自在仕三十有余岁，未尝有公私所犯而兴鞭背之卒，反异乎。

太守嘉其行能、考其功绩，将超升左一副兵马使兼保奏，朝廷敕加进义□尉。未几而病卒，时正隆二年六月廿二日，享春秋六十有一。昔公娶蔚萝李氏之为妻也，有女一人，有男一人，其李氏后至正隆四年四月廿三日卒。男曰德辉，以习笔吏为业。女妻以同郡进士……积于厥躬者，人也。践大官，赞元化，使功加于百姓者，命也。有其人，无其命，虽圣与贤，其可奈何。维公内怀大器，终不居显位者，良可悲夫！虽然始从微贱而高大其门、光饰祖宗，亦为美矣，仅殆非与公同时人也。然素闻其名，及公之男选云中南郊卜土建茔，将及时葬，以事见托而不覆已，故备述行藏，叙其始终，以表其实，必无虚誉，遂刻石为铭焉。铭曰：

猗欤陈公，历涉穷通。遭时发愤，许身投戎。迨及本朝，克成厥功。
始自微贱，荣光祖宗。奈何其位，未显其命，蚤终。悲哉！悲哉！
古今所同。

维正隆四年岁次己卯……丑朔九日辛酉丁时葬。

云中习进士张大亨撰。

其地东至道，

南至王景思，

西至崔二翁，

北至武二翁。

全公墓誌

西京普興寺唯識全公墓誌
師迺西京大同人也俗姓韓氏僧名義全童丱之歲
卓然不群宗親異焉于普恩寺出家至年十弍遇
恩得度尸羅之後伏膺諸師勵志十餘季綿歷數年
里于是識通儒道妙閑經論以至慶之際禀愛克師
講秖金論暨于元咸之秋屏絶交遊上祈慈氏孜孜
無替至三十年于斯報齡六十有奥至貞元歲次甲
戌六月辛未二十八日遘疾而終然以門人即英念
風樹以摧心望寒泉而沫泣追念之情莫過蒸嘗遂
葬于祖墳之内門人二即英圓住法孫二德壽僧壽
隷本寺高僧院銘曰
卣都之僧　其名曰全　懔懔卓落
懿器遠權　解行兼資　筆格超然
不惑之秋　識上生緣　方逾耳順
遘疾而遷　焚餘西都　歸葬大川
維
大金大定弍季十弍月二十八日神普[illegible]記

全公墓志铭

年代：金大定二年（1162 年）

尺寸：宽 42.5 厘米，高 60 厘米，厚 8.5 厘米

录文：

全公墓志

西京普恩寺唯识全公墓志

师乃畚京大同人也，俗姓韩氏，僧名义全。童丱之岁，卓然不群，宗亲异焉。于普恩寺出家，至年十弍。遇恩得度尸罗之后，伏膺诸师，励志十余年，绵历数千里，于是识通儒道，妙闲经论。以天庆之际禀受先师讲税金论，暨于无惑之秋，屏绝交游，上祈慈氏，孜孜无替。垂三十年于斯，报龄六十有矣。至贞元岁次甲戌六月辛未二十八日遘疾而终。然以门人即英念风树以摧心，望寒泉而沭泣，追念之情莫过蒸尝，遂葬于祖坟。岂内门人二，即英圆珪法孙二，德寿、憎寿，隶本寺高僧院。铭曰：

西都之僧，其名曰全。襟怀卓落，懿器达权。

解行兼资，笔格超然。不惑之秋，□上生缘。

交逾耳顺，遘疾而迁。焚殓西都，归葬大川。

维大金大定弍年十弍月二十八日坤时葬讫。

廣威將軍前西京都商稅點檢張公墓誌銘
公諱錫字難老灤州樂郊人也初入仕立遼保大
元年承重堂祖琳樞密使中書令廕內供奉班祗
候出身自此之後任差除曰灤麴廊陰香河周贍
使平陽軍器使忻軍資監西麴判大寧令灤城令
西京商點每臨錢穀多多益辦厥有成績治民政
而無私累被酬賞官至廣威將軍上騎都尉清河
縣開國子食邑五伯戶大定六年十一月壬子日
以久疾卒於家享年六十有九惟公賦性剛直好
義喜捨善與人交久而能敬公曾祖諱可度檢校
右散騎常侍灤州馬步軍都指揮使祖諱則舒左
承制考諱仲榮洛苑使同簽灤州煙火事母王氏
封贈曰清河太君娶楊氏清河縣君子一人景祥

（阳）

見帶承信校尉女三人長適袁茂業溫其文令
立次適進士及第承奉郎孫仲款次適門廕武義
將軍孫珩其婿令立緣祖墳路遠以大定七年閏
七月十九日與考洛苑母太君葬于雲中縣南廓
莊之西南崗東銘曰
天之生公　性剛氣雄　與交尚信　為謀至忠
殊號世邑　相承門風　壽六十九　閟此幽宮
大定七年閏七月　日進士范　咏撰

（阴）

张锡墓志铭

年代：金大定七年（1167年）

尺寸：宽35厘米，高53厘米，厚7.5厘米

录文：

广威将军前西京都商税点检张公墓志铭

公讳锡，字难老，沈州乐郊人也。初入仕亡辽，保大元年承重堂祖琳枢密使、中书令，荫内供奉，班祗候出身。自此之后，任差除曰滦麴廓阴香河周赡使、平阳军器使、忻军资监、西麴判、大宁令、潞城令。西京商点每临钱谷，多多益办，厥有成绩；治民政而无私，累被酬赏，官至广威将军上骑都尉、清河县开国子，食邑五百户。大定六年十一月壬子日，以久疾卒于家，享年六十有九。惟公赋性刚直，好义喜舍，善与人交，久而能敬。公曾祖讳可度，检校右散骑常侍、沈州马步军都指挥使。祖讳则舒，左承制。考讳仲荣，洛苑使同签沈州烟火事。母王氏，封赠曰清河太君。娶杨氏，清河县君。子一人景祥，见带承信校尉。女三人，长适敦武萧亥温，其女今亡；次适进士及弟（第）承奉郎孙仲敖；次适门荫武义将军孙玠，其婿今亡。缘祖坟路远，以大定七年闰七月十九日与考洛苑、母太君葬于云中县南康庄之西南岗东。铭曰：

天之生公，性刚气雄。与交尚信，为谋至忠。

殊号世邑，相承门风。寿六十九，闭此幽宫。

大定七年闰七月　日进士范咏撰。

故明威將軍王公墓誌銘

故致仕明威將軍上騎都尉太原縣開國子食邑五百户前應州軍資庫使王公墓誌

公諱興福字仲祥其先太原人後徙朔方今為朔州鄯陽人也曾高祖寔曾大父壽大父某皆

隱德不仕皇考珪六宅副使鄯陽令右散騎常侍飛騎尉妣太原縣太君張氏有子四公

即六宅之第二子也公姿質雄偉少有大志以孝友見稱始于亡遼保定三年從父命與

故朝奉兄崇義遠詣海濱王行在所祗應陪扈至德興間復部卒伍屢有勳效特授左承制

迨 本朝監朔州錢帛庫改遷太子衛率府副率充蔚州商稅都監時丁父憂服除皇

統元年承兄奉政大夫廕補換忠武校尉任雲內州倉庫使三遷至武德將軍復改蔚州

軍器庫使兼知作院公守官蒞事素以忠謹聞于 朝廷移充應州軍資庫使重遷至

宣武凡所歷任皆有能名深為故右丞蘇公見知時正隆二年從役方起公慨然知止思

退齊其家迺乞致仕 朝省聞之者皆謂貪榮冒寵目今皆是如公早休官世所未有

遂超加顯武累遷至明威將軍及歸復增大門閭廣闢土產家僮千指力擬封君然所供

已者止從于菲薄所奉族者舉令于豐厚鄉黨共推其孝義聞其風聲者竟語公迺為規

戒時復會聚親舊相與遊宴不以貴賤賢愚有間悉與之均禮人有緩急無不應其所求

正隆五載歲方大飢民食流中之實野有餓莩公獨出廩粟以賑貸之賴以全活者數千

人故長者之譽以此著聞公德性寬厚不輕然諾貴而無驕富而好仁古君子之流也公

享年七十有二越大定九年八月二十七日以疾終於家公先娶李氏封太原縣君預亡有

子曰縣業進士舉早卒後合姓手陳氏續封太原縣君亦先逝生一女二子長女適修武

校尉李某見平涼府新城鎮商酒麴監次男長曰淡修武校尉前武州下寨子商酒麴監

蒸煙火次男泗保義校尉見蔚州商稅同監孫男五人長某餘尚幼即日其年十月初三

日將祔葬于孝義鄉永樂原弟姪等求公幽宮之銘于鄉人魏某辭不獲已迺為之銘曰

偉哉王君　德齊古人　天資孝友　鄉黨稱仁

守官蒞事　忠謹是循　懸車之後　增大其門

賜寧之因　令譽存存　祔葬協卜　庶貽後昆

王兴福墓志铭

年代：金大定九年（1169年）

尺寸：宽48厘米，高77厘米，厚12厘米

录文：

故明威将军王公墓志铭

故致仕明威将军上骑都尉太原县开国子食邑五百户前应州军资库使王公墓志

公讳兴福，字仲祥，其先太原人，后徙朔方，今为朔州鄯阳人也。曾高祖守元，曾太父寿，大父惟孝，皆隐德不仕。皇考珪，六宅副使、鄯阳令、右散骑常侍、飞骑尉。妣太原县太君张氏，有子四人，公即六宅之第二子也。公姿质雄伟，少有大志，以孝友见称。始于亡辽保定三年，从父命，与故朝奉兄宗彦，远诣海滨王行在所祗应陪扈，至德兴间，复部卒伍，屡有勋效，特授左承制。迨本朝，监朔州钱帛库，改迁太子卫率府副率，充蔚州商税都监。时丁父忧，服除，皇统元年承兄奉政大夫荫，补换忠武校尉，任云内州仓库使，三迁至武德将军，复改蔚州军器库使兼知作院公守官。莅事素以忠谨闻于朝廷，移充应州军资库使，重迁至宣武。凡所历任，皆有能名，深为故右丞苏公见知。时正隆二年，徭役方起，公慨然知止，思退齐其家，乃乞致仕。朝省闻之者，皆谓：贪荣冒宠，目今皆是，如公早休官，世所未有。遂超加显武，累迁至明威将军。及归，复增大门闾，广辟土产，家僮千指，力拟封君。然所供己者，止从于菲薄；所奉族者，举令于丰厚。乡党共推其孝义。闻其风声者，竟语公递为规戒。时复会聚亲旧，相与游宴，不以贵贱，贤愚有间，悉与之均礼。人有缓急，无不应其所求。正隆五载，岁方大饥，民食流中之实，野有饿莩。公独出廪粟以赈贷之，赖以全活者数千人，故长者之誉，以此著闻。公德性宽厚，不轻然诺，贵而无骄，富而好仁，古君子之流也。公享年七十有二，越大定九年八月二十日以疾终于家。公先娶李氏，封太原县君，预亡，有子曰涤，业进士举，早卒。后合姓于陈氏，续封太原县君，亦先逝，生一女二子。长女适修武校尉李居仁，见平凉府新城镇商酒都监。又男长曰浃，修武校尉前武州下寨子商酒都监兼烟火；次男汭，保义校尉，见蔚州商税同监。孙男五人，长郑九，余尚幼。即以其年十月初三日将祔葬于孝义乡永乐原，弟侄等求公幽宫之铭于乡人魏宗元，辞不获已，乃为之铭曰：

伟哉王君，德齐古人。天资孝友，乡党称仁。

守官莅事，忠谨是循。悬车之后，增大其门。

赒济乏困，令誉存存。祔葬协卜，庆贻后昆。

大金普照禪寺
浹公長老靈塔

大金朔州普照禪寺第五代故浹公長老塔銘并序
遁隱居士高潛撰并書
師諱慧浹俗姓吳氏涿州范陽人也幼而奇秀不茹葷辛出塵之姿蓋亦
天賦七歲俾讀書聰慧異於常兒年十二啓其親志求出家父母既許遂
依崇教寺行直為師侍奉之餘聽習華嚴大經為業默通其義直深器美
之而於皇統壬戌歲遇恩始具戒時年二十二矣忽一日究尋之次嘆
曰永嘉所謂分名別相如筭海沙區區曷益適聞海慧清慧二大士提祖
佛印自南方來振揚玄風於燕薹之上乃辭直師徑造會中頂謁一見師
資冥契投誠問道積有晦朔一日詣其室清慧師竪起拂子云安擬議則
喪身失命師於是豁然開悟如桶底子脫與之問答如珠走盤無凝滯
遂密以宗印付師復付一頌有針芥相投一句親之語已而二老師特奉
詔住持會寧長慶禪寺師亦參隨詣彼其清慧老人命師為侍者朝夕諮
參溫研不懈盡得雲門之宗旨也久之師欲遍謁諸方以契同異乃禮辭
清慧老師而老師仍以頌送行末章有云待看他日起風雷南山吐雲北
山雨師乃腰包而遁凡見尊宿鋒機險絕無所稔聞從雷雲中參佛日顯
老末幾命師為書記室中相見重蒙印可遂令分座秉拂為衆欲嗣續曹
門之宗風師默自念始於佛覺晦堂處有所得安敢負於初心北竟不受
乃拂衣至朔州南禪盤桓少時復飛錫之長安歷名山大川靈境勝跡無
不瞻禮又東庵祗靈巖道場乃憩錫焉未逾旬衆請師為座元是時
今上龍潛知濟南晦堂專介馳書囑之曰知靈樹果熟自香不忘靈山
付囑乃古今一時之遇也
上以法屬之故悳位自之崇以尺書府帖遣使命師就府署出世
上躬度疏及法衣一頂師接授訖遂陞座開法綱音一震四衆欣然迎歸
普照禪寺住持道俗[illegible]數載代[illegible]授因[illegible][illegible][illegible]五峯礼吉祥
已於花仙山度夏往頌暑不到處作佛祖向上人而[illegible]可敬[illegible]其平城偉
居士廣[illegible]欽師之道風同白州[illegible]馬頭文往[illegible]請辭[illegible]復絕[illegible]遠來南禪
一居二十餘年其道益清深家風經三門如死[illegible]來者不[illegible]亦不留或
游戲文墨則詞源雄壯接物為人則一機[illegible]有[illegible]相[illegible]去[illegible]至於寺
東西[illegible]三門[illegible][illegible]寺[illegible]得一新[illegible]備以[illegible]故不[illegible]而[illegible]鳴呼
生滅之數自古而然師於大定己亥仲冬二十四日示滅俄然坐亡
觀聞之人豈勝悲悼師世壽五十有九僧夏三十有七茶毗已收靈骨建
新墳於城西以瘞之樹石塔焉表其聖[illegible]塔無為道人[illegible]余友舊也
遺師之門人照秀狀師行事請文於余我[illegible]可辭加以余素嘗參觀師之
座右熟知所為大略同如是敢不書之以贍方來敷稽首勉為之銘曰
偉哉普照老古錐　師子威雄象王儀　坤維高步更有誰
常瞻妙相青且奇　霜蓮[illegible]出淤泥　晦堂法裔真白眉
之力道眼絕瑕疵　香銷一炷忘所思　宴坐靜守[illegible][illegible]
少林家風誰自知　肯將黃葉誑小兒　二十年居天一涯
坐閱四海爭奔馳　忽然隻履去不疑　寄言門人莫饉悲
明月自滿千家[illegible]　我今唐突作贊詞　粧點太虛徒爾為
大定二十年歲次庚子七月望日監寺僧[illegible]建　莊州張公政刊

大金普照禅寺浃公长老塔铭

年代：金大定二十年（1180年）
尺寸：宽22厘米，高109厘米

录文：

大金普照禅寺浃公长老灵塔

大金朔州普照禅寺第五代故浃公长老塔铭并序

通隐居士高潜撰并书

师讳慧浃，俗姓吴氏，涿州范阳人也。幼而奇秀，不茹荤辛，出尘之姿，盖亦天赋。七岁，俾读书，聪慧异于常儿。年十二，启其亲，志求出家。父母既许，遂依崇教寺行直为师。侍奉之余，听习华严大经为业，默通其义，直深器美之。而于皇统壬戌岁遇恩，始具戒，时年二十二矣。忽一日，究寻之次，叹曰："永嘉所谓分名别相，如算海沙，区区曷益？"适闻海慧、清慧二大士提祖佛印，自南方来，振扬玄风于燕台之上，乃辞直师，径造会中。顶谒一见，师资冥契，投诚问道，积有晦朔。一日，诣其室，清慧师竖起拂子，云："汝拟议，则丧身失命。"师于是豁然开悟，如桶底子脱。与之问答，如珠走盘，了无凝滞。遂密以宗印付师，复付一颂，有针芥相投一句亲之语。已而，二老师特奉诏住持会宁长庆禅寺，师亦参随诣彼。其清慧老人命师为侍者，朝夕咨参，温研不懈，尽得云门之宗旨也。

久之，师欲遍谒诸方，以契同异，乃礼辞清慧老师。而老师仍以颂送行，末章有云：“待看他日起风雷，南山吐云北山雨。”师乃腰包西迈，凡见尊宿，锋机险绝，世所稔闻。后届云中，参佛日显老。未几，命师为书记。室中相见，重蒙印可。遂令分座秉拂为众，欲嗣续曹洞之宗风。师默自念，始于佛觉晦堂处有所得，安敢负于初心哉！竟不受，乃拂衣至朔州南禅。盘桓少时，复飞锡之长安，历名山大川、灵境胜迹，无不瞻礼。又东南抵灵岩道场，乃憩锡焉。未逾旬，众请师为座元。是时，今上龙潜，知济南。晦堂专介驰书，嘱之曰：“知灵树果熟自香，倘不忘灵山付嘱，乃古今一时之遇也。”上以法属之故，忘位貌之，崇以尺书府帖，遣使命师就府署出世。上躬度疏及法衣一顶，师接授讫，遂升座开法。潮音一震，四众欣然，迎归普照禅寺，匡弘昌道。俄经数载，倦于应接，因退院事，□□凉五峰，礼吉祥已，于范仙山度夏。在烦暑不到处，作佛祖向上人，而益可敬焉。其平城僧尼士庶素钦师之道风，同白州官丐疏文往彼勤。请辞不获免，复来南禅，一居二十余年。其道容清深，家风壁立，门如死灰，来者不拒，去亦不留。或游戏文墨，则词源雄壮；接物为人，则机辩峭捷，罕有投其机者。至于寺之东西廊庑、三门、钟阁并寺额等，皆师一新修备。以缘力故，不劳而成。呜呼！生灭之数，自古而然耶。于大定己亥仲冬二十四日示有微疾，俨然坐亡。见闻之人，岂胜悲悼。师世寿五十有九，僧夏三十有七。荼毗已，收灵骨，建新坟于城西以瘗之，树石塔为表焉。其圣安□堂无为道人，与余友旧也，遣师之门人昭秀状师行事，请文于余，义不可辞，加以余素尝参观师之座右，熟知所为大略。固如是，敢不书之？以贻方来，辄稽首勉为之。铭曰：

伟哉普照老古锥，师子威雄象王仪。
坤维高步更有谁？尝瞻妙相清且奇。
霜莲亭亭出淤泥，晦堂法窟真白眉。
定力道眼绝瑕疵，香销一炷忘所思。
宴坐静宇疏帘垂，少林家风唯自知。
肯将黄叶诳小儿，二十年居天一涯。
坐阅四海争奔驰，忽然只履去不疑。
寄言门人莫谩悲，明月自满千家□。
我今唐突作赞词，妆点太虚徒尔为！

大定二十年岁次庚子七月望日，监寺僧祖宁建。在州张公政刊。

故明威將軍鄜延路
第九正將兼知嗣武
城騎都尉凛希閔以
明昌三年九月廿八
日乙時安葬於此

虞希闵墓志

年代：金明昌三年（1192 年）

尺寸：宽 17 厘米，高 28 厘米，厚 4.5 厘米

录文：

故明威将军鄜延路第九正将兼知嗣武城骑都尉虞希闵，以明昌三年九月廿八日乙时安葬于此。

鄭公榮三朝奉墓誌

先君諱用中，字及翁，泒出廣信壽春鄉火田之鄭。自前宗初寓于
撫之金邑亭載里。曾大父大冏，大父惟賢，父俊子，家世忠厚，崇儒
重道。先君力學有文，生平好儒雅，處事有識，變待宗族鄉里以和，
與親姻朋友以信，和氣一家，怡怡如也。王胡晚景，詩酒自娛，庭訓
于家頭揚之畗，惟予不肖，不能克紹先君之志。善有餘慶，仁者必
壽，夫何天不憖遺，詎以一疾奄然長逝，嗚呼痛哉！先君生於前宗
淳祐丁巳前四月二十七日子時。前娶武廣周氏，生男一人元愷，
娶程氏，男孫祿孫、壽孫、葵孫，女孫秀姑、菊姑，女周姑出適同邑桃
林吳廷鸞。再娶縣郭周氏，生男六人：元禧娶董氏，男孫慶孫、細慶，
女孫癸姑；二男通孫，早世；三男元未娶鄧氏，女孫巧姑，男孫玄孫；
四男閏孫，出繼母舅周海為嗣；五男虎孫，娶章氏，女孫鸞姑、幼益；
孫未娶。先君不幸於大元延祐七年六月遘染微痾，醫救罔功，至
七月十六日午，諸孤環立，終于正寢，享年六十有四。今以至治元
年九月十二壬午上吉，奉柩葬于白石岡祖隴之傍，其地坐癸向
丁，水歸長流。孤不肖，不能丐銘於當世大手筆，姑刻石而納
諸壙，聊識月耳。　孤子鄭元愷　　泣血百拜謹書

郑公荣三朝奉墓志

年代：元至治元年（1321 年）
尺寸：宽 41 厘米，高 78 厘米，厚 2 厘米

录文：

郑公荣三朝奉墓志

先君讳用中，字及翁，派出广信寿春乡火田之郑，自前宋初寓于抚之金邑厚载里。曾大父大问，大父惟贤，父俊子，家世忠厚，崇儒重道。先君力学有文，生平好儒雅，处事有机变，待宗族乡里以和，与亲姻朋友以信，和气一家，怡怡如也。正期晚景，诗酒自娱，庭训于家，显杨之图。惟予不肖，不能克绍先君之志。善有余庆，仁者必寿。夫何天不憖遗，讵以一疾，奄然长逝，呜呼痛哉！先君生于前宋宝佑丁巳前四月二十七日子时，前娶武广周氏，生男一人。元恺娶程氏，男孙禄、孙寿、孙葵，孙女孙秀姑、菊姑。女周姑出适同邑桃林吴廷鸾。再娶县郭周氏，生男六人。元禧娶董氏，男孙庆、孙细庆，女孙癸姑；二男适孙，早世；三男元未娶郑氏，女孙巧姑，男孙玄孙；四男关孙，出继母舅周海为嗣；五男虎孙，娶章氏，女孙鸾姑；幼益孙，未娶。先君不幸于大元延祐七年六月遽染微病，医救罔功，至七月十六日午，诸孤环立，终于正寝，享年六十有四。今以至治元年九月十二壬午上吉，奉柩葬于白石冈祖陇之傍，其地坐癸向丁水归。

长流孤不肖，不能丐铭于当世大手笔，姑刻石而纳诸圹聊岁月耳，孤子郑元恺等泣血百拜谨书。

先師海舟和尚塔銘

日　月

先師和尚上諱本下性號海舟俗籍後金田林氏
生於己丑年五月廿日幼出家禮山公爲師稟賦
慈善朴而不華師祖三載院事頗幹蠱之材一新
寮宇後拜雲峰舊觀後發志遊方參禮絶學潔清
戒行屏絶外緣雕豆圓通日誦西方聖號以念佛
三昧爲終老計柰何脩短前定忽嬰微疾遽命良
工刻蓮花石塔書偈長往度徒爭難有師孫嗣院於
元統三年三月卅日歸寂壽四十六歲荼毘後卜
地於是年改元至元元年閏十二月十九日丁酉
謹奉靈骨依師祖塔傍同塋異穴從治命也銘曰
山曰蟻峰衆水溶溶暮雲歛紫曉日迎紅
窣堵双峙掩映其中福蔭後裔奕世昌隆
至元元年閏十二月　日羅首院孝小師[illegible]拜書

先师海舟和尚塔铭

年代：元至元元年（1335年）

尺寸：宽29厘米，高59厘米，厚2厘米

录文：

先师海舟和尚塔铭

先师和尚，上讳本，下性号海舟，俗岭后金田林氏，生于己丑年五月廿。自幼出家，礼山公为师，禀赋慈善，朴而不华。师祖三载院事，竭千盅之材，一新寮宇，复壮云峰旧观。后发志游方，参礼绝学，洁清戒行，屏绝外缘，雕立圆通。日诵西方圣号，以念佛三昧为终老计。奈何修短前定，忽婴微疢，遽命良工刻莲花石塔，书偈长往，度徒弟惟有、师孙嗣悦，于元统三年三月卅日归寂，寿四十六岁。茶（荼）毗后卜地，于是年改元至元元年，闰十二月十九日丁酉，谨奉灵骨，依师祖塔傍同茔异穴，从治命也。铭曰：

山曰蕺峰，众水溶溶。暮云献紫，晓日迎红。

率堵双峙，掩映其中。福荫后裔，奕世昌隆。

至元元年闰十二月　日罗首院孝小师惟有拜书。

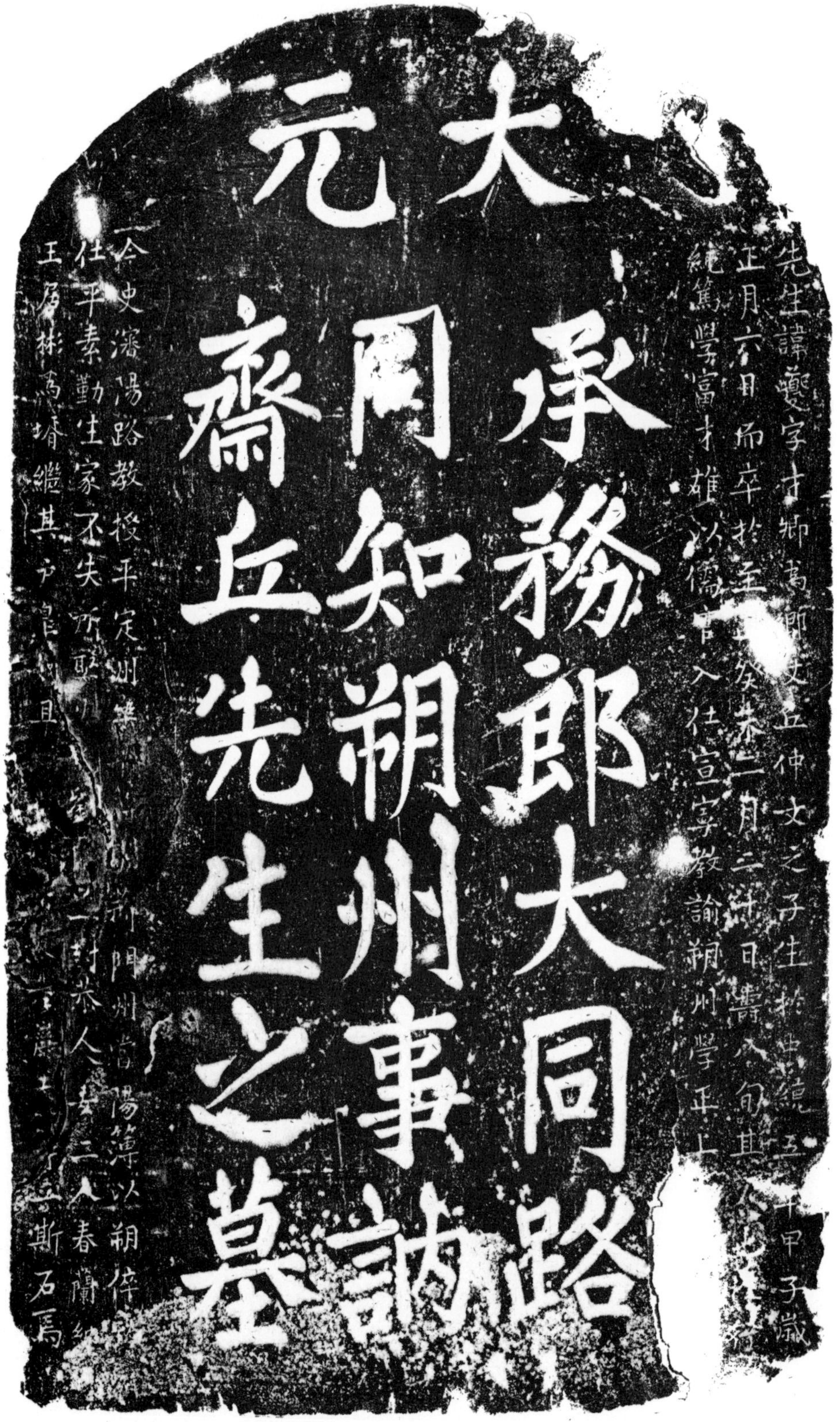
大元

承務郎大同路同知朔州事訥齋丘先生之墓

先生諱夔字才卿高卿丈丘仲文之子生於中統五年甲子歲
正月六日而卒於至大癸丑十二月二十三日壽八旬其[illegible]
純篤學富才雄以儒官入仕宣寧教諭朔州學正上
[illegible]一仝史瀋陽路教授平定州學[illegible]門州省陽簿以朔倅
仕平素勤生家丞失所歐[illegible]一封恭人妻二人春蘭紹
王居彬為壻繼其戶[illegible]嚴[illegible]立斯石焉

丘夔墓碑

年代：元至正三年（1343 年）

尺寸：宽 64 厘米，高 101.5 厘米，厚 18 厘米

录文：

大元承务郎大同路同知朔州事讷斋丘先生之墓

先生讳夔，字才卿，为乡丈丘仲文之子，生于中统五年甲子岁正月六日，而卒于至□癸未二月二十日，寿八旬。其人……统笃，学富才雄，以儒官入仕，宣宁教谕，朔州学正上……

今史沈阳路教授、平定州乐□□，调荆门州当阳簿，以朔倅□仕，平素勤生，家不失所。娶□□刘□□一封恭人。女二人，春兰纳□王居彬为婿，继其户□□且……斯石焉。

明朝

（盖）

明故赠镇国将军张公墓志铭

年代：明弘治四年（1491年）

墓志尺寸：宽60厘米，高69厘米，厚10厘米

志盖尺寸：宽60厘米，高69厘米，厚10厘米

录文：

明故赠镇国将军张公墓志铭

明故赠镇国将军张公墓志铭

赐进士嘉议大夫都察院右副都御史峄山梁璟撰文

赐进士奉议大夫户部广东司郎中鄱阳丁绅书丹

承德郎直隶松江府通判前两京国子监助教平城张范篆盖

公姓张氏，讳瓛，直隶合肥人。曾祖成之，当元季末，天下纷扰，任泰山同知，丁酉年知天命有在，遂仗义归附天朝，充万户侯以克敌，功多，升副总兵，寻升宣武将军转广武将军。祖黼，袭太原右卫指挥佥事，调定边卫，功升指挥同知。父铭，袭前职，勤于其职。兄瑛，仍袭前职，累以武功升至山西行都司都指挥同知，殁而无嗣。公以亲弟袭指挥同知，克绍兄世□业，居家孝友莅官，公恕且惓惓，以择师教子为事，以故家嗣永肆力□史，持身端谨，安闲礼度。公自念衰老日至，以永代职，遂优游田园，颐养自适□。数年，永才武出众，声誉四驰，用知者荐以都指挥佥事，守备朔州。迎公来朔……禄养，

明故贈鎮國將軍張公墓誌銘
賜進士嘉議大夫都察院右副都御史 崞山 梁璟撰文
賜進士奉議大夫户部廣東司郎中 鄗陽 丁紳書丹
承德郎直隸松江府通判前兩京國子監助教 平城 張範篆蓋
公姓張氏諱璥直隸合肥人曾祖成之當元季末天下紛擾任泰山同知丁酉
年知天命有在遂仗義歸附
朝充萬户侯以克敵功多陞副揔兵尋陞宣武將軍轉廣武將軍祖黼襲太原右
衛指揮僉事調定邊衛功陞指揮同知父銘襲前職勤於其職兄瑛仍襲前職
累以武功陞至山西都司都指揮同知殁而無嗣公以親弟襲指揮同知克
紹先世武業居家孝友涖官公恕□惓惓以擇師教子爲事以啟家聲永肄力
古吏持身端謹安閑禮度公自念衰老日至以永代職遂優游田園頤養自適
數年永才武出衆聲譽四馳周知者薦以都指揮僉事守備朔州迎公來朔
祿養以盡人子之心朝夕孝敬不減於公之事親公以老年疾篤永哀慟請
祈神禱所至竟弗起殁於正寢距其生於永樂乙未八月二十一殁於弘
年四月初七享年七十有七配袁氏指揮毅之女婦道母儀人所共稱子
長即永先娶都督廣之女盛氏繼娶都督伏之女劉氏次曰壽娶指揮銖
氏女一適高陽伯李文子玹孫男二長曰經聘儀賓女戚氏次曰綸尚
於本年五月十五日雲中城西南十里許背風面水向陽之地永在哀
過府張先生所爲行實之書幣求予誌將以勒諸石以垂不朽爲故爲
之爲人 有德有官 事親能孝 蒞下以寬
也宜其衮 鵲□纓領 克生賢子 名振邊關
銘有七 惓惓不遑 佳城堙鏟 生榮死安
年歲次辛亥五月吉日孤哀子 永□血立石

（铭）

以尽人子之心；朝夕孝敬，不减于公之事亲。公以老年疾笃，永哀恸，请……祈神，靡所不至，竟弗起，殁于正寝，距其生于永乐乙未八月二十一，殁于弘……年四月初七，享年七十有七。配袁氏，指挥毅之女，妇道母仪，人所共称。子……长，即永，先娶都督广之女盛氏，继娶都督伏之女刘氏；次曰寿，娶指挥□……氏。女一，适高阳伯李文子玹。孙男二，长曰经，聘仪宾女成氏；次曰纶，尚……于本年五月十五日云中城西南十里许，背冈面水，向阳之地，永在哀……府张先生所为行实□书币求子志，将以勒诸石，以垂不朽焉。故为……

□之为人，有德有官，事亲能孝，莅下以宽。

□□箕裘，鹤发童颜，克生贤子，名振边关。

□旬有七，仙逝不还，佳城埋玉，生荣死安。

……年岁次辛亥五月吉日，孤哀子□永泣血立石。

（盖）

明故赠镇国将军张公太夫人袁氏墓志铭

年代：明弘治四年（1491 年）

墓志尺寸：宽 61 厘米，高 68 厘米，厚 10 厘米

志盖尺寸：宽 61 厘米，高 69 厘米，厚 10 厘米

录文：

明赠镇国将军张公太夫人袁氏墓志铭

明故赠镇国将军张公太夫人袁氏墓志铭

承德郎直隶松江府通判前两京国子监助教平城张范撰文

赐进士嘉议大夫都察院右副都御史崞山梁璟书丹

赐进士奉议大夫户部广东司郎中鄱阳丁绅篆额

疾病呻吟之际，有使传守备朔州城都阃张公之教来示□永也。不幸大故，身在苫块，不能亲诣，然窃有告焉。先考公承先生述为行状，已求当道名公为之铭之矣。先妣太夫人先于成化十年□月初九日卒于云中，权厝于城南吉地者，经数载矣。今将启其攒而易以衣衾，棺椁合葬于先考之墓，庶乎古人生为同室亲，死为同穴葬之义也。然念未有铭志，礼文尚缺，孝子之心不免歉然，其为我成之乎！予闻之，义不容辞，乃力疾而执笔焉。按太夫人姓袁氏，怀远将军太原左卫指挥毅之女，性行端庄，操心严谨，闲女工，寡言笑。年既笄，择配，遂归张氏。张故世袭将官家，配今都阃公永之父镇国将军

明故贈鎮國将軍張公太夫人袁氏墓誌銘

承德郎直隸松江府通判前　两京國子監助教平城張範撰文

賜進士嘉議大夫都察院右副都御史崞山梁璟書丹

賜進士奉議大夫户部廣東司郎中　郃陽丁紳篆額

疾病呻吟之際有使傳守備朔州城都閫張公之故哀示永也不幸太

故身在苫塊不能親詣然竊有告焉先考公承先生述爲行狀已太當道

名公爲之銘之矣先妣太夫人先於成化十年□初九日葬於雲中權

厝於城南吉地者經數載矣今将啓其攢而易以衣衾棺郭合葬於先考

之墓庶乎古人生爲同室親死爲同穴宅之義也然念未有銘誌禮文尚

缺孝子之心不免歉然其爲我成之乎予聞之義不容辭乃力疾而執筆

爲按太夫人姓袁氏懷遠将軍太原左衛指揮毅之女性行端莊操心嚴

謹閨女工寡言笑年既笄擇配遂歸張氏張故世襲将家配今都閫公

承之父鎮國将軍獻齋德配吉伉儷協嘉相夫孝舅姑治家待物皆有

法度和娣姒睦親族人無間言教子讀書以忠孝爲先務翼佐婦道可謂

兩盡矣計太夫人生於永樂十四年八月十一日辰時逝卒時得壽五

十九歲生二子一女其家世勳庸之詳具載鎮國将軍墓誌茲不重述焉

銘曰

維太夫人　生從将門　端莊貞静　克配将軍

宜室宜家　有孫有子　子爲都師　孫繩祖武

婦道　可謂兩盡　生死哀榮　無復遺恨

含故從新　啓攢就窆　不□不發　永安茲宅

合葬非古　亦匪從今　佳城同域　孝子之心

大明弘治四年歲次辛亥□□上旬吉日孤哀子張承等泣血立石

（铭）

嬺，齐德比善，伉俪协嘉。相夫子，孝舅姑，治家待物皆有法度。和娣姒，睦亲族，人无间言。教子读书，以忠孝为先务。母仪妇道，可谓两尽矣。计太夫人生于永乐十四年八月二十一日辰时，逮卒时得寿五十九岁。生二子一女，其家世勋庸之悉具载镇国将军墓志，兹不重述焉。铭曰：

维太夫人，生从将门，端庄贞静，克配将军。

宜室宜家，有孙有子，子为都帅，孙绳祖嗣。

□□妇道，可谓两尽，生死哀荣，无复遗恨。

舍故从新，启攒就吉，不□不□，永安兹宅。

合葬非古，亦匪自今，佳城同域，孝子之心。

大明弘治四年岁次辛亥□月上旬吉日，孤哀子张永等泣血立石。

壙誌

代府寧津懷康王長女臨義縣主壙誌

乃我

大明朝

太祖高皇帝之玄孫女

冊封母妃史氏之所出也成化丙申十二月初六

日嫡生迺於弘治己酉奉

誥出閣配儀賓張積生子二人長曰世臣次曰世

隆皆有成立之狀今

縣主壽享二旬不意於弘治乙卯正月十八

日以疾薨逝正寢謹按沒狀訃聞於

上遣官致祭可謂生榮死哀而無遺憾焉今弘

治丙辰三月十有二日葬于城南智家堡之

原嗚呼天生麗質柔順和平恭以事上敬以

接人內外稱贊誰如其人正宜享祿遐[illegible]西

沉納諸幽冥人死名存

弘治九年丙辰春三月吉旦壙誌

哀子世臣等泣血書石

代府宁津怀康王长女归义县主圹志

年代：明弘治九年（1496 年）
尺寸：宽 64 厘米，高 97 厘米，厚 16 厘米

录文：

圹志

代府宁津怀康王长女归义县主圹志

乃我大明朝太祖高皇帝之玄孙女，册封母妃史氏之所出也。成化丙申十二月初六日嫡生，乃于弘治己酉奉诰出阁，配仪宾张瓒。生子二人，长曰世臣，次曰世隆，皆有成立之状。今县主寿享二旬，不意于弘治乙卯正月十八日以疾薨逝正寝，谨按没状讣闻于上，遂遣官致祭，可谓生荣死哀而无遗憾焉。今弘治丙辰三月十有二日葬于城南智家堡之原。呜呼！天生丽质，柔顺和平。恭以事上，敬以接人。内外称赞，谁如其人。正宜享禄，遽尔西沉。纳诸幽窾，人死名存。

弘治九年丙辰春三月吉旦圹志。

哀子世臣等泣血立石。

（盖）

大明前军都督府都督同知缑夫人张氏墓志铭

年代：明弘治九年（1496年）

墓志尺寸：宽50厘米，高64厘米，厚9厘米

志盖尺寸：宽50厘米，高64厘米，厚9厘米

录文：

大明前军都督府都督同知缑夫人张氏之墓

大明前军都督府都督同知缑夫人张氏之墓

夫人姓张氏，讳妙贵，乃故大同左卫昭信校尉张公铭安人彭氏之长女也。幼钟爱于父母，及笄择配今镇朔将军、特进荣禄大夫都督缑公为耦。子男四，纶、纲、缟、绣。纲，夫人出，世禄貤荣，显融有日，娶中军都督府左都督范公之女，有淑德，近以疾逝；纶，果勇自奋，以功授锦衣卫百户，侧室王出；缟、绣，侧室蔡出，娶各择名阀淑德。女三，长适山西行都指挥使李源，次适大同右卫指挥使路恭，季适大同右参将张公子经。孙男二，镇、铠。孙女二，尚幼。夫人得寿七十古稀，生于宣德丙午六月十有六日子时，遽以于弘治乙卯七月初有十日未时天禄终矣。因夫、子由指挥累功阶至一品，致封夫人。择今弘治丙辰八月十日

大明前軍都督府都督同知繼夫人張氏之墓
夫人姓張氏諱妙貴迺故大同左衛昭信校尉張公
銘安人彭氏之長女也幼鍾愛於父母及笄擇配今
鎮朔将軍特進榮禄大夫都督繼公為耦子男四綸
綱縞繡綱夫人出世禄貤榮顯融有日娶中軍都督
府左都督范公之女有淑德近以疾逝綸果勇自奮
以功授錦衣衛百户側室王出縞繡側室蔡出娶各
擇名閥淑德女三長適山西行都指揮使李源次適
大同右衛指揮使路恭季適大同右叅将張公子經
孫男二鎮鎧孫女二尚幼夫人得壽七十古稀生於
宣德丙午六月十有六日子時遷以於弘治乙卯七
月初有十日未時天禄終矣因夫子由指揮累功階
至一品致封夫人擇今弘治丙辰八月十日于白羊
城西二十里許地名劉仁屯卜新兆而窆之吉也
弘治九年歲次丙辰秋八月十日子綱泣立

（铭）

于白羊城西二十里许，地名刘仁屯，卜新兆而窆之吉也。

弘治九年岁次丙辰秋八月十日，子纲泣立。

壙誌

皇明誥封鎮國將軍夫人李氏壙誌

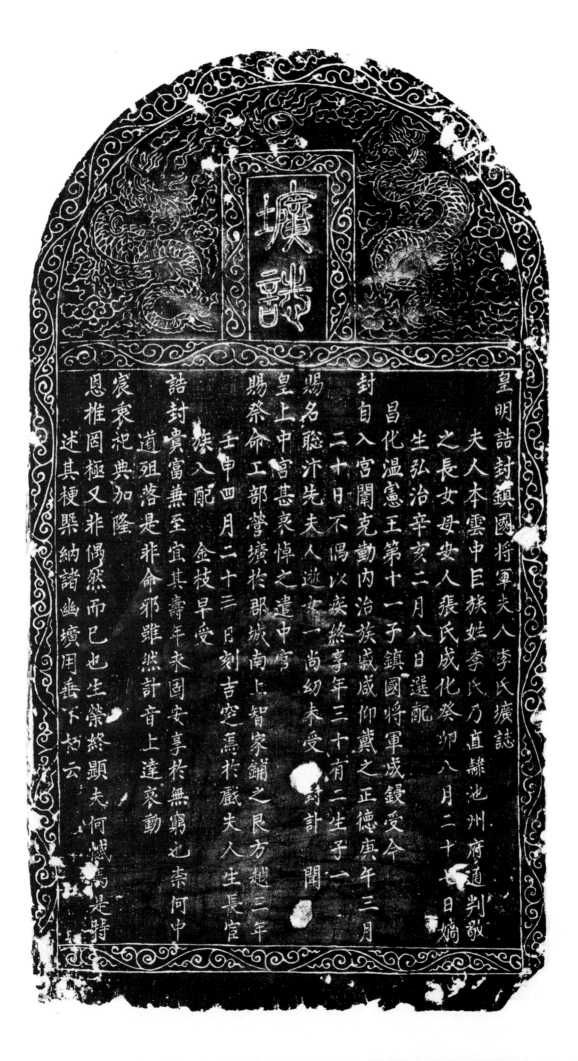

夫人本雲中巨族姓李氏乃直隸池州府通判敬
之長女母安人張氏成化癸卯八月二十七日嫡
生弘治辛亥二月八日選配
昌化溫穆王第十一子鎮國將軍成鍐受令
封自入宮闈克勤內治族戚咸仰戴之正德庚午三月
二十日不偶以疾終享年三十有二生子一
賜名聰汴先夫人逝女一尚幼未受封訃聞
皇上中宮甚哀悼之遣中官
賜祭命工部營壙於郡城南上智家鋪之原方越三年
壬申四月二十三日刻吉窆焉於戲夫人生長宦
族入配　金枝早受
誥封貴富兼至宜其壽年永固安享於無窮也奈何中
道殂落是非命邪雖然訃音上達哀動
宸衷祀典加隆
恩推罔極又非偶然而已也生榮終顯夫何憾焉是特
述其梗槩納諸幽壙用垂不朽云

皇明诰封镇国将军夫人李氏圹志

年代：明正德七年（1512年）

尺寸：宽60厘米，高102厘米，厚15厘米

录文：

圹志

皇明诰封镇国将军夫人李氏圹志

夫人本云中巨族，姓李氏，乃直隶池州府通判敬之长女，母安人张氏，成化癸卯八月二十七日嫡生。弘治辛亥二月八日，选配昌化温宪王第十一子镇国将军成锓，受今封。自入宫闱，克勤内治，族戚咸仰戴之。正德庚午三月二十日，不偶以疾终，享年三十有二。生子一，赐名聪汴，先夫人逝；女一，尚幼，未受□封。讣闻，皇上、中宫甚哀悼之，遣中官赐祭，命工部营圹于郡城南上智家铺之艮方。越三年，壬申四月二十三日刻吉窆焉。於戏！夫人生长宦族，入配金枝，早受诰封，贵富兼至，宜其寿年永固，安享于无穷也。奈何中道殂落，是非命邪。虽然计音上达，哀动宸衷，祀典加隆，恩推罔极，又非偶然而已也。生荣终显，夫何憾焉？是特述其梗概，纳诸幽圹，用垂不朽云。

輔國将軍夫人王氏壙誌

夫人王氏乃雲中致仕縣丞王德之次女也弘治二

年五月十三日生正德二年正月十四日

誥封為

代府和川悼僖王孫鎮國将軍聰淖第二子輔國将軍

俊櫟夫人生子二人長充燁次幼未名女三人俱幼

未封正德八年三月二十五日終享年二十四歲訃

聞

皇上賜祭命有司喪塟如制以正德八年六月二十四日

塟於城東南祖塋之高原嗚呼

閨門賢淑　德性温柔　獲配宗藩　富貴兼備

玆令疾終　復何憾焉　爰述其槩　納諸幽壙

用垂不朽云

謹按夫人王氏先終子女俱幼未封嫡子充燁封奉國将軍配周氏　誥封淑人女扶

風縣君配儀賓劉忠授奉訓大夫孫男五長廷坫封鎮國中尉先卒廷鍪配陳氏廷坢

配徐氏俱封鎮國中尉俱封恭人廷埝未封餘幼孫女一浮城鄉君配儀賓馬鶴齡授

承務郎嘉靖庚戌四月二十七日開壙遂書始末以識歲月云

時

正德八年歲次癸酉六月吉日立石

辅国将军夫人王氏圹志

年代：明正德八年（1513年）

尺寸：宽70厘米，高137厘米，厚17厘米

录文：

圹志

辅国将军夫人王氏圹志

夫人王氏乃云中致仕县丞王德之次女也，弘治三年五月十三日生。正德二年正月十四日，诰封为代府和川悼僖王孙、镇国将军聪淖第三子辅国将军俊檪夫人。生子二人，长充烨；次幼，未名。女三人，俱幼，未封。正德八年三月二十五日终，享年二十四岁。讣闻，皇上赐祭，命有司丧葬如制。以正德八年六月二十四日葬于城东南祖茔之高原。呜呼！

闺门贤淑，德性温柔，获配宗藩，富贵兼备。兹今疾终，

复何憾焉？爰述其概，纳诸幽圹，用垂不朽云。

时正德八年岁次癸酉六月吉日立石。

谨按：夫人王氏先终，子女俱幼，未封。嫡子充烨封奉国将军，配周氏，诰封淑人。女扶风县君，配仪宾刘忠，授奉训大夫。孙男五，长廷坫，封镇国中尉，先卒；廷銮配陈氏，廷垪配徐氏，俱封镇国中尉，俱封恭人；廷埨未封；余幼。孙女一，浮城乡君，配仪宾马鹤龄，授承务郎。

嘉靖庚戌四月二十七日开圹，遂书始末，以识岁月云。

誥封輔國将軍夫人壙誌

夫人姓段氏本郡

代藩

宗人府中奉大夫儀賓段公志正之次女也生而貞淑慧而不凡秀

比芝蘭清如冰玉正德八年選為

代府和川悼僖王孫鎮國将軍聰淖第五子輔國将軍俊栶配

誥封為夫人自是毋寵毋驕以肅其家以稱親親之意壼儀慈柔

風方播

宗戚內外何天奪之速賓婺雲掩蕙帳塵埋於戲惜哉訃

聞

皇上 賜祭䘏嘉

命有司營壙如制明年告成将塟理宜有誌夫人生於弘治十二年

八月二十三日亥時卒於正德十一年六月二十八日子時正

寢享年一十有八生子一人尚幼未受

封是歲卜厝於郡城東南祖塋之高原勒茲堅珉用昭不朽故誌

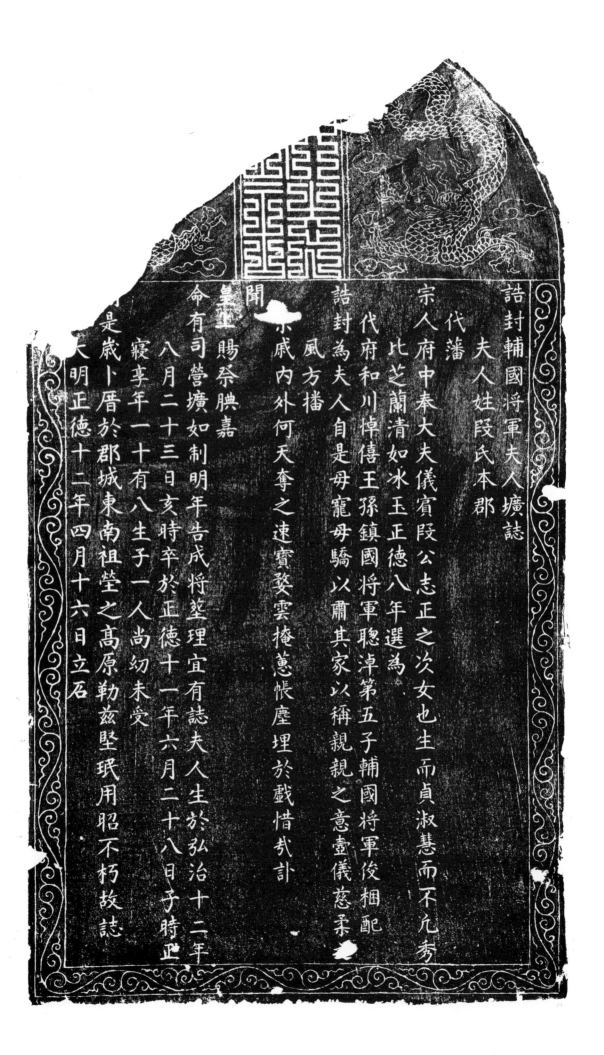

大明正德十二年四月十六日立石

诰封辅国将军夫人段氏圹志

年代：明正德十二年（1517年）

尺寸：宽69厘米，高125厘米，厚18厘米

录文：

诰封辅国将军夫人圹志

夫人姓段氏，本郡代藩宗人府中奉大夫仪宾段公志正之次女也。生而贞淑，慧而不凡，秀比芝兰，清如冰玉。正德八年选为代府和川悼僖王孙、镇国将军聪淖第五子辅国将军俊梱配，诰封为夫人。自是毋宠毋骄，以肃其家，以称亲亲之意。壸仪慈柔之风方播小戚内外，何天夺之速，宝婺云掩，蕙帐尘埋。於戏，惜哉！讣闻，皇上赐祭腆嘉，命有司营圹如制。明年告成将葬，理宜有志。夫人生于弘治十二年八月二十三日亥时，卒于正德十一年六月二十八日子时，正寝，享年一十有八。生子一人，尚幼，未受封。是岁，卜厝于郡城东南祖茔之高原，勒兹坚珉，用昭不朽，故志。

大明正德十二年四月十六日立石。

華嚴寺古刹以其基址之勝遂殷
寺之始華嚴記具載[illegible]
寺者三區周圍右松若干丈昔
殿宇未毀者令增建而有之基
基楚砌墻壁墁門牕丹朱如
十年之傾壞者令補葺而新之
炳然煥然一院向日之德福工程本
山住持也住持為誰清源訓禪師
大川也嘗予為戲必此為心術之
一寸王戒川之杖歲又奚待言而可知也
僧寧作系如大川者其少見乎
正德庚辰歲郡人 沈翰信 鳳 石青 拜跋

华严寺碑铭

年代：明正德十五年（1520年）
尺寸：宽50.7厘米，高40.6厘米，厚9厘米

录文：

华严寺古刹也，其基址之创建，殿宇之沿革，前记具载。独钟楼、碑亭各一座，周围石槛若干丈，昔年严□未曾者，今增建而有之。台基甃砌、墙壁坳垩、门窗丹朱，数十年之倾坏者，今补葺而新之。炳然焕然，一洗向日之陋。鸠工□木，山住持也。住持为谁？清江，别号大川也。其事有既如此，公心术之方正，戒行之精严，又奚待言而可知也。僧乎！僧乎！如大川者，其少见乎！

正德庚辰岁，郡人□凤、沈翰儒、石青拜跋。

壙誌

代王壙誌

王諱俊杖乃

代惠王之長子也母妃王氏成化十六年正月二十九日生

弘治十二年十月初二日襲封祖爵嘉靖六年十月十六

日以疾薨享年四十八歲妃張氏山西行都司都指揮源

之女生子五人長充燿封泰順王充爔封河內王充⿰火屋封

富川王充炕充⿰火川俱未封女三人長封靈壽郡主望江郡

主成章郡主早卒孫男三人孫女四人俱未賜名訃聞

上輟視朝三日遣官致祭

賜謚曰懿仍命有司治喪葬如制

昭聖康惠慈壽皇太后及文武衙門皆致祭焉以嘉靖七年秋

七月廿八日葬于採椋山之原嗚呼惟

王宗室至親享有

大國茂膺封爵富貴兼隆夫何一疾遂至不起豈非命耶爰

述其槩納諸幽壙用垂不朽云

[illegible]嘉靖七年歲次戊子秋七月廿八日立石

代王俊杕圹志

年代：明嘉靖七年（1528年）

尺寸：宽71厘米，高159厘米，厚20厘米

录文：

圹志

代王圹志

王讳俊杕，乃代思王之长子也，母妃王氏。成化十六年正月二十九日生，弘治十二年十月初二日袭封祖爵，嘉靖六年十月十六日以疾薨，享年四十八岁。妃张氏，山西行都司都指挥源之女。生子五人，长充耀，封泰顺王，充㸌封河内王，充煜封富川王，充炕、充圳俱未封。女三人，长封灵寿郡主，望江郡主、成章郡主早卒。孙男三人，孙女四人，俱未赐名。讣闻，上辍视朝三日，遣官致祭，赐谥曰懿，仍命有司治丧葬如制。昭圣康惠慈寿皇太后及文武衙门皆致祭焉。以嘉靖七年秋七月廿八日葬于采掠山之原。呜呼！惟王宗室至亲享有大国茂膺封爵，富贵兼隆，夫何一疾遂至不起，岂非命耶？爰述其概，纳诸幽圹，用垂不朽云。

☐嘉靖七年岁次戊子秋七月廿八日立石。

（盖）

明故孺人宋氏墓志铭

年代：明嘉靖十年（1531年）
墓志尺寸：宽46厘米，高56厘米，厚11厘米
志盖尺寸：宽46厘米，高57厘米，厚9厘米

录文：

明故孺人宋氏墓志铭

孺人宋氏墓志铭

赐进士出身进阶中顺大夫代府左长史嘉禾高璧撰

国子生孙莒衰绖诣余持状泣告曰："莒不幸入仕，有期，母不能待□，恨终，天莫可追赎，兹七月廿一日奉柩合葬先考之墓，礼宜有□，乞先生赐之。"余与莒有一日之雅，不能固辞。按状，孺人姓宋氏，□七姐，考讳琳，妣马氏，大同宦族也。孺人生有淑质，为父母所钟□，择配于孙君。君讳绅，字大用，常服贾远外，以家事委孺人，孺人身履勤俭，岁时奉祀，敬洁周至。未几，君卒，孺人冰蘗自持，教莒读书，脱簪珥为费，弱冠即遣入邑庠，卒业太学，皆孺人之严诲也。孺人享年七十有四，天顺戊寅三月廿三日生，卒以嘉靖辛卯七月三日。生子二，长芸，次即莒。孙五，继先、继祖、继昌、继志、继德；孙女二，

孺人宋氏墓誌銘

賜進士出身進階中順大夫
代府左長史嘉禾高璧撰
國子生孫莒稾經詣余持狀泣告曰莒不幸入仕有期母不能待
恨終天莫可逭贖茲七月廿一日奉柩合葬先考之墓禮宜有
乞先生賜之余與莒有一日之雅不能固辭按狀孺人姓宋氏
七姐考諱琳妣馬氏大同宦族也孺人生有淑質為父母所鍾
擇配于孫君君諱紳字大用常服賈遠外以家事委孺人孺人[illegible]
履勤儉歲時奉祀敬潔周至未幾君卒孺人氷檗自持教莒讀[illegible]
脫簪珥為費弱冠即遣入邑庠卒業太學皆孺人之嚴誨也孺[illegible]
享年七十有四天順戊寅三月廿三日生卒以嘉靖辛卯七月二
日生子二長芸次即莒孫五繼先繼祖繼昌繼志繼德孫女二[illegible]
貴榮順曾孫一曰大喜曾孫女二曰淑玉曰淑定噫孺人年過七[illegible]
[illegible]孫曾滿前若此可謂難得也已是宜銘[illegible]
[illegible]曰
[illegible]冊[illegible]述　壽考則久　種德于前　食德于[illegible]
[illegible]孫君之婦　孫子之母
大明嘉靖十年歲在辛卯七月廿一日不肖孤哀子孫莒等泣血立石

（铭）

荣贵、荣顺。曾孙一，曰大喜；曾孙女二，曰淑玉，曰淑定。噫！孺人年过古稀，孙曾满前若此，可谓难得也已，是宜铭。铭曰：

福泰弗逮，寿考则久，种德于前，食德于后。

是为孙君之妇，孙子之母。

大明嘉靖十年岁在辛卯七月廿一日，不肖孤哀子孙莒等泣血立石。

壙誌

廣靈宣和王第四子鎮國将軍夫人劉氏壙誌

夫人姓劉氏世家山陰父鉞母王氏正德甲戌二月十六日夫人生也幼而性質婉娩懿淑不凡及笄於

嘉靖七年十一月選配

廣靈宣和王第四子鎮國将軍俊棟

誥封夫人是以宮壺整肅内治勤嚴正宜安享偶獲搆疾醫藥弗瘳遂瞑目焉卒嘉靖辛卯二月初一日丑時享年一十有八生女一尚幼訃

聞于

上命有司致祭營塋如制卜以嘉靖壬辰五月十九日塟城東南水泊庄之原嗚呼理命由天修短有数配以

宗藩名聯

玉牒可謂榮且貴矣而惜其年之不永可勝悼哉爰述其槩納諸幽壙用垂不朽云

嘉靖歲次壬辰五月十九日吉立石

广灵宣和王第四子镇国将军夫人刘氏圹志

年代：明嘉靖十一年（1532 年）

尺寸：宽 61 厘米，高 116 厘米，厚 15 厘米

录文：

圹志

广灵宣和王第四子镇国将军夫人刘氏圹志

夫人姓刘氏，世家山阴，父钺，母王氏。正德甲戌二月十六日，夫人生也。幼而性质婉娩，懿淑不凡。及笄，于嘉靖七年十一月选配广灵宣和王第四子镇国将军俊楝，诰封夫人，是以宫壸整肃，内治勤严。正宜安享，偶获构疾，医药弗瘳，遂瞑目焉。卒嘉靖辛卯二月初一日丑时，享年一十有八。生女一，尚幼。讣闻于上，命有司致祭，营葬如制。卜以嘉靖壬辰五月十九日葬城东南水泊庄之原。呜呼！理命由天，修短有数，配以宗藩，名联玉牒，可谓荣且贵矣。而惜其年之不永，可胜悼哉！爰述其概，纳诸幽圹，用垂不朽云。

嘉靖岁次壬辰五月十九日吉立石。

壙誌

代懿王妃吳氏壙誌
妃吳氏大同人父釗母周氏嘉靖十年八月初一
封代懿王妃十七年二月二十九日以疾薨距生成化
十四年十一月初五日享春秋六十一子充燿嗣
代王妃周氏孫男一廷埼封泰興王孫女二長封
太和郡主配儀賓張邦基次幼訃
聞
上賜祭命有司營葬事如制
昭聖恭安康惠慈壽皇太后
章聖慈仁康靜貞壽皇太后暨
中宮皆致祭焉卜本年九月十二日合葬于採掠山
代懿王墓嗚呼妃以淑質選配親藩享有榮封貴富
兼備茲以壽終夫復何憾爰述其槩納諸幽壙用
垂不朽云
嘉靖戊戌年季秋十二日立石

代懿王妃吴氏圹志

年代：明嘉靖十七年（1538年）
尺寸：宽73厘米，高142厘米，厚20厘米

录文：

圹志

代懿王妃吴氏圹志

妃吴氏大同人，父钊，母周氏。嘉靖十年八月初一封代懿王妃，十七年二月二十九日以疾薨，距生成化十四年十一月初五日，享春秋六十一。子充燿，嗣代王妃周氏；孙男一，廷埼，封泰兴王；孙女二，长封太和郡主，配仪宾张邦基，次幼。讣闻，上赐祭，命有司营葬事如制。昭圣恭安康惠慈寿皇太后、章圣慈仁康静贞寿皇太后暨中宫皆致祭焉。卜本年九月十二日合葬于采掠山代懿王墓。呜呼！妃以淑质选配亲藩，享有荣封，贵富兼备，兹以寿终，夫复何憾？爰述其概，纳诸幽圹，用垂不朽云。

嘉靖戊戌年季秋十二日立石。

壙誌

皇明昌化王府輔國將軍壙誌

將軍諱聰灃乃

昌化溫懿王之孫鎮國將軍成鍒之第三子也母夫人周氏

灃於弘治癸亥九月六日誕生正德戊寅五月二十五日

誥封輔國將軍之爵嘉靖甲午夏五月二十一日以疾薨逝壽

享三十有二訃

聞

皇上深哀悼遣官致祭復命有司營壙於郡城東南智家堡祖

塋之原配郭氏乃禮生俊之長女

誥封為夫人嫡生一子俊棪尚幼未封令卜嘉靖己亥秋八月

二十六日剋吉窆焉嗚呼將軍生以

宗室至親茂膺

封爵宜臻高壽以享榮貴柰何遽止於斯自幼因心孝友篤志

錦瑟蹴踘奇甚生質敏然以紹其緒是固天之所命其亦俟以遺子俊棪年以長成受封爲奉國將軍今於嘉靖庚戌閏六月十六日啓

可哀也述其梗槩納諸幽壙用寓不朽云舉父柩於郡城西南周家莊之原乃爲遷葬之理今後仍錄斯石以垂百代之示無者耳

大明嘉靖十八年歲次己亥八月廿六日孤子俊棪泣血立石

皇明昌化王府辅国将军圹志

年代：明嘉靖十八年（1539年）
尺寸：宽59厘米，高111厘米，厚17厘米

录文：

圹志

皇明昌化王府辅国将军圹志

将军讳聪澧，乃昌化温宪王之孙、镇国将军成锓之第三子也，母夫人周氏。澧于弘治癸亥九月六日诞生，正德戊寅五月二十五日诰封辅国将军之爵，嘉靖甲午夏五月二十一日以疾薨逝，寿享三十有二。讣闻，皇上深哀悼，遣官致祭，复命有司营圹于郡城东南智家堡祖营（茔）之原。配郭氏，乃礼生俊之长女，诰封为夫人。嫡生一子俊桪，尚幼，未封。今卜嘉靖己亥秋八月二十六日刻吉窆焉。呜呼！将军生以宗室至亲，茂膺封爵，宜臻高寿，以享荣贵，奈何遽止于斯。自幼因心□友笃志，锦瑟、蹴踘奇甚，生质敏然，以绍其绪，是固天之所命，其一可哀也。述其梗概，纳诸幽圹，用垂不朽云。

大明嘉靖十八年岁次己亥八月廿六日，孤子俊桪泣血立石。

伏以澧子俊桪年以长成，受封为奉国将军，今于嘉靖庚戌闰六月六日启举父柩于郡城西南周家店之原，乃为迁葬之埋，令后仍镌斯石，以垂百代之宗□者耳。

明誥封襄垣府輔國夫人墓誌銘

明誥封襄垣府輔國夫人泉氏墓誌銘

賜進士出身禮部儀制司郎中尹耕撰書篆

夫人姓泉氏雲中著族鑑之長女母孺人趙氏之嫡生弘治九年選配

襄垣恭簡王孫輔國將軍成鍬受

誥命封夫人天性貞淑幽靜寡默夫婚之後貴而不驕賢而不妬宜媵皆保進

接夫子侍姑孝相夫讀書樂善勤儉理家慈祥御僕誠女中之君子也

八子長曰淳配郝氏先夫早逝次曰褒配李氏三曰[illegible]配葛氏四曰濟聘張

氏五曰濮聘強氏皆受

誥封奉國將軍聘者十年受封者六七八尚幼咸未請名女五人長貴平縣

君選配儀賓吳世雄二曰[illegible]縣君配儀賓李[illegible]四曰商河縣君配儀賓張繼

宗五適城縣君配儀賓武應祿六衡陽縣君配儀賓劉桐孫男三女一俱

幼夫人生於成化壬寅八月二十日薨於嘉靖丁酉七月十一日距生之

年得壽五十有六歲　訃　聞

朝廷賜

諭祭二壇仍命工部給營壙資營壙于郡城南地名周家店之陽越十八年九

月廿七日始得窆礼宜有誌嗚呼非令德無以起子孫之哀慕非壙誌無

以發德之幽光詳按行狀而實錄之因系之銘　銘曰魂兮以清魄

兮以寧寧以永兮清以昇平不生之生誰能成不死之死誰可名吉日良

時安其形泉甘土厚如佳城刻書貞德為之銘億萬斯年安茲塋

大明嘉靖十八年歲次己亥季秋九月廿七日哀子聰褱等泣血立石

明诰封襄垣府辅国夫人泉氏墓志铭

年代：明嘉靖十八年（1539 年）
尺寸：宽 65 厘米，高 108 厘米，厚 18 厘米

录文：

明诰封襄垣府辅国夫人泉氏墓志铭

明诰封襄垣府辅国夫人泉氏墓志铭

赐进士出身礼部仪制司郎中尹耕撰书篆

夫人姓泉氏，云中宦族鉴之长女，母孺人赵氏之嫡生。弘治九年选配襄垣恭简王孙辅国将军成鑶，受诰命，封夫人。天性贞淑，幽静沉默，大婚之后贵而不骄，贤而不妬，宫媵皆得进。接夫子，侍姑孝，相夫读书，乐善勤俭，理家慈祥，卹仆，诚女中之君子也。□八子，长曰滹，配祁氏，先夫早逝；次曰滾，配李氏；□□，配葛氏；四曰渏，聘张氏；五曰瀼，聘强氏；皆受诰封奉国将军，赐名汼。未受封者六七八，尚幼，咸未请名。女五人，长贵平县君，选配仪宾吴世淮；二□□县君，配仪宾李宏；四商河县君，配仪宾张继宗；五通城县君，配仪宾武应禄；六衡阳县君，配仪宾刘相。孙男三，女一，俱幼。夫人生于成化壬寅八月二十日，薨于嘉靖丁酉七月十一日，讵生之年得寿五十有六岁。讣闻，朝廷赐谕祭二坛，仍命工部给营圹资，营圹于郡城南，地名周家店之阳。越十八年九月廿七日始得葬，礼宜有志。呜呼！非令德无以起子孙之哀慕，非圹志无以发德之幽光，详按行状而实录之，因系之铭。铭曰：

魂兮以清，魄兮以宁，宁以永久，清以升平。不生之生谁能成，不死之死谁可名，吉日良时安其形，泉甘土厚如佳城。刻书贞德为之铭，亿万斯年安兹茔。

大明嘉靖十八年岁次己亥季秋九月廿七日，哀子聪、滾等泣血立石。

（盖）

明故昌平判官恒峰孙君墓志铭

年代：明嘉靖十九年（1540年）

墓志尺寸：宽56厘米，高56厘米，厚7厘米

志盖尺寸：宽56厘米，高56厘米，厚7厘米

录文：

明故昌平判官恒峰孙君之墓

明故昌平判官恒峰孙君墓志铭

赐进士第中宪大夫太仆寺少卿云中蒋应奎撰

赐进士出身承直郎尚宝司司丞江左马从谦篆

奉直大夫礼部祠祭清吏司员外郎直中书舍人事钱塘丘校书

昌平州倅孙君卒于官，厥嗣继志哭告余曰："伤哉！父也，位不竟，其抱年不副其德也。志将扶葬云中，愿求先生铭。"余素知君，又且悼其亡也，乃泣而为之铭。按状，君讳莒，字振邦，恒峰其别号也，世为云中大族。君生颖拔刚果，有大志，垂髫诵壁经，即悦皋夔、伊傅相君之道，业师奇之。弱冠益励学，弗间寒暑，游邑庠，累试不第。嘉靖甲申年入曹监，甲午待选，家居，值军变。天子命将临城，公即奋曰："兹非细故也，我有一得，敢不自效？"遂驰见主兵者，历陈致变之由，与夫弭变之法，尤谆谆以执渠魁，众罔治为长策。主者心虽悦之，未果于行，闻者无不壮之。越三月，救功卒如所议。天子复命少宗伯黄公核实，郡人争相告曰孙莒首功也。黄公疏奏，蒙白镪之锡。乙未年，谒铨部，授昌平州判官。登任之初，

明故昌平判官恒峯孫君墓誌銘

明進士第中憲大夫太僕寺少卿[illegible]撰
賜進士出身承直郎尚寶司司丞江左馬從謙篆
奉直大夫禮部祠祭清吏司員外郎直中書舍人事錢塘丘校書

昌平州倅孫君卒於官厥嗣繼志哭告余曰傷哉父也位不竟其抱年不副其德也
志將扶葬雲中願求先生銘余素知君又且悼其[illegible]也乃泣而為之銘按狀君
字振邦恒峯其別號也世為雲中大族君生頴拔剛果有大志垂髫誦壁經附邑
夔伊傳相君之道業師奇之弱冠益勵學弗間寒暑游邑庠累試不第[illegible]甲午年
入曹監甲午待選家居值軍變
天子命將臨城公即奮曰茲非細故也我有一得敢不自效遂馳見主兵者歷陳致變之
由與夫弭變之法[illegible]以執[illegible]仕衆圖治為長策王者心雖悅之未果于行聞者
無不壯之越三月[illegible]功[illegible]如所議　天子復命少宗伯黃公震賓郡人爭相告曰孫
喜首功也黃公疏奏蒙白鏹之錫乙巳年謁銓部授昌平州判官蒞任之初見抱
瘠民疲與長吏誓曰吾將相公為斯民作福歲丙申春恭遇
聖駕展謁　諸陵昌平最為衝劇公相長吏任勞憤凡厥艱險履之若夷有不便於民者
輒寢弗行閭閻氣焰弗靡
天子下寵詔君親承焉其賞以勞瘁得疾藥罔奏功上官[illegible]嘉勤公直付[illegible]選士
及督工糾役靡有暇日復受巡察金公委吉守邊卒妻子咸曰積勞若此盍以[illegible]
不聽且曰予日食俸廩雖斃弗卹即窮日抵邊宿野寺中疾作竟不起君生于成化
壬寅十二月十七日卒于嘉靖丁酉九月七日壽五十有六配李氏羅氏馬氏男
辛繼配劉氏張氏生男二長繼志克承家政次繼德習舉子業勵志勤學然以君之
行緒知其必底於成也女四適貴榮順榮擇榮任孫女三適兒州兒志出也金兒德
出也俱幼公為人孝友事親順志承顏事兄篤愛不以異母間息兄先卒撫遺孤如
已子居喪讀禮鄉人以純孝稱郡士大夫有大故每取式焉里中兄弟同居家政未
平暨婚娶大禮咸為裁決其行孚於人如此乃不竟厥施而卒不可惻哉擇於庚子
年正月十六日葬于城東東塘之原銘曰
噫嘻恒峯直氣天成學越經旨[illegible]時名家[illegible]式[illegible]仕[illegible]移也以孝視[illegible]
噫嘻恒峯平城之英雖不永年[illegible]聲[illegible]施後[illegible]視此銘

（铭）

见地瘠民疲，与长吏誓曰：“吾将相公为斯民作福。”岁丙申春，恭遇圣驾展谒诸陵，昌平最为冲剧。公相长吏任劳，惯凡厥艰险，履之若夷；有不便于民者，辄寝弗行，阛阓气焰弗厌。天子下宠，诏君亲承焉，然竟以劳瘁得疾，药罔奏功。上官□君廉勤，公直付□□边选士及督工纠役，靡有暇日。复受巡察，金公委查守边卒，妻子咸曰：“积劳若此，盍以疾□？”不听，且曰：“予日食俸廪，虽毙弗恤。”即穷日抵边，宿野寺中，疾作，竟不起。君生于成化壬寅十二月十七日，卒于嘉靖丁酉九月七日，寿五十有六。配李氏、罗氏、马氏，皆先卒，继配刘氏、张氏。生男二，长继志，克承家政；次继德，习举子业，励志勤学，然以君之行绪，知其必底于成也。女四，荣贵、荣顺、荣擢、荣任。孙女三，京儿、州儿，志出也；金儿，德出也，俱幼。公为人孝友事亲，顺志承颜，事兄笃爱，不以异母间恩。兄先卒，抚遗孤如己子，居丧读礼，乡人以纯孝称。郡士大夫有大故，每取式焉。里中兄弟同居，家政未平暨婚娶大礼，咸为裁决。其行孚于人如此，乃不竟厥施而卒，不可恻哉！择于庚子年正月十六日葬于城东东塘□之原。铭曰：

噫嘻恒峰！直气天成，学契经旨，才副时名。

家能式众，仕即□□，移忠以孝，视死□□。

噫嘻恒峰！平城之英，虽不永年，□永厥声。

绳绳后裔，爰视此铭。

壙誌

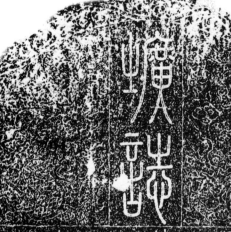

代藩和川王府鎮國將軍惠菴壙誌
惠菴乃
代藩和川宣懿王第五子母夫人丁氏弘治癸丑正月二十三日生焉
賜
諱俊杜受封鎮國將軍生而穎悟稟性非常和厚謙恭樂善循理孝友睦婣天
倫克盡母喪踰哀遘疾醫藥弗瘳今年三月初五日卒於正寢距生年四十
有九配陳氏
封夫人生子四長充炳先卒配孫氏次充㸌配趙氏充烟幼卒充炕未配皆受輔
國將軍配皆夫人生女三長沿山郡君配史翰朝次霸州郡君配王大儒樂
城郡君配常啓孫四長廷揮次廷璲餘幼未名孫女二亦幼訃
聞
皇上諭祭塋葬如制卜今年冬十月十八日葬于城南五里墩道西之原禮宜有
誌嗚呼若惠菴者派演天潢芬樂善子孫滿前蓋已極人間之樂事可
謂生榮死哀無復有遺憾矣予謹按狀特述其槩納諸幽壙以紀歲月云
嘉靖二十年歲在辛丑冬十月十八日孤子充㸌等泣血立石

代藩和川王府镇国将军蕙庵圹志

年代：明嘉靖二十年（1541年）

尺寸：宽58厘米，高129厘米，厚13厘米

录文：

圹志

代藩和川王府镇国将军蕙庵圹志

蕙庵乃代藩和川宣懿王第五子，母夫人丁氏，弘治癸丑正月二十三日生焉，赐讳俊杫，受封镇国将军。生而颖悟，禀性非常，和厚谦恭，乐善循理，孝友睦姻，天伦克尽。母丧，逾哀遘疾，医药弗瘳，今年三月初五日卒于正寝，讵生年四十有九。配陈氏，封夫人。生子四，长充炳，先卒，配孙氏；次充烦，配赵氏；充烟，幼卒；充炕，未配。皆受辅国将军，配皆夫人。生女三，长沿山郡君，配史翰朝；次霸州郡君，配王大儒；乐城郡君配常启。孙四，长廷揮，次廷塚，余幼，未名。孙女二，亦幼。讣闻，皇上谕祭，茔葬如制。卜今年冬十月十八日葬于城南五里墩道西之原，礼谊有志焉。呜呼！若蕙庵者，派演天潢，守分乐善，子孙满前，盖已极人间之乐事，可谓生荣死哀，无复有遗憾矣。予谨按状特述其概，纳诸幽圹，以纪岁月云。

嘉靖二十年岁在辛丑冬十月十八日，孤子充烦等泣血立石。

御敕

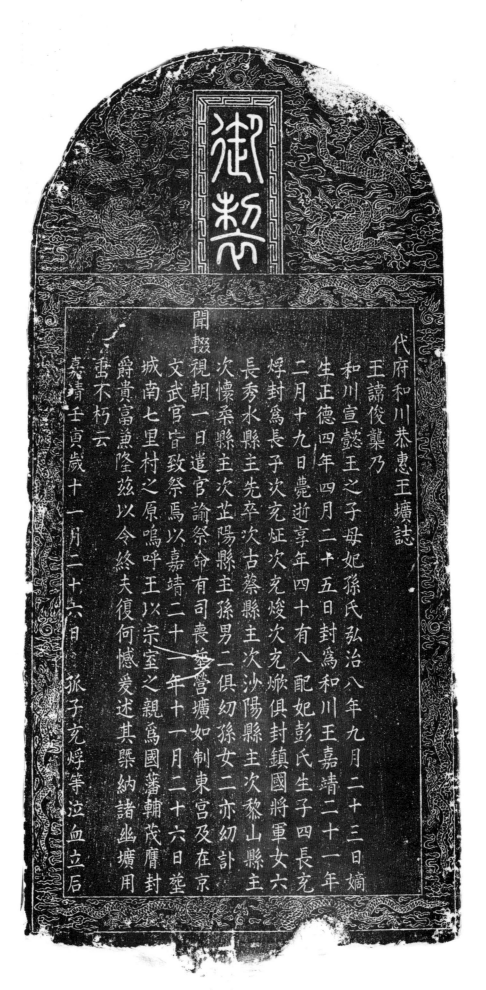

代府和川恭惠王壙誌

王諱俊龔乃
和川宣懿王之子母妃孫氏弘治八年九月二十三日嫡
生正德四年四月二十五日封爲和川王嘉靖二十一年
二月十九日薨逝享年四十有八配妃彭氏生子四長充
㛉封爲長子次充炡次充焌次充㷿俱封鎮國將軍女六
長秀水縣主先卒次古蔡縣主次沙陽縣主次黎山縣主
次懷柔縣主次芷陽縣主孫男二俱幼孫女二亦幼訃
聞輟視朝一日遣官諭祭命有司喪葬營壙如制東宮及在京
文武官皆致祭焉以嘉靖二十一年十一月二十六日塟
城南七里村之原嗚呼王以宗室之親爲國藩輔茂膺封
爵貴富兼隆茲以令終夫復何憾爰述其槩納諸幽壙用
垂不朽云

嘉靖壬寅歲十一月二十六日　孤子充㛉等泣血立石

（阳）

代府和川恭惠王圹志

年代：明嘉靖二十一年（1542年）

尺寸：宽65厘米，高130.4厘米，厚15厘米

录文：

【阳】御制

代府和川恭惠王圹志

王讳俊栊，乃和川宣懿王之子，母妃孙氏。弘治八年九月二十三日嫡生，正德四年四月二十五日封为和川王，嘉靖二十一年二月十九日薨逝，享年四十有八。配妃彭氏。生子四，长充焞，封为长子；次充炡，次充焌，次充焮，俱封镇国将军。女六，长秀水县主，先卒；次古蔡县主，次沙阳县主，次黎山县主，次怀柔县主，次芷阳县主。孙男二，俱幼；孙女二，亦幼。讣闻，辍视朝一日，遣官谕祭，命有司丧葬营圹如制。东宫及在京文武官皆致祭焉。以嘉靖二十一年十一月二十六日葬城南七里村之原。呜呼！王以宗室之亲，为国藩辅，茂膺封爵，贵富兼隆，兹以令终，夫复何憾？爰述其概，纳诸幽圹，用垂不朽云。

嘉靖壬寅岁十一月二十六日，孤子充焞等泣血立石。

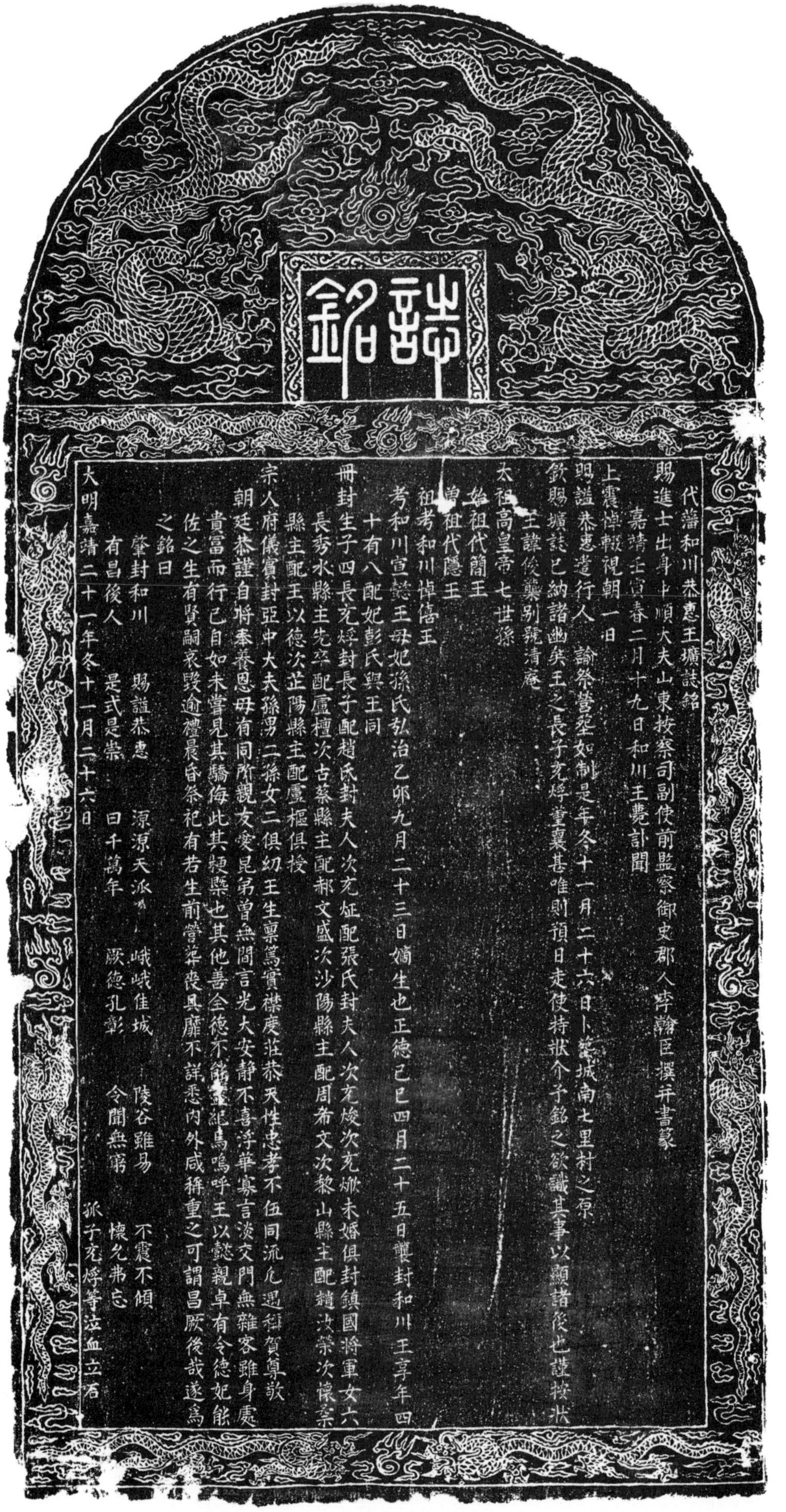

誌銘

代藩和川恭惠王壙誌銘

賜進士出身中順大夫山東按察司副使前監察御史郡人李翰臣撰并書篆

嘉靖壬寅春二月十九日和川王薨訃聞

上震悼輟視朝一日

賜謚恭惠遣行人　諭祭營塋如制是年冬十一月二十六日卜葬城南七里村之原

欽賜壙誌已納諸幽矣王之長子充焞董襄甚唯則預日走使持狀介予銘之欲識其事以顯諸後也謹按狀

王諱俊蘘别號清庵

太祖高皇帝七世孫

始祖代簡王

曾祖代隱王

祖考和川悼僖王

考和川宣懿王母妃孫氏弘治乙卯九月二十三日嫡生也正德己巳四月二十五日襲封和川王享年四

十有八配妃彭氏與王同

冊封生子四長充焞封長子配趙氏封夫人次充炡配張氏封夫人次充焌次充[illegible]未婚俱封鎮國將軍女六

長秀水縣主先卒配盧檀次古蔡縣主配郝文盛次沙陽縣主配周希文次黎山縣主配趙汝榮次懷柔

縣主配王以德次並陽縣主配盧樞俱授

宗人府儀賓封亞中大夫孫男二孫女二俱幼王生稟篤實襟度莊恭天性忠孝不伍同流凡遇稱賀尊敬

朝廷恭謹自將奉養恩毋有同所親友愛昆弟曾無間言光大安靜不喜浮華寡言淡交門無雜客雖身處

貴富而行己自如未嘗見其驕侮此其梗槩也其他善全德不能盡紀焉嗚呼王以懿親卓有令德妃能

佐之生有賢嗣哀毀逾禮晨昏祭祀有若生前營葬喪具靡不詳悉内外咸稱重之可謂昌厥後哉遂為

之銘曰

肇封和川　賜謚恭惠　源源天派　峨峨佳城　陵谷雖易　不震不傾

有昌後人　是式是崇　曰千萬年　厥德孔彰　令聞無窮　懷允弗忘

大明嘉靖二十一年冬十一月二十六日　孤子充焞等泣血立石

（阴）

【阴】志铭

代藩和川恭惠王圹志铭

赐进士出身中顺大夫山东按察司副使前监察御史郡人李翰臣撰并书篆

嘉靖壬寅春二月十九日，和川王薨。讣闻，上震悼，辍视朝一日，赐谥恭惠，遣行人谕祭，营葬如制。是年冬十一月二十六日，卜葬城南七里村之原，钦赐圹志，已纳诸幽矣。王之长子充烰，董襄甚唯，则预日走使持状介予铭之，欲识其事以显诸后也。谨按状，王讳俊栊，别号清庵，太祖高皇帝七世孙，始祖代简王，曾祖代隐王，祖考和川悼僖王，考和川宣懿王，母妃孙氏。弘治乙卯九月二十三日嫡生也，正德己巳四月二十五日袭封和川王，享年四十有八。配妃彭氏，与王同册封。生子四，长充烰，封长子，配赵氏，封夫人；次充炡，配张氏，封夫人；次充焌、次充烿，未婚。俱封镇国将军。女六，长秀水县主，先卒，配卢檀；次古蔡县主，配郝文盛；次沙阳县主，配周希文；次黎山县主，配赵汝荣；次怀柔县主，配王以德；次芷阳县主，配卢枢。俱授宗人府仪宾，封亚中大夫。孙男二，孙女二，俱幼。王生禀笃实，襟度庄恭，天性忠孝，不伍同流。凡遇称贺，尊敬朝廷，恭谨自将。奉养恩母，有同所亲。友爱昆弟，曾无间言。光大安静，不喜浮华。寡言淡交，门无杂客。虽身处贵富而行已自如，未尝见其骄侮。此其梗概也，其他善全德不能尽纪焉。呜呼！王以懿亲卓有令德，妃能佐之。生有贤嗣，哀毁逾礼，晨昏祭祀，有若生前；营葬丧具，弥不详悉。内外咸称重之，可谓昌厥后哉，遂为之铭曰：

肇封和川，赐谥恭惠。源源天派，峨峨佳城。

陵谷虽易，不震不倾。有昌后人，是式是崇。

曰千万年，厥德孔彰。令闻无穷，怀允弗忘。

大明嘉靖二十一年冬十一月二十六日，孤子充烰等泣血立石。

壙誌

代藩和川王府輔國将軍夫人王氏壙誌
賜進士出身三品大夫
代府左長史鄴人高壁撰
夫人姓王氏太同　恩榮官濂之女母宋氏長配
和川悼僖王之孫鎮國将軍聰滓之子輔國将軍俊橙
誥封夫人輔國父早卒夫人事姑夫人克盡孝道處卑幼以慈輔國愛賔客夫人克副
其意躬親飲食豐約中度内外悉稱其賢生子五長充熄配段氏次充𤏸配張氏
次充烒配李氏次充燥配王氏次充㷆配崔氏俱封奉國将軍配俱封淑人女四
浦陽縣君配儀賔仝道次清豐縣君選儀賔呉大宣未婚餘未封孫男十五長廷
垉廷塡廷墩廷埯廷堀廷坳廷埱廷壢廷塩廷埲俱未封餘未名孫女七俱幼夫
人生弘治庚戌十一月十一日卒以嘉靖壬寅十二月初三日春秋五十有三葬
以嘉靖甲辰四月十七日墓在城西宋家庄之原訃
聞
賜葬祭如制夫人以名門淑質上配王家生膺顯封子孫衆多雖壽不満德富貴[illegible]
所得多矣復何憾哉輔國有命余不敢以不文辭謹以其大者著之以爲壙誌
大明嘉靖二十三年夏四月十七日　　哀子充熄等泣血立石

代藩和川王府辅国将军夫人王氏圹志

年代：明嘉靖二十三年（1544 年）

尺寸：宽 63 厘米，高 126 厘米，厚 16 厘米

录文：

圹志

代藩和川王府辅国将军夫人王氏圹志

赐进士出身三品大夫

代府左长史都人高璧撰

夫人姓王氏，大同恩荣官濂之女，母宋氏。长配和川悼僖王之孙、镇国将军聪泞之子辅国将军俊橙，诰封夫人。辅国父早卒，夫人事姑。夫人克尽孝道，处卑幼以慈。辅国爱宾客，夫人克副其意，躬亲饮食，丰约中度，内外悉称其贤。生子五，长充熄，配段氏；次充爀，配张氏；次充烒，配李氏；次充燥，配王氏；次充羙，配崔氏。俱封奉国将军，配俱封淑人。女四，浦阳县君配仪宾仝道；次清丰县君，选仪宾吴大宣，未婚；余未封。孙男十五，长廷垉，廷填、廷墩、廷垝、廷堀、廷埛、廷垘、廷壥、廷墟、廷埗，俱未封，余未名。孙女七，俱幼。夫人生弘治庚戌十一月十一日，卒以嘉靖壬寅十二月初三日，春秋五十有三。葬以嘉靖甲辰四月十七日，墓在城西宋家庄之原。讣闻，赐葬祭如制。夫人以名门淑质，上配王家，生膺显封，子孙众多。虽寿不满德，富贵尊荣，所得多矣，复何憾哉！辅国有命，余不敢以不文辞，谨以其大者著之，以为圹志。

大明嘉靖二十三年夏四月十七日，哀子充熄等泣血立石。

壙誌

大明和川王府鎮國将軍東園壙誌

賜進士出身三品大夫

代府左長史郡人高璧撰

将軍諱俊㰖別號東園

曾祖代隱王

祖和川悼僖王

父和川宣懿王母夫人劉氏弘治壬子二月二十六日生正德丙寅受

誥封鎮國将軍卒以嘉靖癸卯九月初六日春秋五十有二訃

聞

皇上遣官諭祭營兆域如制将軍天性孝友心地坦夷與人交披露情素

宣懿早世事母夫人克盡孝養晨昏問候慶昆季親屬有恩義雖極富貴

而能以勤儉将之配張氏封夫人生子二長充熿封輔國将軍配尚氏

封夫人次幼未請名受封女六長尤溪郡君配儀賓申大經次南川郡

君先卒配儀賓李時亨次清水郡君亦卒配儀賓王璃次范陽郡君選

張翰章未婚餘幼未封孫男二孫女二俱幼未封充熿卜次年五月二

十四日塟城南七里村之原以狀來請誌其壙璧素重東園誠私不可

辭謹叙其大者使刻之石

嘉靖二十三年五月二十四日　孤子充熿等泣血立石

大明和川王府镇国将军东园圹志

年代：明嘉靖二十三年（1544年）

尺寸：宽63厘米，高115厘米，厚15.5厘米

录文：

圹志

大明和川王府镇国将军东园圹志

赐进士出身三品大夫

代府左长史都人高璧撰

将军讳俊檥，别号东园。曾祖代隐王，祖和川悼僖王，父和川宣懿王，母夫人刘氏。弘治壬子二月二十六日生，正德丙寅受诰封镇国将军，卒以嘉靖癸卯九月初六日，春秋五十有二。讣闻，皇上遣官谕祭，营兆域如制。将军天性孝友，心地坦夷，与人交披写情素。宣懿早世，事母夫人克尽孝养，晨昏问候，处昆季亲属有恩义，虽极富贵而能以勤俭将之。配张氏，封夫人。生子二，长充㑺，封辅国将军，配尚氏，封夫人；次幼，未请名受封。女六，长尤溪郡君，配仪宾申大经；次南川郡君，先卒，配仪宾李时亨；次清水郡君，亦卒，配仪宾王瑀；次范阳郡君，选张翰章，未婚；余幼，未封。孙男二，孙女一，俱幼，未封。充㑺卜次年五月二十四日葬城南七里村之原，以状来请志其圹。璧素重东园，诚朴不可辞，谨叙其大者使刻之石。

嘉靖二十三年五月二十四日，孤子充㑺等泣血立石。

誥封襄垣王府輔國將軍成鐵墓誌銘

皇明誥封輔國將軍別號靜菴公乃
代藩分封
襄垣王府恭簡王之孫御諱成鐵字[illegible]中年去父王自成立家長
府事大成勵己以勤理家以儉善營建好車馬服食器用不整勢待賓
客不惜費身人有客署[illegible]王事尊宗室以禮者氣發尊曰宗室之憂
過從者惟其不讀書洎夫讀書不識字故也讀書訓個有放逸諭
禮者嘉靖癸巳歲中立卒撫王將王師至天城指督鄉公勇以精兵五百
騎猝入城中欽殲厥渠魁士卒知命得之悉欲致諸[illegible]適靜菴公衣錦自
代藩成禮而出遣諸[illegible]曉諭順逆使盡釋之[illegible]遂其患而且行有如此
者不意是年春偶[illegible]數日而起遂逝配夫人泉氏先公卒生子奉國將軍
九長聰孝先卒配淑人祁氏次聰滾配李氏[illegible]潤配葛氏聰滑配張氏
聰豫配強氏聰[illegible]聘吳氏聰沼聰濾聰瀍尚未[illegible]女五長貴平縣君儀
賓吳世准次[illegible]縣縣君配李宅商河縣君配張[illegible]通城縣君配武[illegible]
衛陽縣君配劉相孫鎮国中尉[illegible]俊楷俊榔其[illegible]葬七十頃石[illegible]哥未[illegible]
孫女鄉君四[illegible]未出閣公生於成化乙巳四月初十日卯時卒于嘉靖[illegible]
卯三月十九日[illegible]時享年五十有九今歲[illegible]日[illegible]於城之南[illegible]吁公為宗
室享祿繼六[illegible]及卒葬祭如制可謂生榮死哀子[illegible]公之德謹志其畧[illegible]
而為之銘曰金玉之族純懿之性不侈而儉不驕而恭[illegible]之望[illegible]
之宗瀍翼之雲兮遺澤優渥雲仍之繼兮賢[illegible]且碩如公之逝而名不朽
兮真今古之無多
大明嘉靖乙巳中秋十有二日大學生西谷李天祿謹撰
男聰[illegible]謹[illegible]

诰封襄垣王府辅国将军成鑶墓志铭

年代：明嘉靖二十四年（1545年）

尺寸：宽61厘米，高109厘米，厚16厘米

录文：

诰封襄垣王府辅国将军成鑶墓志铭

皇明诰封辅国将军，别号静庵公，乃代藩分封襄垣王府恭简王之孙，御讳成鑶，享禄云中。蚤年去父王，卓然成立。及长，府事大成，励己以勤，理家以俭。善营建，好车马、服食、器用，罔不整洁。待宾客不惜费，与人有容。署郡王事，导宗室以礼，有王者气度。尝曰：宗室之忧过衍者，惟其不读书，洎夫读书不识字故也，□□读书守训，罔有放逸逾礼者。嘉靖癸巳，云中士卒□，主将王师至天城，提督郤公勇，以精兵五百骑潜入城中，欲歼厥渠魁。士卒知而得之，悉欲致诸□适。静庵公衣锦，自代藩成礼而出，遇诸遼，晓谕顺逆，使尽释之，各得生还，其忠而且仁，有如此者。不意是年春偶疾，数日弗起，遂逝。配夫人泉氏，先公卒。生子奉国将军九，长聪滹，先父卒，配淑人祁氏；次聪滾，配李氏；聪㴋，配葛氏；聪渮，配张氏；聪瀼，配强氏；聪浩，聘吴氏；聪沼、聪濂、聪滮尚未□。女五，长贵平县君，配仪宾吴世淮；次液县县君，配李宏；商河县君配张继宗；通城县君配武应禄；衡阳县君配刘相。孙，镇国中尉陆，俊楁、俊榊、其□□七十、顽石、翟奇，未封。孙女乡君四，俱未出阁。公生于成化乙巳四月初十日卯时，卒于嘉靖癸卯三月十九日戌时，享年五十有九。今岁卜日葬于城之南。呜呼！公为宗室，享禄□六帙，及卒，葬祭如制，可谓生荣死哀。□予慕公之德，谨志其略而为之铭曰：

金玉之族，纯懿之性。不侈而俭，不骄而恭。万夫之望，德福之宗。燕翼之垂兮，遗泽优渥。云仍之继兮，贤而且硕。如公之逝而名不朽兮，真今古之无多。

大明嘉靖乙巳中秋十有二日，大学生西谷李天禄谨撰，男聪滾等□□谨立。

壙誌

明代宗室雪菴主人墓誌銘　雲中眷晚學曹下[illegible]

嘉靖壬寅冬十有二月念八日雪菴主人薨于正寢訃以

聞頒葬祭如制子熽輩卜日襄事迺謀之武進士李東村狀厥父遺行請

銘諸幽予按狀主人

皇太祖裔和川悼僖王孫鎮國將軍卓翁第五子受輔國

封名俊㮰別號雪菴性穎敏樸奇負器不群孝謙謙敬樂善忘勢躭書

史工詞翰契理學源頭以聖賢期待詩字墨竹名重當世風月不羈

空中樓閣氣象每交游士夫重義輕利罔隨俗作炎涼態嘗賦詞有

不會趨時之句瀟洒出塵人擬以夫子稱之生於弘治丁巳八月二

十四日壽四旬有六先奉

命配夫人段氏宦家志正女也貞淑肅雝賢溢宮壼年二十三而終繼室

厥妹是嗣徽音嘉靖癸未年不祿遺子奉國將軍充熽配淑人曹氏

女洛照縣君配儀賓周希武續娶張氏楊氏所生子四充煒配淑人

苑氏充燁充炙充鄉未婚女八鎮丘縣君配儀賓王希賢餘幼時嘉

靖二十五年夏四月念有三日合段夫人葬于城東齊家坡之原君

子以為禮也迺銘曰

初生哲命兮福祉才氣超邁兮風流豪逸壽[illegible]兮可[illegible]厥後

克昌兮螽斯寢安百世兮令聞不已

孤哀子充熽等立

明代宗室雪庵主人墓志铭

年代：明嘉靖二十五年（1546年）

尺寸：宽58厘米，高110厘米，厚16厘米

录文：

圹志

明代宗室雪庵主人墓志铭　　云中眷晚学曹下学谨撰

嘉靖壬寅冬十有二月念（廿）八日，雪庵主人薨于正寝，讣以闻，颁葬祭如制。子爆辈卜日襄事，乃谋之武进士李东村，状厥父遗行，请铭诸幽。予按状，主人皇太祖裔，和川悼僖王孙，镇国将军淖翁第五子，受辅国封，名俊椆，别号雪庵。性颖敏怀奇，负器不群，孝让谦敬，乐善忘势。躭书史，工词翰，契理学源头以圣贤期待，诗字墨竹名重当世，风月不羁，空中楼阁气象。每交游士夫，重义轻利，罔随俗作炎凉态，尝赋词有“不会趋时”之句，潇洒出尘，人拟以夫子称之。生于弘治丁巳八月二十四日，寿四旬有六。先奉命配夫人段氏，宦家志正女也，贞淑肃雍，贤溢宫壸，年二十三而终。继室厥妹，实嗣徽音，嘉靖癸未年不禄。遗子奉国将军充爆，配淑人曹氏。女落照县君，配仪宾周希武。续娶张氏、杨氏，所生子四，充燁配淑人苑氏，充爕、充炙、充炯未婚；女八，顼丘县君配仪宾王希贤，余幼。时嘉靖二十五年夏四月念（廿）有三日，合段夫人，葬于城东齐家坡之原，君子以为礼也，乃铭曰：

初生哲命兮福祉，才气超迈兮风流豪逸，寿匪南山兮可悲，

厥后克昌兮螽斯，寝安百世兮令闻不已。

孤哀子充爆等泣血□□。

壙誌

明故夫人陳氏壙誌

夫人姓陳氏迺雲中王之長女母孫氏弘治甲寅六月初十日夫人誕生幼而柔淑善事女紅為父母所鍾愛及笄選配和川宣懿王第五子鎮國将軍俊杜沛惠菴正德元年二月二十七日誥封夫人恪遵婦道內主中饋相夫育子皆適其宜嘉靖丙午遘疾弗[illegible]三月二十四日距生年五十有三生子四長充炳先卒配孫氏次充[illegible]趙氏次充烟幼殤次充烷李氏出皆輔國将軍配皆夫人女三長[illegible]山郡君配儀賓史翰朝次霸州郡君配儀賓王大儒次樂城郡君配儀賓常啓孫男五長廷垾配梁氏次廷塚配徐氏廷提餘幼未名孫女二亦幼訃聞

皇上遣官祭葬如制卜今年六月六日合葬于惠菴之墓禮宜有誌嗚呼若夫人者出于名門配于宗藩既榮且貴夫何憾焉予謹按狀特述其梗槩納諸幽壙用垂不朽云

嘉靖丁未六月初六日　孤哀子充[illegible]等立

明故夫人陈氏圹志

年代：明嘉靖二十六年（1547年）

尺寸：宽64厘米，高132厘米，厚15厘米

录文：

圹志

明故夫人陈氏圹志

夫人姓陈氏，乃云中玉之长女，母孙氏。弘治甲寅六月初十日，夫人诞生。幼而柔淑，善事女红，为父母所钟爱。及笄，选配和川宣懿王第五子镇国将军俊杜，号蕙庵。正德九年二月二十七日受诰封夫人，恪遵妇道，内主中馈，相夫育子，皆适其宜。嘉靖丙午遘疾，弗起，卒于三月二十四日，讵生年五十有三。生子四，长充焫，先卒，配孙氏；次充熐，配赵氏；次充烟，幼殇；次充炕，配李氏。子皆辅国将军，配皆夫人。女三，长沿山郡君，配仪宾史翰朝；次霸州郡君，配仪宾王大儒；次乐城郡君，配仪宾常启。孙男五，长廷墠，配梁氏；次廷塚，配徐氏；廷堤；余幼，未名。孙女二，亦幼。讣闻，皇上遣官祭葬如制。卜今年六月六日合葬于蕙庵之墓，礼谊有志。呜呼！若夫人者，出于名门，配于宗藩，既荣且贵，夫何憾焉！予谨按状特述其梗概，纳诸幽圹，用垂不朽云。

嘉靖丁未六月初六日，孤哀子充熐等泣血立石。

壙誌

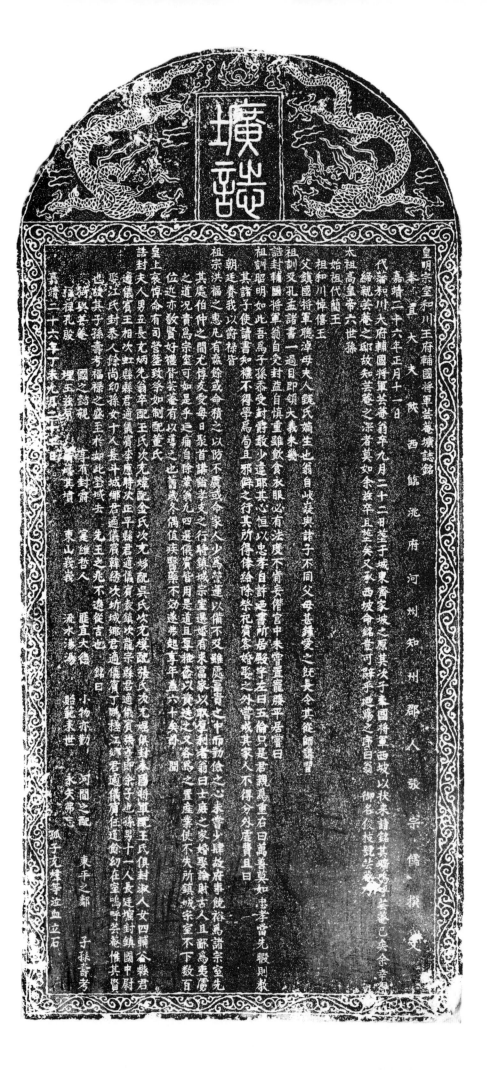

皇明宗室和川王府輔國将軍芸菴壙誌銘
奉直大夫陝西臨洮府河州知州郡人張宗儒撰文
嘉靖二十六年正月十一日
代藩和川大府輔國将軍芸菴翁卒九月二十二日塟于城東齊家坡之原其次子奉國将軍西坡以狀来請銘其嫡嗚呼芸菴已矣余幸得
締親芸菴之邸故知芸菴之深者莫如余茲卒且塟矣又承西坡命銘豈可辭乎廼爲之序曰翁御名俊枝號芸菴
太祖高皇帝六世孫
始祖代簡王
祖和川悼僖王
父鎮國将軍聰𣶃母夫人甄氏嫡生也翁自岐嶷與諸子不同父母甚鍾愛之既長令其從師講習
祖訓及孔孟諸書一過目即領大義未幾
誥封輔國将軍翁自受封益自慎重雖飲食衣服必有法度不肯妄僭宫中未嘗置寵媵平居嘗曰
祖訓昭明如此吾爲子孫忝受封爵敢少違耶其心恒以忠孝自許廼書所居殿宇左曰五倫只是君親爲重右曰萬善莫如忠孝當先暇則教
其諸子使讀書知禮不得學爲苟且邪僻之行其所得俸給除祭祀賓客婚娶之外嘗戒其家人不得分外虚費且曰
朝廷養我以爵禄皆
祖宗洪福之惠凡有贏餘或命積之以防不虞或命家人少爲營運以備不及雖處富貴之中而勤儉之心未嘗少肆故府事饒裕爲諸宗室先
其處伯仲之間尤惇友愛每日聚首講論孝友之行時鎮城宗室選婚有求富家以取厚利者翁曰士庶之家婚娶論財古人且鄙爲夷虜
之道況貴爲宗室可如是乎廼痛自除革翁凡四選儀賓皆用是道且辱粧奩以資送之又各爲之置産業使不失所鎮城宗室不下数百
位近亦敬賢好禮皆芸菴有以導之也舊歲冬偶值疾醫藥不効遂弗起享年盍六十矣訃　聞
皇上哀悼命有司營塟致祭如制配董氏
誥封夫人男五長充炳先翁卒配王氏次充煒配金氏次充炒配吳氏次充㰘配張氏次充熀俱封奉國将軍配王氏俱封淑人女四輔谷縣君
適儀賓王相次虹縣縣君適儀賓李應時次正平縣君適儀賓袁鎮次龍宗縣君適儀賓張璧即余子也孫男十一人長廷壥封鎮國中尉
娶江氏封恭人餘尚幼孫女十人長斗城鄉君適儀賓韓綉次圻城鄉君適儀賓丁鵬楼江鄉君適儀賓任道餘幼在室嗚呼芸菴惟其賢
也故其子孫壽考福禄之盛至於如此塋域去先王之兆不遠從吉也　銘曰
猗與芸菴　國之懿親　尊有封爵　寔維哲人　匪直大德　小物亦勤　河間之配　東平之鄰　子孫壽考
福禄孔殷　埋玉茲原　[illegible]掃其墳　東山峩峩　流水湯湯　貽範來世　永矢弗忘
嘉靖二十六年丁未九月二十二日　孤子充煒等泣血立石

皇明宗室和川王府辅国将军芸庵圹志铭

年代：明嘉靖二十六年（1547年）

尺寸：宽79厘米，高179厘米，厚18厘米

录文：

圹志

皇明宗室和川王府辅国将军芸庵圹志铭

奉直大夫陕西临洮府河州知州郡人张宗儒撰文

嘉靖二十六年正月十一日，代藩和川大府辅国将军芸庵翁卒。九月二十二日，葬于城东齐家坡之原。其次子奉国将军西坡以状来请铭其圹。呜呼！芸庵已矣，余幸得缔亲芸庵之邸，故知芸庵之深者莫如余。兹卒且葬矣，又承西坡命铭，岂可辞乎？乃为之序。曰：翁，御名俊枝，号芸庵，乃太祖高皇帝六世孙，始祖代简王，祖和川悼僖王，父镇国将军聪淖，母夫人甄氏嫡生也。翁自岐嶷与诸子不同，父母甚钟爱之。既长，令其从师讲习祖训及孔孟诸书，一过目即领大义。未几，诰封辅国将军。翁自受封，益自慎重，虽饮食、衣服必有法度，不肯妄僭宫中，未尝置宠媵。平居尝曰："祖训昭明如此，吾为子孙，忝受封爵，敢少违耶？"其心恒以忠孝自许，乃书所居殿宇，左曰"五伦只是君亲为重"，右曰"万善莫如忠孝当先"。暇则教其诸子，使读书知礼，不得学为苟且邪僻之行。其所

得俸给，除祭祀、宾客、婚娶之外，尝戒其家人不得分外虚费，且曰：“朝廷养我以爵禄，皆祖宗洪福之惠。”凡有赢余，或命积之，以防不虞；或命家人少为营运，以备不及。虽处富贵之中，而勤俭之心未尝少肆，故府事饶裕，为诸宗室先。其处伯仲之间，尤惇友爱，每日聚首讲论孝友之行。时镇城宗室选婚，有求富家以取厚利者，翁曰：“士庶之家婚娶论财，古人且鄙为夷虏之道，况贵为宗室，可如是乎？”乃痛自除革。翁凡四选仪宾，皆用是道，且厚妆奁以资送之，又各为之置产业，使不失所。镇城宗室不下数百位，近亦敬贤好礼，皆芸庵有以导之也。旧岁冬，偶值疾，医药不效，遂弗起，享年盖六十矣。讣闻，皇上哀悼，命有司营葬、致祭如制。配董氏，诰封夫人。男五，长充炳，先翁卒，配王氏；次充炜，配金氏；次充烗，配吴氏；次充熿，配张氏；次充焻，俱封奉国将军，配王氏，俱封淑人。女四，辅谷县君适仪宾王相；次虹县县君，适仪宾李应时；次正平县君，适仪宾袁镇；次龙宗县君，适仪宾张萼，即余子也。孙男十一人，长廷墉，封镇国中尉，娶江氏，封恭人；余尚幼。孙女十人，长斗城乡君，适仪宾韩绣；次圻城乡君，适仪宾丁鹏；槎江乡君适仪宾任道；余幼，在室。

呜呼，芸庵！惟其贤也，故其子孙寿考福禄之盛至于如此。茔域去先王之兆不远，从吉也。铭曰：

猗与芸庵，国之懿亲，享有封爵，实维哲人。

匪直大德，小物亦勤，河间之配，东平之邻。

子孙寿考，福禄孔殷，埋玉兹原，□□其坟。

东山峨峨，流水汤汤，贻范来世，永矢弗忘。

嘉靖二十六年丁未九月二十二日，孤子充炜等泣血立石。

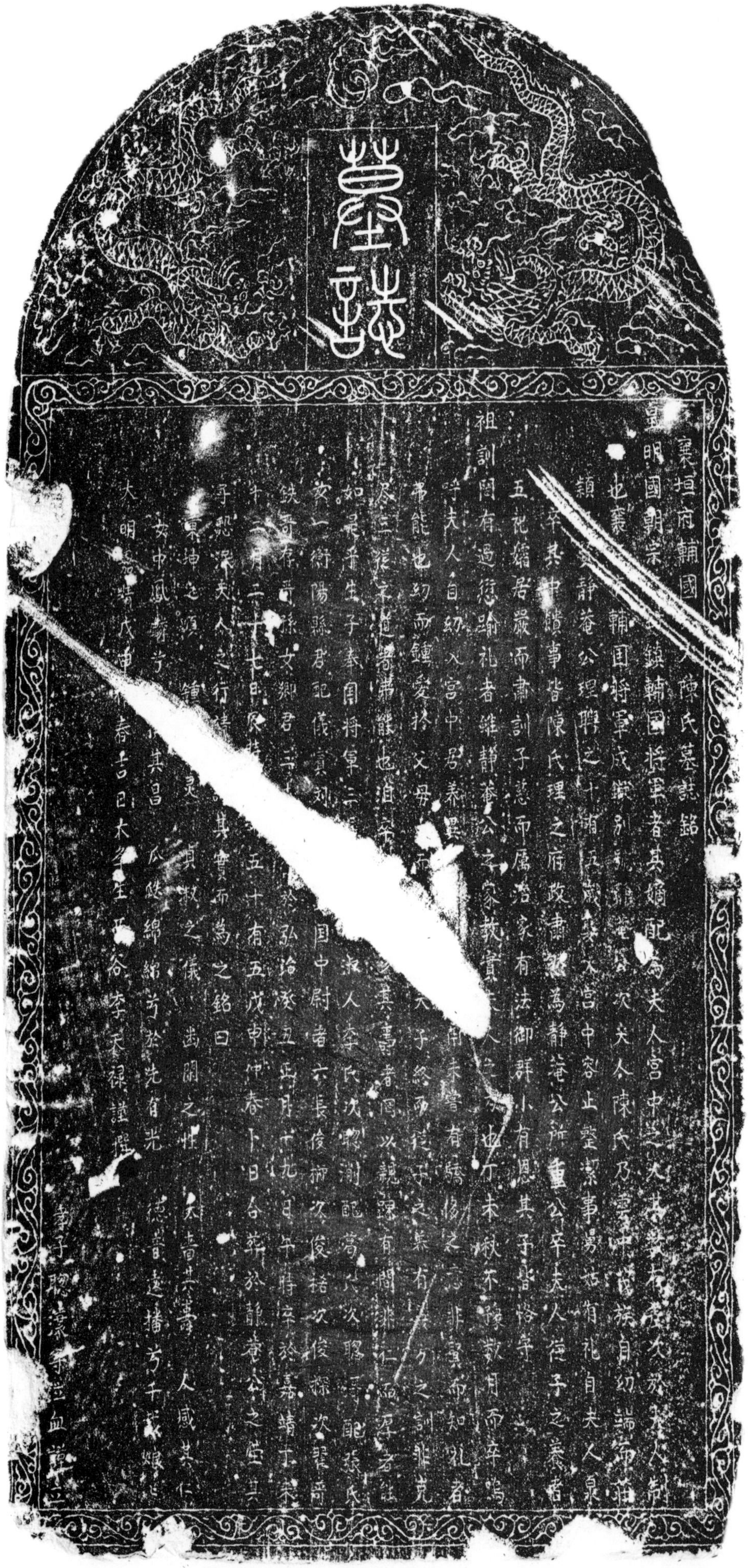

墓誌

襄垣府輔國[夫]人陳氏墓誌銘

皇明國朝宗[室]鎮輔國將軍者其嫡配為夫人宮中之夫人者[illegible]次為[illegible]人[illegible]

也襄[垣]輔國將軍成鍬別號[illegible]次夫人陳氏乃雲中[illegible]族自幼端命[illegible]

類[illegible]靜菴公理聯之十有五歲[來]入宮中容止整潔事舅姑有礼自夫人泉

卒其中饋事皆陳氏理之府政肅然為靜菴公所重公卒夫人從子之養者

五祀鏞居嚴而肅訓子慈而厲治家有法御群小有恩其子皆恪守

祖訓罔有過愆踰礼者維靜菴公之家教實夫人之[功]也丁未秋不豫數月而卒嗚

呼夫人自幼入宮中[illegible][illegible][illegible][illegible]未嘗有驕傷之志非賢而知礼者

弗能也幼而鍾愛於父母[illegible]天子終而[從]子之策有[illegible]夕之訓非克

盡三從之道者弗能也洎卒[illegible]其壽者罔以親睹有聞非仁而厚者詎

如是乎生子奉國將軍[illegible]淑人李氏次聰[illegible]配[illegible]氏次聰[illegible]配張氏

安一衛陽縣君配儀賓劉[illegible]國中尉者六長俊[illegible]次俊[illegible]次俊[illegible]次[illegible]

鉄哥存哥孫女鄉君二[illegible]於弘治癸丑[正]月二十九日午時卒於嘉靖丁未

年二月二十七日[illegible]五十有五戊申仲春下日合葬於靜菴公之塋其

子懇深夫人之行誼[illegible]其實而為之銘曰

秉坤之順[illegible]鍾靈[illegible]貞淑之儀[illegible]幽閑之性[illegible]天嗇其壽人感其仁

女中鳳[儀]兮[illegible]其昌瓜瓞綿綿兮於先有光德音遠播兮千載難[泯]

大明嘉靖戊申[年]春吉日太學生平谷李天祿謹撰 孝子聰[illegible]等泣血謹立

襄垣府辅国夫人陈氏墓志铭

年代：明嘉靖二十七年（1548 年）
尺寸：宽 60 厘米，高 105 厘米，厚 16 厘米

录文：

墓志

襄垣府辅国夫人陈氏墓志铭

皇明国朝宗□□镇辅国将军者，其嫡配为夫人，宫中之人，其数有差次于夫人制也。襄垣府辅国将军成鑶，别号静庵公。次夫人陈氏乃云中茂族，自幼端而庄颖□贤。静庵公理聘之，十有五岁，娶入宫中，容止整洁，事舅姑有礼。自夫人泉氏卒，其中馈事皆陈氏理之，府政肃然，为静庵公所重。公卒，夫人从子之养者五祀，孀居严而肃，训子慈而厉，治家有法，御群小有恩。其子皆恪守祖训，罔有过愆逾礼者。虽静庵公之家，教实夫人之为也。丁未秋不豫，数月而卒。呜呼！夫人自幼入宫中，居养异……未尝有骄侈之意，非贤而知礼者弗能也。幼而钟爱于父母，□而……子终而从子之养，有□方之训，非克尽三从之道者弗能也。洎卒……其寿者，罔以亲疏有间，非仁而厚者能如是乎！生子奉国将军三，长……淑人李氏；次聪瀐，配葛氏；次聪澋，配张氏。女一，衡阳县君，配仪宾刘……国中尉者六，长俊栟，次俊桸，次俊樑，次翟奇、铁奇、存奇。孙女，乡君三……于弘治癸丑正月十九日午时卒，于嘉靖丁未十二月二十七日辰时……五十有五。戊申仲春卜日合葬于静庵公之茔。其子恐泯夫人之行，请……其实而为之。铭曰：

秉坤之□，钟□□灵。贞淑之仪，幽闲之性。太啬其寿，人感其仁。女中凤麟兮，□□其昌。瓜瓞绵绵兮，于先有光。德音远播兮，千载烺烺。

大明嘉靖戊申仲春吉日，大□生西谷李天禄谨撰，孝子聪滚等泣血谨立。

壙誌

代藩和川王府輔國將軍夫人李氏壙誌銘
奉直大夫陝西臨洮府河州知州郡人張宗儒撰并書篆
夫人姓李氏世爲雲中大族父文爲
國子生有時名夫人迺其仲女也生於弘治戊午九月初五日正德甲戌十二月初八日奉
命欽選內助配
和川悼僖王孫鎮國將軍聰湻子母夫人甄氏嫡生輔國將軍後樑齋菴翁也夫人生而端淑凝
重及長尤精于閨門之事宗黨皆稱其賢未幾選配齋翁翁母夫人甄氏持家極爲嚴肅夫人
自歸府第勤儉端謹無愧厥聲凡親姻往来之禮賓客應酬之需厚薄豊儉咸得其宜與齋翁
處也言貌恭慎如對賓客自壯至老未嘗少衰教諸子恒以讀書好禮爲事御婢僕甚有恩惠
齋翁府事殷盛皆夫人內助之力也故一時宗室配偶之賢者必以夫人爲首稱生子五俱
誥封奉國將軍充熠配趙氏充熛配龐氏充烇配曹氏充爐配張氏充燦配王氏俱封恭人女一
誥封長洲縣君配儀賓李應期孫男九廷增廷揉廷墇廷壏廷堦廷坤廷塼未名者二孫女七俱幼
嘉靖戊申歲偶值疾醫藥弗効是歲春三月二十九日終于正寢得壽五十有一嗚呼傷哉其
子熠曰竊聞爲人子者以敬親爲心以顯親爲孝慟思撫育之恩欲
錫寵褒之典具疏訃聞
皇上特賜追封爲夫人命有司祭塟如制
朝廷所以敦睦宗族者厚且備矣庚戌歲夏四月二十七日迺祔塟 祖塋之次寔城東南齊家
坡之高原先期熠命介持狀詣余請墓銘余於齋翁有姻戚之雅是銘其可辭乎迺爲之銘曰
高山矗矗 流水湯湯 有塚纍纍 君子是藏 禮稱內則 詩咏宜家
允矣君子 而德之華 亹亹坤德 昭昭令聞 樂只君子 啓佑後人
大明嘉靖二十九年歲庚戌夏四月二十七日哀子充熠等泣血立石

代藩和川王府辅国将军夫人李氏圹志铭

年代：明嘉靖二十九年（1550 年）

尺寸：宽 69 厘米，高 136 厘米，厚 16 厘米

录文：

圹志

代藩和川王府辅国将军夫人李氏圹志铭

奉直大夫陕西临洮府河州知州郡人张宗儒撰并书篆

夫人姓李氏，世为云中大族，父文，为国子生，有时名，夫人乃其仲女也，生于弘治戊午九月初五日。正德甲戌十二月初八日，奉命钦选内助，配和川悼僖王孙、镇国将军聪淖子、母夫人甄氏嫡生辅国将军俊楳霁庵翁也。夫人生而端淑凝重，及长，尤精于闺门之事，宗党皆称其贤。未几，选配霁翁。翁母夫人甄氏持家极为严肃，夫人自归府第，勤俭端谨，无愧厥声，凡亲姻往来之礼、宾客应酬之需，厚薄丰俭，咸得其宜。与霁翁处也，言貌恭慎，如对宾客，自壮至老未尝少衰。教诸子恒以读书好礼为事，御婢仆甚有恩惠。霁翁府事殷盛，皆夫人内助之力也，故一时宗室配偶之贤者必以夫人为首称。生子五，俱诰封奉国将军，充熠配赵氏，充爊配席氏，充焪配曹氏，充燼配张氏，充熯配王氏，俱封淑人。女一，诰封长洲县君，配仪宾李应期。孙男九，廷增、廷垛、廷墇、廷壏、廷堦、廷坤、廷墉，未名者二。孙女七，俱幼。嘉靖戊申岁，偶值疾，医药弗效，是岁春三月二十九日，终于正寝，得寿五十有一。呜呼，伤哉！其子熠曰：窃闻为人子者，以敬亲为心，以显亲为孝，恸思抚育之恩，欲锡宠褒之典具疏。讣闻，皇上特赐追封为夫人，命有司祭葬如制，朝廷所以敦睦宗族者厚且备矣。庚戌岁夏四月二十七日，乃祔葬祖茔之次，实城东南齐家坡之高原。先期熠命介持状诣余请墓铭，余于霁翁有姻戚之雅，是铭其可辞乎？乃为之铭曰：

高山矗矗，流水汤汤，有塚累累，君子是藏。

礼称内则，诗咏宜家，允矣君子，而德之华。

亹亹坤德，昭昭令闻，乐只君子，启佑后人。

大明嘉靖二十九年岁庚戌夏四月二十七日，哀子充熠等泣血立石。

壙誌

代藩昌化王府
誥封鎮國將軍貞菴翁壙誌銘
奉直大夫陝西臨洮府河州知州郡人郭東張宗儒撰文並篆額書丹
嘉靖戊申秋八月二十三日昌化王府鎮國將軍貞菴翁薨訃聞
朝廷命祭葬如制庚戌夏六月十一日迺啓李夫人之壙而合葬焉其子輔國將軍西平等
走介持狀請銘其壙按狀翁名成鐩迺
太祖高皇帝第四世孫
昌化溫穆王第十一子翁生而穎異不凡質豐氣和天性忠孝成化壬寅年受
誥封爲鎮國將軍翁自受封謙恭益至讀書好學禮賢下士初無一毫驕奢之習性喜醫藥每
自修製施以濟人晚年銳情道術順養弗懈其訓諸子性一以恪守
祖訓爲先精神強健無異少壯耳目聰明視聽不衰暇携僮僕具杖屨訪勝地名園觴詠竟日
童顏鶴髮恰如也見者皆以神仙目之戊申秋偶值疾醫藥弗効遂薨於府第距生於成
化戊戌得壽七十有一倚歟壽哉元配李氏迺鄉先達池州府通判李敬之女有淑行
誥封夫人先薨翁次配加封夫人周氏陸氏王氏閻氏郭氏翟氏高氏子男五長郎西平名聰
准配夫人張氏次聰豫配夫人蔣氏繼配內助李氏聰灌配夫人郭氏聰淮配夫人武氏
于氏史氏劉氏聰泥配夫人陳氏女四長崇澤郡君配儀賓郭廷臣次陽信郡君配張應
元瑒溪郡君配馬經麗水郡君配馬輅孫男十二俊積配趙氏俊楧配趙氏俊村孫氏俊
櫬未配俊栻配張氏俊栐配魏氏俊楧配杜氏俊桃俊床俊梨俊樑俊葬未娶俱
誥封奉國將軍配俱封淑人孫女五盧成縣君配儀賓劉爟廣豐縣君配王承敘雲都縣君未
配福津縣君配張永松靈丘縣君未配壙在郡城東南八圪塔之原銘曰
高塚峩峩鬱城之陽青山高高流水湯湯維茲貞珉[illegible]
人皆逝矣令聞昭彰卜兆也吉葬之也宜我銘茲幽[illegible]
大明嘉靖二十九年歲次庚戌閏六月十有一日孤子聰准等泣血立石

代藩昌化王十一府诰封镇国将军贞庵圹志铭

年代：明嘉靖二十九年（1550 年）

尺寸：宽 66 厘米，高 129 厘米，厚 15 厘米

录文：

圹志

代藩昌化王十一府诰封镇国将军贞庵翁圹志铭

奉直大夫陕西临洮府河州知州郡人郭东张宗儒撰文并篆额书丹

嘉靖戊申秋八月二十三日昌化王府镇国将军贞庵翁薨，讣闻，朝廷命祭葬如制。庚戌夏六月十一日，乃启李夫人之圹而合葬焉。其子辅国将军西平等走介持状请铭其圹。按状，翁名成锓，乃太祖高皇帝第四世孙，昌化温宪王第十一子。翁生而颖异不凡，质丰气和，天性忠孝，成化壬寅年受诰封为镇国将军。翁自受封，谦恭益至，读书好学，礼贤下士，初无一毫骄奢之习性，喜医药，每自修制，施以济人。晚年锐情道术，颐养弗懈。其训诸子性一，以恪守祖训为先。精神强健，无异少壮。耳目聪明，视听不衰。暇携僮仆，具杖屦访胜地、名园，觞咏竟日，童颜鹤发怡如也，见者皆以神仙目之。戊申秋，偶值疾，医药弗效，遂薨于府第，距生于成化戊戌，得寿七十有一，倚欤寿哉！元配李氏，乃乡先达池州府通判李敬之女，有淑行，诰封夫人，先薨。翁次配加封夫人周氏、陆氏、王氏、闫氏、郭氏、翟氏、高氏。子男五，长郎西平，名聪淮，配夫人张氏；次聪濠，配夫人蒋氏，继配内助李氏；聪澧，配夫人郭氏；聪浐，配夫人武氏、王氏、史氏、刘氏；聪泥，配夫人陈氏。女四，长荣泽郡君，配仪宾郭廷臣；次阳信郡君，配张应元；汤溪郡君配马经；丽水郡君配马辂。孙男十二，俊梾配赵氏，俊楔配赵氏，俊村孙氏，俊欐未配，俊栘配张氏，俊槑配魏氏，俊梌配杜氏，俊机、俊床、俊檕、俊樑、俊棻未娶，俱诰封奉国将军，配俱封淑人。孙女五，芦成县君配仪宾刘燿，广丰县君配王承叙，云都县君未配，福津县君配张永松，灵宝县君未配。圹在郡城东南八圪塔之原。铭曰：

高塜峨峨，云城之阳。青山矗矗，流水汤汤。维兹真翁，体魄是藏。

人虽逝矣，令闻昭彰。卜之也吉，药之也密。我铭兹幽，求垂无极。

大明嘉靖二十九年岁次庚戌闰六月十有一日，孤子聪淮等泣血立石。

壙誌

代懿王妃張氏壙誌

妃張氏山西行都司都指揮受中城兵馬張源之女弘治
十二年十月初三日
冊封爲代懿王妃嘉靖二十九年正月初八日以疾薨距生成
化十七年十月二十六日享壽七十歲子五人長充燿嗣
代王妃周氏次充爔封河內王妃史氏充煋封富川王妃
彭氏充炦封寶豐王妃昝氏充烑封碭山王妃張氏女二
人長靈壽郡主配儀賓李時熈望江郡主配儀賓李應春
孫男一廷埼襲
封代王妃陳氏孫女二長太和郡主配儀賓張邦基次慶雲郡
主配儀賓高邦壁曾孫男一女一俱幼訃聞
上賜祭命有司營葬如制
公主皆遣祭焉以嘉靖二十九年七月廿九日合葬于採掠
山之原嗚呼妃以賢淑作配宗藩蚤受榮封享有貴富壽
考令終夫復何憾爰述其槩納諸幽壙用垂不朽云
嘉靖庚戌年孟秋廿九日

孫廷埼立石

代懿王妃张氏圹志

年代：明嘉靖二十九年（1550年）
尺寸：宽73厘米，高142厘米，厚20厘米

录文：

圹志

代懿王妃张氏圹志

妃张氏，山西行都司都指挥受中城兵马张源之女。弘治十二年十月初三日，册封为代懿王妃。嘉靖二十九年正月初八日，以疾薨，距生成化十七年十月二十六日，享寿七十岁。子五人，长充燿，嗣代王，妃周氏；次充𤏡，封河内王，妃史氏；充煜封富川王，妃彭氏；充炕封宝丰王，妃昝氏；充灿封砀山王，妃张氏。女二人，长灵寿郡主，配仪宾李时熙；望江郡主配仪宾李应春。孙男一，廷埼，袭封代王，妃陈氏。孙女二，长太和郡主，配仪宾张邦基；次庆云郡主，配仪宾高邦壁。曾孙男一、女一，俱幼。讣闻，上赐祭，命有司营葬如制。公主皆遣祭焉。以嘉靖二十九年七月廿九日合葬于采掠山之原。呜呼！妃以贤淑作配宗藩，蚤受荣封，享有贵富，寿考令终，夫复何憾？爰述其概，纳诸幽圹，用垂不朽云。

嘉靖庚戌年孟秋廿九日，孙廷埼立石。

壙誌

代藩和川王府輔國将軍蓬菴壙誌銘

奉直大夫陝西臨洮府河州知州郡人張宗儒撰

嘉靖戊申十二月十一日

和川王府輔國将軍蓬庵卒其子充熄等走介持狀謁余曰吾先君卒已逾三禩矣先妣至七年餘以

今庚戌歲十月二十四日兹将啓窆祔合葬焉子曷爲銘謹按狀将軍諱俊㙦號蓬庵迺

太祖高皇帝六世孫

代簡王之玄孫 代隱王之曾孫 和川悼僖王之孫鎮國将軍聰滜之子母夫人李氏弘治庚戌八

月初一日生也将軍髫年明秀穎異忠孝立心迥出人表胄牘倜儻儀姿魁梧弘治庚申秋

誥封輔國将軍日與

藩屏吉陽稟殖諸王名公士夫優游友會動輒談論尚志古人善譜貨殖起家遂致殷富尤能嚴於庭

訓諸子孫咸成立昆玉之間怡怡如也

宗人咸爲取法嫻戚悉仰其賢他善不能備紀配王氏封夫人先卒生子五長充熄配段氏次充焗配

張氏次充烒配李氏次充熚配王氏次充㷿配崔氏俱封奉國将軍俱封淑人生女四長蒲陽縣君

配儀賓仝道次清豐縣君配儀賓吳大宣次艾城縣君配儀賓畢應麒次幼未封孫男十九長廷地

配李氏次廷填配齊氏廷墩配馬氏廷垸配夏氏廷堀配韓氏廷坰配張氏俱封鎮國中尉俱封恭

人次廷埱廷墉廷垬廷埲廷墺廷墦廷塤餘未封孫女十二長康佐鄉君未婚餘幼未封曾孫男一

曾孫女二尚幼嘉靖戊申冬偶搆疾遂瞑目焉得壽五十有九訃聞

皇上賜祭命有司營葬如制卜以嘉靖庚戌十月二十四日葬城西宋家庄之原遂爲銘曰 猗嗟蓬菴

帝室之胄 其德孔懿 其行勵修 穀隆厥躬 慶延于后 卜兹玄室 雲城之阜

湯湯碧水 峩峩高山 風氣攸萃 祚胤緜緜 蟠昭萬禩 貞珉考言

大明嘉靖庚戌孟冬二十四日 孤哀子充熄等泣血立石

代藩和川王府辅国将军蓬庵圹志铭

年代：明嘉靖二十九年（1550年）

尺寸：宽59厘米，高118厘米，厚15厘米

录文：

圹志

代藩和川王府辅国将军蓬庵圹志铭

奉直大夫陕西临洮府河州知州郡人张宗儒撰

嘉靖戊申十二月十一日，和川王府辅国将军蓬庵卒，其子充熄等走介持状谓余曰："吾先君卒已逾三祀矣，先妣葬七年余，以今庚戌岁十月二十四日，兹将启竁而合葬焉，子曷为铭。"谨按状，将军讳俊橙，号蓬庵，乃太祖高皇帝六世孙、代简王之玄孙、代隐王之曾孙、和川悼僖王之孙、镇国将军聪泞之子，母夫人李氏，弘治庚戌八月初一日生也。将军髫年明秀颖异，忠孝立心，迥出人表，胸臆倜傥，仪姿魁梧。弘治庚申秋，诰封辅国将军。日与藩屏吉阳枣强诸王、名公、士夫优游友会，动辄谈论，尚志古人善谙货殖起家，遂致殷富。尤能严于庭训，诸子森然成立，昆玉之间怡如也。宗人咸为取法，姻戚悉仰其贤，他善不能备纪。配王氏，封夫人，先卒。生子五，长充熄，配段氏；次充爀，配张氏；次烒，配李氏；次充燥，配王氏；次充奭，配崔氏。俱封奉国将军，俱封淑人。生女四，长浦阳县君，配仪宾仝道；次清丰县君，配仪宾吴大宣；次艾城县君，配仪宾覃应麟；次幼，未封。孙男十九，长廷垉，配李氏；次廷填，配齐氏；廷墩配马氏；廷垝配夏氏；廷堀配韩氏；廷埛配张氏。俱封镇国中尉，俱封恭人。次廷埘、廷壥、廷埴、廷垺、廷燠（墺）、廷塯、廷埙，余未封。孙女十二，长康佐乡君，未婚；余幼，未封。曾孙男一，曾孙女二，尚幼。嘉靖戊申冬，偶构疾，遂瞑目焉，得寿五十有九。讣闻，皇上赐祭，命有司营葬如制。卜以嘉靖庚戌十月二十四日，葬城西宋家庄之原，遂为铭曰：

猗嗟蓬庵，帝室之胄。其德孔懿，其行励修。谷隆厥躬，庆延于后。

卜兹玄室，云城之原。汤汤碧水，峨峨高山。风气攸萃，祚胤绵绵。

蟠昭万祀，贞珉考言。

大明嘉靖庚戌孟冬二十四日，孤哀子充熄等泣血立石。

（盖）

明恩荣官赵公孺人萧氏合葬墓志铭

年代：明嘉靖二十九年（1550年）
墓志尺寸：宽65厘米，高74厘米，厚8厘米
志盖尺寸：宽76厘米，高64厘米，厚9厘米

录文：

明恩荣官赵公孺人萧氏合葬墓志铭

……孺人萧氏合葬墓志铭

……洮府河州知州郡人张宗儒撰文并书篆

……秋九月十有四日，赵母孺人□□□，其子千户辐衰绖诣余，泣告曰："先君之卒……有八年，兹老母亦卒，不肖以十月□十五日将举而合葬先君之墓。兄曷为我……"闻之不觉泣下，言念恩荣公与孺人先妣太宜人之兄嫂也，余生甫周岁，不幸先□□世，恩荣公使人日抱于其家抚育之恩，爱笃至于余有父母之道焉，是志也，尚□辞……状，恩荣姓赵氏，讳源，字宗本，世为□□□家。曾祖信、祖敬，俱有隐德。父处士，钦赋性，□正不阿，时多其直；配南氏，有淑行；生四子，恩荣为长。公生质丰伟，识量过人，长理家政，甚有条度。每岁以商贩游江浙间，经计精当，为同辈所推让，致累资钜万。成化间遇例为散官。公天性仁孝，处昆弟，尤笃友爱。其弟洁，时为郡庠士，公厚供给之，久而不厌，后仕至行唐大尹。清、洪二弟先卒，遗幼女在室，公抚育无异己出，及长，择嫁名门，仍厚装奁以资送之。嘉靖癸未，感旧疾，卒于家，得寿六十有五。配

孺人蕭氏合塟墓誌銘
□□府河州知州郡人□希儒撰文并書篆
□□九月十有四日趙母孺人□其子千戶輻衰絰詣余泣告曰先君之卒
有八年矣老母亦卒不肖以十月十五日將舉而合葬先君之墓兄曷為我
□之不覺泣下言念恩榮公與孺人先妣太宜人之兄嫂也余生甫周歲不幸先
恩榮公使人日抱于其家撫育之恩愛備至于余有父母之道焉是誌也尚□辭
按恩榮姓趙氏諱源字宗本世為□□□曾祖信祖敬俱有隱德父處士□能賦性
正不阿時多其直配南氏有淑行生恩榮為長公生質豊偉識量過人長理家政
老有條度每歲之商販遊江浙間經計精當為同輩所推讓致累貲鉅萬成化間遇例為
散官公天性仁孝處昆弟尤篤友愛其弟縶時為郡庠士公厚供給之久而不厭後仕至
行唐太尹清洪二弟先卒遺幼女在室公撫育無異己出及長擇嫁名門仍厚裝奩以資
遣之嘉靖癸未感舊疾卒于家得壽六十有五配孺人蕭氏其先姓朱氏後避國姓改蕭
氏特蕭趙二家門第相望處士公禮娉為恩榮配孺人自歸趙氏甚執婦道理蘋蘩必致
精潔御諸弟洎弟婦克諧有終凡家事重大之勞必身先之恩榮商販外出孺人率諸弟
婦奉侍翁姑晨昏靡懈鄉里姻戚取以為法正德間以子輔為儀賓遷居郡城內家道益
充孺人教子以忠厚存心以勤儉立業雖處豐裕之地儉約之操無少更變今歲秋感舊
疾遂弗起得壽九十有三子男二輔為昌化王府儀賓
誥封朝列大夫配阜津郡君先卒繼娶李氏次即輻以武功累官千戶始娶熊氏彭氏先卒繼
配陳氏女三長適儀賓王公仲子世卿次適百戶陳璁三適指揮趙公次男朗孫男一臣
援例為
國子生卒娶葉氏孫女二長為
洛城王府鎮國中尉小泉夫人次為
潞城王府奉國將軍玉山夫人曾孫男二長國英為郡庠弟子員娶廖氏次
饒陽王選為儀賓未婚曾孫女二曰大壽小壽俱幼在室傳曰大德者必得其祿必得其壽
恩榮與孺人倡隨之義表望鄉里宜其家道亨豐子孫昌盛之如此也墓在城東馮
家莊之原從先兆也遂為之銘曰恩榮壽母德並瓊玖克光其先克裕厥後□□玄□
魄是藏我為斯銘萬世垂光
嘉靖庚戌冬十月二十五日　孤哀子輻立石

（铭）

孺人萧氏，其先姓朱氏，后避国姓，改萧氏。时萧、赵二家门第相望，处士公礼聘为恩荣配。孺人自归赵氏，甚执妇道，理蘋□□致精洁。御诸弟洎弟妇克谐有终，凡家事重大之劳，必身先之。恩荣商贩外出，孺人率诸弟妇奉侍翁姑，晨昏靡懈，乡里姻戚取以为法。正德间，以子辅为仪宾，迁居郡城内，家道益充。孺人教子以忠厚存心，以勤俭立业，虽处丰裕之地，俭约之操无少更变。今岁秋，感旧疾，遂弗起，得寿九十有二。子男二，辅为昌化王府仪宾，诰封朝列大夫，配巨津郡君，先卒，继娶李氏；次即辐，以武功累官千户，始娶熊氏、彭氏，先卒，继配陈氏。女三，长适仪宾王公仲子世卿，次适百户陈增，三适指挥赵公次男朗。孙男一，臣，援例为国子生，卒，娶叶氏。孙女二，长为潞城王府镇国中尉小泉夫人，次为潞城王府奉国将军玉山夫人。曾孙男二，长国英，为郡庠弟子员，娶廖氏；次，饶阳王选为仪宾，未婚。曾孙女二，曰大寿、小寿，俱幼，在室。传曰：大德者必得其禄，必得其寿。恩荣与孺人刚柔唱随之美表望乡里，宜其家道亨丰，子孙昌盛之如此也。墓在城东冯家庄之原，从先兆也，乃为之铭曰：

恩荣寿母，德并琼玖。克光其先，克裕厥后。

峨峨玄□，□魄是藏。我为斯铭，万世垂光。

嘉靖庚戌冬十月二十五日，孤哀子辐立石。

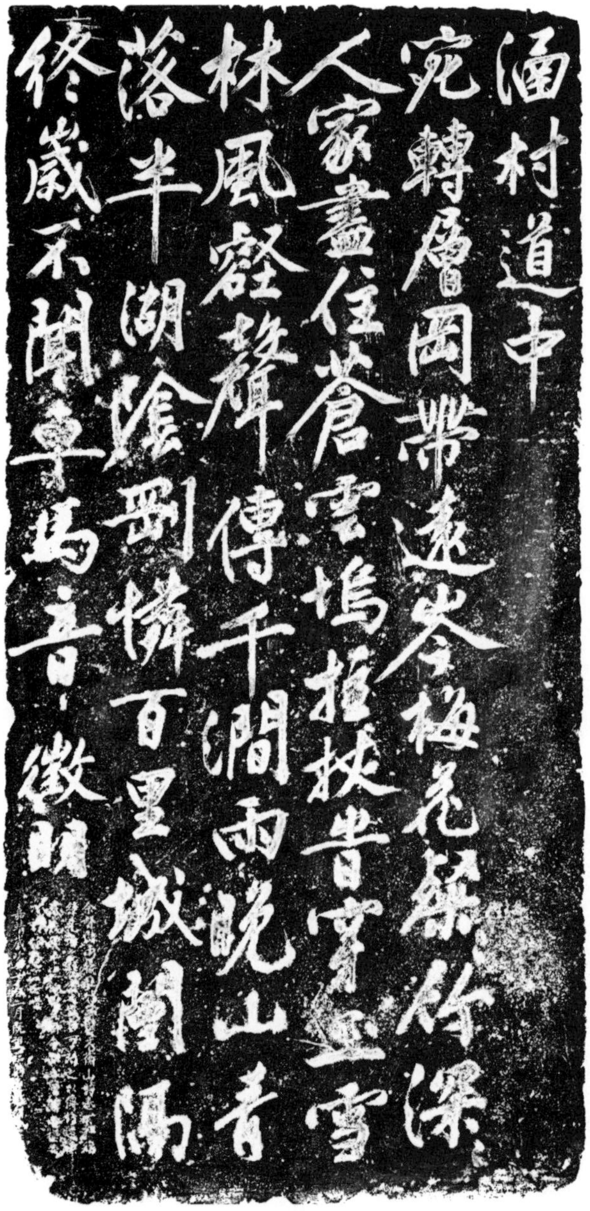
涵村道中
宛轉層岡帶遠岑梅花緑竹深
人家盡住蒼雲塢拄杖昔穿雪
林風磬聲傳千澗雨晚山青
落半湖陰罰憐百里城闉隔
終歲不聞亭馬音 徵明

（阴）

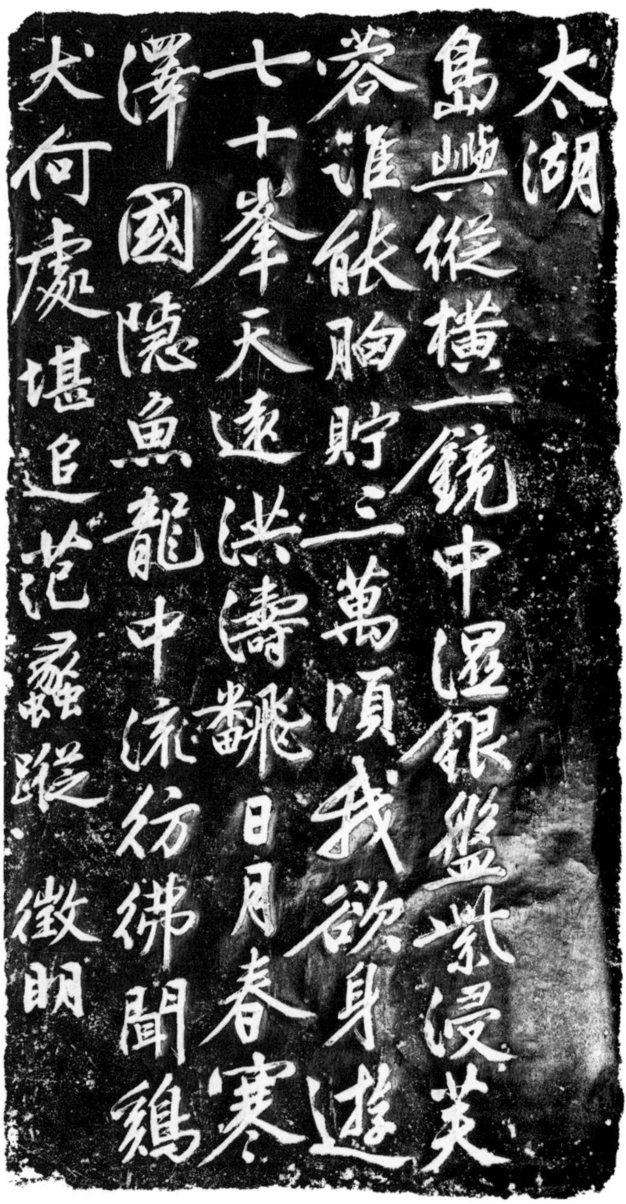
太湖
島嶼從橫一鏡中溼銀盤紫浸芙
蓉誰能胸貯三萬頃我欲身遊
七十峰天遠洪濤飜日月春寒
澤國隱魚龍中流彷彿聞雞
犬何處堪追范蠡蹤 徵明

（阳）

文徵明诗碑

年代：明嘉靖三十一年（1552 年）
尺寸：宽 91 厘米，高 183 厘米，厚 25 厘米

录文：

【阳】太湖

岛屿纵横一镜中，湿银盘紫浸芙蓉。谁能胸贮三万顷，我欲身游七十峰。天远洪涛翻日月，春寒泽国隐鱼龙。中流仿佛闻鸡犬，何处堪追范蠡踪。徵明。

【阴】涵村道中

宛转层冈带远岑，梅花粲粲竹深深。人家尽住苍云坞，拄杖时穿玉雪林。风壑声传千涧雨，晚山青落半湖阴。刚怜百里城闉隔，终岁不闻车马音。徵明。

壙誌

明

誥封輔國將軍夫人張氏壙誌銘

廣靈王府輔國將軍俊㻋撰并書篆

嘉靖癸丑歲季春九日

廣靈六十府輔國將軍俊杼之配夫人張氏卒嗚呼夫人迺邑百戶官張

清之女其母李氏雲中巨族也夫人之生賦質淳厚孝性婉娩女

精工賢孝洋溢乃選為

廣靈順簡王孫俊杼之配

誥封為夫人自歸宗藩之後克執婦道善事舅姑敦睦戚屬凡僮僕使令

靡不懷惠稱賢淑者人無間言生子一

賜名充使女三俱尚幼未封生于嘉靖六年十二月二十一日子時適遘

疾而賓天嗚呼惜哉逾六月卜吉日葬于城南十里河合村北

遣官營葬仍

賜祭因為之銘曰

夫人誕生　德性幽貞　克勤克儉　閨門是程

適值天變　構疾命終　芳聲美譽　永垂無窮

大明嘉靖癸丑仲秋廿八日　哀子充使泣血立石

明诰封辅国将军夫人张氏圹志铭

年代：明嘉靖三十二年（1553年）

尺寸：宽58厘米，高118厘米，厚14厘米

录文：

圹志

明诰封辅国将军夫人张氏圹志铭

广灵王府辅国将军俊蹀撰并书篆

嘉靖癸丑岁季春九日，广灵六十府辅国将军俊枰之配夫人张氏卒。呜呼！夫人乃百户官张清之女，其母李氏，云中巨族也。夫人之生赋质淳厚，天性婉娩，女事精工，贤孝洋溢，乃选为广灵顺简王孙俊枰之配，诰封为夫人。自归宗藩之后，克执妇道，善事舅姑，敦睦戚属。凡僮仆使令，靡不怀惠。称贤淑者，人无间言。生子一，赐名充凭。女三，俱尚幼，未封。生于嘉靖六年十二月二十一日子时，适构疾而宾天。呜呼，惜哉！逾六月，卜吉日葬于城南十里河合村北，遣官营葬，仍赐祭，因为之铭曰：

夫人诞生，德性幽贞。克勤克俭，闺门是程。

适值天变，构疾命终。芳声美誉，永垂无穷。

大明嘉靖癸丑仲秋廿八日，哀子充凭泣血立石。

墓誌

明故濟源縣主墓誌銘

嘉靖癸丑正月十一日濟源縣主逝于其府第其夫亞中大夫閻承爵持狀請
銘其墓誼不可辭受狀讀之甚詳而文謹倫之縣主源出
帝室父秦強康惠王母夫人郭氏
祖秦強靖安王
曾祖代隱王實
太祖高皇帝六世孫縣主生有異質性貞靜端淑少通論語列女傳大旨為父母宗
族所稱愛事父母克篤孝敬處同胞尤能和順及長受封濟源縣主下嫁亞中
大夫宗人府儀賓閻君承爵執閨婦道不挾貴于夫家嘗讀
誥命至母驕母怠勤內助以相其家輒斂衽曰惟茲
訓典敢不祗承以忝我父母之德自是動輒以禮閨門肅如雅不以華侈衣服飲食
殆不異常人家勤儉孝敬有以運葛覃桃夭何彼穠矣之盛豈但縣主擅一身
之令德閻氏專一門之聖善哉而我
國家有此賢淑以端理化源增崇政紀比隆往昔溢美後世者胥在也可不羨哉
可不惜哉縣主生於嘉靖乙未十有二月十五日春秋僅十有九卜卒之明年
甲寅十月十八日乙酉葬城西五里之原其狀如此可據以銘也銘曰
於維縣主　貞淑可文　其賢可書　其貴可尊
城西之原　萬古幽雲　嗚啼千載　腸斷孤墳
奉直大夫陜西臨洮府河州知州郡人張宗儒撰書
嘉靖甲寅冬十月十八日立石

明故济源县主墓志铭

年代：明嘉靖三十三年（1554年）

尺寸：宽64厘米，高130厘米，厚18厘米

录文：

墓志

明故济源县主墓志铭

嘉靖癸丑正月十一日，济源县主逝于其府第，其夫亚中大夫阎承爵持状请铭其墓，谊不可辞，受状读之，甚详，而文谨备之。县主源出帝室，父枣强康惠王，母夫人郭氏，祖枣强靖安王，曾祖代隐王实，太祖高皇帝六世孙。县主生有异质，性贞静端淑，少通《论语》《列女传》大旨，为父母宗族所称爱。事父母克笃孝敬，处同胞尤能和顺。及长，受封济源县主，下嫁亚中大夫宗人府仪宾阎君，承爵执闲，妇道不挟，贵于夫家。尝读诰命，至毋骄毋怠，勤内助以相其家。辄敛衽曰："惟兹训典，敢不祗承？以戾我父母之德。"自是动辄以礼，闺门肃如，雅不以华侈，衣服、饮食殆不异常人家，勤俭孝敬，有以踵《葛覃》《桃夭》《何彼秾矣》之盛。岂但县主擅一身之令德，阎氏专一门之圣善哉！而我国家有此贤淑，以端理化源，增崇政纪，比隆往昔，溢美后世者，胥在也。可不羡哉！可不惜哉！县主生于嘉靖乙未十有二月十五日，春秋仅十有九。卜卒之明年甲寅十月十八日乙酉，葬城西五里之原。其状如此，可据以铭也。铭曰：

於维县主，贞淑可文。其贤可书，其贵可尊。

城西之原，万古幽云。呜啼千载，肠断孤坟。

奉直大夫陕西临洮府河州知州郡人张宗儒撰书。

嘉靖甲寅冬十月十八日立石。

墓誌

明故慶士任毅菴翁墓誌
毅菴翁姓任氏諱綱字克柔[illegible]菴從始大父侍
代藩駕凡五世矣父子忠母崔氏[illegible]治癸丑十一月十四日慶
士生焉幼而明敏壯而[illegible]勤儉起家克承先業閭閻嚴緒
雲中巨擘也娶武氏[illegible]氏善事女紅內主中饋相夫育
子咸執婦道亦卒[illegible]卒繼曹氏嘉靖丁巳十一月二十
日遂卒於正寢距生年六十有五生子一希賢娶陳氏出善
繼父志娶孔氏孫男一幼孫女一亦幼於今年三月初六日
將合塋於城北京北庄之原禮宜有誌予特摭狀以誌用紀
歲月云
嘉靖戊午三月初六日　孤哀子希賢泣血立石

明故处士任毅庵翁墓志

年代：明嘉靖三十七年（1558年）

尺寸：宽19厘米，高63厘米，厚9厘米

录文：

墓志

明故处士任毅庵翁墓志

毅庵翁姓任氏，讳纲，字克柔，□□庵，从始大父侍代藩驾，凡五世矣。父子忠，母崔氏。□治癸丑十一月十四日，处士生焉。幼而明敏，壮而立身，勤俭起家，克承先业，罔坠厥绪，云中巨擘也。娶武氏，卒；继陈氏，善事女红，内主中馈，相夫育子，咸执妇道，亦卒；继杨氏，卒；继曹氏。嘉靖丁巳十一月三十日遂卒于正寝，讵生年六十有五。生子一，希贤，乃陈氏出，善继父志，娶孔氏。孙男一，幼；孙女一，亦幼。于今年三月初六日将合葬于城北京北庄之原，礼谊有志，予特按状以志，用纪岁月云。

嘉靖戊午年三月初六日，孤哀子希贤泣血立石。

壙誌

和川王府鎮國夫人張氏壙誌銘

嘉靖乙卯五月初六日夫人張氏考終命訃

聞

上命有司祭塟以褒紀禮也卜今年戊午六月初九日將合塟於[illegible]

其子充煢乃請余以誌余按狀以誌夫人姓張氏及處士英之女母史氏

弘治癸丑三月初一日生焉及笄選配

和川宣懿王第三子鎮國將軍俊檥受

誥封夫人天性純孝莊靜閑雅內主中饋克相夫君遂成大業其立子充煢以

承其祀娶夫人史氏撫猶子充煢娶夫人尚氏凡夫君所遺諸物與諸財

產悉均給焉皆夫人之惠澤也生女六長允溪郡君配儀賓東大經次南

川郡君卒李時亨清水郡君卒已適范陽郡君卒張翰章永平郡君趙汝

應禩信郡君楊遇春孫男五長廷璧娶吳氏餘幼孫女六長義陽縣君陳

天祿餘幼詎夫人壽年六十有三嗚呼若夫人者注於巨族配於宗藩生

榮死貴無復有遺憾矣[illegible]之銘曰南山之麓　桑乾之陽　斯厥[illegible]

以永厥藏[illegible]氣以[illegible]子孫其昌

嘉靖戊午夏六月初九日[illegible]　孤哀子充煢泣血立石

和川王府镇国夫人张氏圹志铭

年代：明嘉靖三十七年（1558 年）

尺寸：宽 54 厘米，高 98.2 厘米，厚 13 厘米

录文：

圹志

和川王府镇国夫人张氏圹志铭

嘉靖乙卯五月初六日，夫人张氏考终命，讣闻，上命有司祭葬，以敦丧纪，礼也。卜今年戊午六月初九日将合葬于先君之墓，其子充𤊹乃请余以志，余按状以志。夫人姓张氏，乃处士英之女，母史氏，弘治癸丑三月初一日生焉。及笄，选配和川宣懿王第三子镇国将军俊檥，受诰封夫人。天性纯孝，庄静闲雅，内主中馈，克相夫君，遂成大业。其立子充𤊹以承其祀，娶夫人史氏；抚犹子充㒞，娶夫人尚氏。凡夫君所遗诸物与诸财产，悉均给焉，皆夫人之惠泽也。生女六，长尤溪郡君，配仪宾申大经；次南川郡君，卒，李时亨；清水郡君，卒，王璃；范阳郡君，卒，张翰章；永平郡君，赵汝廉；褒信郡君，杨遇春。孙男五，长廷墱，娶吴氏；余幼。孙女六，长义阳县君，陈天禄；余幼。讵夫人寿年六十有三。呜呼！若夫人者，生于巨族，配于宗藩，生荣死贵，无复有遗憾矣！□为之铭曰：

南山之麓，桑干之阳，斯厥幽□，以永厥藏。

生气以□，子孙其昌。

嘉靖戊午夏六月初九日，孤哀子充𤊹泣血立石。

明宗室竹山配董氏合葬墓銘

明宗室竹山配董氏合葬墓誌銘

宗人王泉俊楠撰書篆

天地間至正至大之氣未嘗少息而世降道衰時淪於污人皆謂此氣分散而不復矣豈理也哉若忠臣孝子仁人義士何代無之此皆正大之氣鍾之於人而又固之以命故窮通壽夭晦顯之不齊者出焉此賢人君子往往痛惜於造物而觕之於竹山亦痛惜而不忍銘其墓焉不銘則嘉猷莫徵湮泊無聞是又不得不銘也按狀竹山者宗室鎮國中尉諱光燎之別號也系出

代簡王後始祖潞城僖順王 高祖安簡王 曾祖鎮國將軍諱成鍫 祖輔國將軍諱聰瀕迺楠之伯考考則奉國將軍諱俊糖母淑人蔣氏生而岐嶷幼不好弄年甫六七儼若老成及長性資寬達心地亮瞶軀幹魁偉眉目如畫人望之若神可怖及卽之也溫如春煦父早棄養事母至孝飲食起居曲盡其誠喜施與好行義幼年任俠行頗不檢致困者數及近三十則痛懲前失深自砥礪克儉成家折節下士聲名益著義行益熟於九親友鄉閭皆蒙其澤至今懷之不寘每覩其顏舉皆敬禮嘉靖甲寅春偶罹疢疾幾不能救卽促楠與語托以老母寄以家事楠泣而諾之既而漸瘥丁巳除日前疾復作楠急往候之至則不能言矣舉醫環視竟莫能療延至戊午正旦午刻齎恨而逝嗚呼痛哉竹山生正德戊寅五月初一日卒於嘉靖戊午正月初一日得年四十一歲配董氏生於正德丁丑十一月二十二日早有淑質選配王室誥封為恭人先其夫二十一年卒始葬祖塋今移從竹山合葬新塋在河合里之良隅村之南也葬之日迺己未歲九月二十六日也子一人廷鋻 封輔國中尉配賀氏女二人長蘭封鄉君配儀賓王福次在室孫女一人尚幼嗚呼竹山已矣天地正大之氣不復見矣而楠之心亦不復知矣雖則長往有不瞑目者多矣六旬之母不獲盡養生送終之孝弱冠之子未能見守成繼業之嗣五世之產恐墜於寄孤受托之人臨絶之須又不能一言以剖其後事千秋萬祀雖幽明異途吾知此恨無窮也往楠遭家不造鼻以千金是知貧也落魄陸沉禮以一誠是知心也自叔牙歿毋之後寥寥千載復見竹山奈何天奪之速也無乃造化惜其正大之氣不使之居窮晦之時欲移之通顯之地也耶不然何李方叔祭蘇和仲[illegible]名山大川還千古英靈之[illegible]楠於竹山也亦然其銘曰

兩間元精[illegible]不偉內仁有光宗室孝親敬長貧賙病恤[illegible]哉此陰隲

基業將成親恩未畢恨抱泉壤孤寄叔姪歸祔有[illegible]神安愧予不悉用勒貞珉千秋永[illegible]

嘉靖己未九月二十六日

孤哀子廷鋻泣血立石 衡陽[illegible]

明宗室竹山配董氏合葬墓志铭

年代：明嘉靖三十八年（1559年）

尺寸：宽72厘米，高150厘米，厚18厘米

录文：

明宗室竹山配董氏合葬墓铭

明宗室竹山配董氏合葬墓志铭

宗人王泉俊楧撰书篆

天地间至正至大之气，未尝少息，而世降道衰，时沦于污人，皆谓此气分散而不复矣，岂理也哉！盖忠臣孝子、仁人义士，何代无之？此皆正大之气钟之于人而又囿之以命。故穷通寿夭，晦显之不齐者出焉，此贤人君子往往痛惜于造物者。而楧之于竹山，亦痛惜而不忍铭其墓焉。不铭则嘉猷莫征，湮泊无闻，是又不得不铭也。按状，竹山者，宗室镇国中尉，讳充爊之别号也，系出代简王后。始祖潞城僖顺王；高祖安简王；曾祖镇国将军，讳成鍪；祖辅国将军，讳聪灝，乃楧之伯考；考则奉国将军，讳俊樜，母淑人蒋氏。生而岐嶷，幼不好弄，年甫六七，俨若老成；及长，性资宏达，心地夷旷，躯干魁伟，眉目如画，人望之若神可怖，及即之也，温如春煦。父早弃养，事母至孝，饮食起居，曲尽其诚。喜施与，好行义。幼年任侠，行颇不检，致困者数；及近三十，则痛惩前失，深自砥

砺，克俭成家，折节下士，声名益著，义行益熟於！凡亲友、乡闬，皆蒙其泽，至今怀之不置，每睹其颜，举皆敬礼。嘉靖甲寅春，偶罹痰疾，几不能救，即促桝与语，托以老母，寄以家事。桝泣而诺之，既而渐瘥。丁巳除日，前疾复作，桝急往候之，至则不能言矣。众医环视，竟莫能疗。延至戊午正旦午刻，赍恨而逝焉。呜呼，痛哉！距其生正德戊寅五月初一日，卒于嘉靖戊午正月初一日，得年四十一岁。配董氏，生于正德丁丑十一月二十二日，早有淑资，选匹王室，诰封为恭人，先其夫二十一年卒，始葬祖茔穆次，今从竹山合葬新墓，在河合里之艮隅，郡之南也。葬之日乃己未，岁九月二十六日也。子一人，廷壑，封辅国中尉，配萧□，继贺氏。女二人，长兰登乡君，配仪宾王福；次在室。孙女一人，尚幼。呜呼！竹山已矣，天地正大之气不复见矣。而桝之心迹，谁复知矣？虽则长往有不瞑目者多矣，六旬之母不获尽养生送终之孝，弱冠之子未能见守成继业之嗣，五世之产恐坠于寄孤受托之人，临绝之顷又不能一言以剖其后事，千秋万祀，虽幽明异途，吾知此恨无穷也。往桝遭家不造，畀以千金，是知贫也。落魄陆沉礼以一，诚是知心也。自叔牙、夷吾之后，寥寥千载，复见竹山，奈何天夺之速也。无乃造化，惜其正大之气不使之居，穷晦之时欲移之通显之地也耶！不然何李方叔祭苏和仲□□，名山大川还千古英灵之气，横于竹山也亦然。其铭曰：

两间元精萃□□□□伟内仁，有光宗室，孝亲敬长，

贫赒病恤……此阴骘基业将成，亲恩未毕，恨抱泉壤。

孤寄叔侄，归祔有……几神安愧，予不悉用勒贞珉，

千秋永……

嘉靖己未九月二十六日……孤哀子廷壑泣血立石，衡阳朱……

墓誌

明□□□周□□墉□誌銘

嘉靖庚申十一月初十日□□□□□□□生□四□

年九月二十日葬於城□南□□□之原子寀□□□

臺姪周鎬誌文別號□□□兵馬□□孫之次子母□□氏

德丙子九月四日君生而幼穎□悟□□聰慧天性至孝友愛兄

弟好騎射善奕棋善談笑親疎遠近皆相愛厚及長選配

□恭惠王第三女汐陽縣主受

封□中大夫宗人府儀賓生子三長寀襲伯職授副千戶配宜人張

□□鎮女□□[illegible]

昌□□□[illegible]□助叔人次適溫習學□幼嗚呼君

□□□[illegible]可謂生榮死貴夫復何憾今特述其槩

□生□[illegible]以周公德爲其豐天性其聰萬世之珍

孤子寀等泣血安厝

明故□中大夫周鲁台圹志铭

年代：明嘉靖三十九年（1560年）

尺寸：宽40厘米，高79厘米，厚15厘米

录文：

墓志

明故□中大夫周鲁台圹志铭

嘉靖庚申十一月初十日，鲁台者终命，讵生年四十有……年九月三日，将葬于城西南周家□之原，子寀请志于……台，姓周，讳希文，别号鲁台，乃兵马□□琮之次子，母儒人□氏。正德丙子九月四日，君生焉。幼而颖悟，□哲聪慧，天性至孝，友爱兄弟，好骑射，喜奕棋，善谈笑，亲疏远近皆相爱厚。及长，选配□川恭惠王第三女沙阳县主，受诰封亚中大夫宗人府仪宾。生子三，长寀，袭伯职，授副千户，配宜人张氏；□□，次镇。女三，长配昌化王府□国将军，□□为内助淑人；次适温习学；一幼。呜呼！若鲁台者……可谓生荣死贵，夫复何憾？余特述其概……周公德焉，其丰天性，其聪万世之珍。

孤哀子寀等泣血立石。

鎮國將軍太夫人周氏壙誌銘
周氏大同名族父英母鄧氏生有淑質長配
代憲王第十一子鎮國將軍貞菴翁
翁奉祀事綜理內政悉有矩度 翁先薨太夫人誨子成立[illegible]
慈好施貧乏下至婢僕亦恤以恩居常教子孫曰尔輩安寧[illegible]祿進
飲酒多讀書遵
壽即吾從先翁於九泉瞑目矣奄棄之日聞者悲痛時嘉靖四十年[illegible]
十日也距生於成化壬寅四月十八日春秋八十有一生子二人俱
將軍長曰聰滙錫西平配張氏次曰聰澧錫南平配郭氏
生女二長 封滎澤郡君配儀賓郭廷臣次
濮郡君配儀賓馬經孫男二俱
將軍曰俊揳錫栢畦配趙氏曰俊揆錫芹畦配杜氏俱
人孫女二長 封壺寶縣君配儀賓齊庸次曰圓寧尚幼未封曾孫男一
鎮國中尉充㝯錫樂山曾孫女一曰麻七尚幼未封卜以卒次年二月六日葬
於貞菴翁墓之東側嗚呼太夫人上配[illegible]宗享有遐壽且生令子賢孫福履之
盛殆無與比厥孫揳執喪盡礼益徵內訓之有素也狀來請余書壙石謹誌而
銘曰於惟我
太夫人上配貞翁榮
封自朝賢誨子孫永昌厥後是式是崇曰千萬年令聞無窮
嘉靖四十一年歲次壬戌二月初六日孫男俊揳泣血立石

镇国将军太夫人周氏圹志铭

年代：明嘉靖四十一年（1562 年）

尺寸：宽 59 厘米，高 95 厘米，厚 16 厘米

录文：

……镇国将军太夫人周氏圹志铭

……周氏，大同名族，父英，母邓氏。生有淑质，长配……宪王第十一子镇国将军贞庵翁……翁奉祀事，综理内政，悉有矩度。翁先薨，太夫人诲子成立。宫壸……慈，好施贫乏，下至婢仆，亦恤以恩居。常教子孙曰："尔辈安享爵禄，宜自……饮酒，多读书，遵……寿，即吾从先翁于九泉瞑目矣。"庵弃之日，闻者悲痛，时嘉靖四十年三……十日也，距生于成化壬寅四月十八日，春秋八十有一。生子二，俱……将军，长曰聪淮，号西平，配张氏；次曰聪澧，号南平，配郭氏……生女二，长封荥泽郡君，配仪宾郭廷臣；次□□郡君，配仪宾马经。孙男二，俱□国将军，曰俊楔，号柏畦，配赵氏；曰俊楧，号芦畦，配杜氏，俱……人。孙女二，长封灵宝县君，配仪宾齐庸；次曰圆宁，尚幼，未封。曾孙男一，镇国中尉，充熔，号乐山。曾孙女一，曰麻七，尚幼，未封。卜以卒次年二月六日葬于贞庵翁墓之东侧。呜呼！太夫人上配膂宗，享有遐寿，且生令子贤孙，福履之盛，殆无与比。厥孙楧执丧尽礼，益征内训之有素也，状来请余书圹石，谨志而铭曰：

於惟我太夫人，上配贞翁，荣封自朝，贤诲子孙，永昌厥后。

是式是崇，曰千万年，令闻无穷。

嘉靖四十一年岁次壬戌二月初六日，孙男俊楧泣血立石。

壙誌

皇明博野王府奉國將軍南墅壙誌銘
將軍諱廷揖，號南墅，嘉靖辛酉十一月十三日卒於正寢。子鼐釜等泣血請銘。
按狀乃
太祖高皇八世孫，
始祖代簡王，
曾祖博野端穆王，
祖鎮國將軍俊桓，父輔國將軍充爊，嫡母趙氏，生母綠氏，俱在堂。生南墅嘉靖丙
戌四月十八日，受
誥命封奉國將軍，配江氏
誥封淑人。南墅之自幼穎異，識者知其非常人。及長，敦詩好禮，愛重斯文，孝親敬
長，厚宗睦族，賞設農圃，陶情武藝，而又誼於鄉黨之賢德者，咸稱道全德備福
壽攸宜。胡天弗弔，殲我良考，終命歲計三十有六焉。子十，長即釜，配傅氏；三
鐘，配姚氏；四鑅，配趙氏，俱受
誥封鎮國中尉，氏俱恭人。六鈚，定王氏；八幼，名大重，喜定王氏，俱已娶；九小重，喜十
大，十二五七先卒。孫三：長曰大長，次曰小長，三曰三長，尚幼，俱未
命名。嗚呼！脩短有數也，死生有命也。令南墅中道而殂，拋棄椿萱而享祿之榮耀，子
孫之崢嶸，雖死猶生也，亦何恨哉？詩曰：竟昌厥后。又曰：子孫振振。次年四月二十
日，葬於城東南岡，卜塋東向。君子曰：是禮也，亦人子至情之不容已。爰述哀辭，
納諸幽壙，用垂不朽云。銘曰：
帝室之裔，源潔流清。金章霞帔，與日崢嶸。子賢可教，孫衍斯蕃。
壽未四稘，德則可尊。卜塋新域，雲河迤紆。花榮木翠，龍蟠虎踞。
作此圖[illegible]，百世不遷。勒碑銘刻，於萬斯年。
孤子鼐釜、鼐[illegible]泣血立石

皇明博野王府奉国将军南墅圹志铭

年代：明嘉靖四十一年（1562年）

尺寸：宽55厘米，高106厘米，厚12厘米

录文：

圹志

皇明博野王府奉国将军南墅圹志铭

将军讳廷埍，号南墅。嘉靖辛酉十一月十三日卒于正寝，子鼐釜等泣血请铭。按状，乃太祖高皇八世孙，始祖代简王，曾祖博野端穆王，祖镇国将军俊桓，父辅国将军充爊，嫡母赵氏，生母缪氏，俱在堂，生南墅。嘉靖丙戌四月十八日，受诰命封奉国将军。配江氏，诰封淑人。且南墅之自幼颖异，识者知其非常人。及长，敦诗好礼，爱重斯文，孝亲敬长，厚宗睦族，赏玩农圃，陶情武艺，而又谊于乡党之贤德者，咸称道全德备、福寿攸宜。胡天弗吊，歼我善良。考终命，岁计三十有六焉。子十，长即釜，配陈氏；三鐔，配姚氏；四鍱，配赵氏，受诰封镇国中尉，氏俱恭人；六鉅，定王氏；八纺，名大重喜，定王氏，俱未娶；九小重喜；十大十。二、五、七先卒。孙三，长曰大长，次曰小长，三曰三长，尚幼，亦未命名。呜呼！修短有数也，死生有命也，今南墅中道而殂，抛弃椿萱，而厚禄之荣耀、子孙之峥嵘，虽死犹生也，亦何恨哉？《诗》曰："克昌厥后。"又曰：子孙振。次年四月二十日创立城东南冈，卜葬东向。君子曰："是礼也。"亦人子至情之不容已。爰述诸概，纳诸幽圹，用垂不朽云。铭曰：

帝室之裔，源洁流清。金章霞帔，与日峥嵘。子贤可教，孙衍斯鑫。

寿未四祀，德则可尊。卜葬新域，云河绕纡。花荣木翠，龙蟠虎踞。

作此冈原，百世不迁。勒碑铭刻，于万斯年。

孤子鼐釜等泣血立石。

壙誌

皇明宗室夫人袁氏壙誌銘

代府長史司右長史奉政大夫蜀眉山洞祐撰

太學生　孫潤　張應武篆書

夫人袁氏者

代藩廣靈康定王支孫輔國將軍廷壚之夫人也夫人姓袁氏乃大同右旗

代藩典寶所典寶正翰儒之長女若母張氏嘉靖廿四年七月十三日生夫人坤

資特異性秉溫恭方在紈綺時言笑不苟紅顏呈素人皆知天鍾美於是及期

輔國君以

禮制受室所司中選係

奏配輔國君嘉靖二十七年九月初十日受

誥封夫人爰自于歸恭承蘋蘩貞順相君成德待下有禮誕生兩男子長

御賜名鼐鏽

封奉國將軍次幼生女二俱幼

封拜有期方當上安下順琴瑟諧好胡乃天命不遂禄歸黃錄於嘉靖四十二年

□月初八日不禄訃

聞□敕命有司祭葬如制卜明年癸亥十月二十五日埋玉于水泊村之陽銘曰

玉韞石而山輝珠沉淵而澤媚夫人坎窞而香芳攸歸千載佳城于斯鬱麗

嘉靖癸亥歲冬十月二十五日　哀子鼐鏽等立石

皇明宗室夫人袁氏墓志铭

年代：明嘉靖四十二年（1563年）

尺寸：宽57厘米，高112厘米，厚17厘米

录文：

圹志

皇明宗室夫人袁氏墓志铭

代府长史司右长史奉政大夫蜀眉山周祐撰

太学生渔涧张应武篆书

夫人袁氏者，代藩广灵康定王支孙辅国将军廷垆之夫人也。夫人姓袁氏，乃大同右族，代藩典宝所典宝正翰儒之长女若，母张氏，嘉靖十四年七月十三日生。夫人坤资特异，性秉温恭，方在纨绮时，言笑不苟，红颜呈素，人皆知天钟美，于是及期，辅国君以礼制受室所司中选保奏配辅国君，嘉靖二十七年九月初十日受诰封夫人。爰自于归，恭承蘋藻，率履贞顺，相君成德，待下有礼。诞生两男，子长御赐名鼐锈，封奉国将军；次幼。生女二，俱幼。封拜有期，方当上安下顺；琴瑟静好，胡乃夭年不遂。神归黄篆于嘉靖四十一年□月初八日，不禄。讣闻于朝，命有司祭葬如制。卜明年癸亥十月二十五日埋玉于水泊村之阳。铭曰：

玉韫石而山辉，珠沉渊而泽湄。夫人坎窅而香芳攸归千载佳城于斯离丽。

嘉靖癸亥岁冬十月二十五日，哀子鼐锈等立石。

壙誌

明宗室奉國將軍栢溪公墓誌銘

栢溪公者乃

代藩和川悼僖王之曾孫輔國齋庵公之冢嗣也

母夫人王氏生奉國君□齔髫時不好嬉戲樂詩書性好僻與人不苟正德八年

賜名充煒

封奉國將軍配周氏

封淑人生五男子

世系逢字輩

賜名拈□拼倫□俱

封鎮國中尉女一

封淳城鄉君配儀賓馬鶴齡孫男五

世系彝字輩

御賜名錆鈢錄錤鈽俱

封輔國中尉一尚幼未受

封女二俱幼未受

封夫以公年未艾猶有子若孫俱受

封爵朱紫輝煥亦云貴且崇矣亦宜福祉且昌矣夫何一疾弗瘳神遊岱嶽距生於正

德丁卯年四月初八日卒於嘉靖四十年十二月二十二日壽五十五歲卒日訃

奏命下有司營葬如制卜於嘉靖四十二年十一月廿五日葬鎮城東塬坡之陽銘曰

皇祖之裔世系之衍□□□□翼翼鳳儀雖德之綿其悠如泉流之為川渟之為淵流

之□□之□□□□□□集後食其福

□諸孫孝□□十一月廿五日孝孫□□等立血□石

明宗室奉国将军柏溪公墓志铭

年代：明嘉靖四十二年（1563年）

尺寸：宽57厘米，高125厘米，厚13厘米

录文：

圹志

明宗室奉国将军柏溪公墓志铭

柏溪公者，乃代藩和川悼僖王之曾孙、辅国霁庵公之家嗣也。母夫人王氏，生奉国君□。垂髫时不好嬉戏，乐诗书，性好僻，与人不群。正德八年，赐名充烨，封奉国将军。配周氏，封淑人。生五男子，世系廷字辈，赐名坫、埜、堹、埨、𡐘，俱封镇国中尉。女一，封浮城乡君，配仪宾马鹤龄。孙男五，世系鼐字辈，御赐名錯、鈃、録、錂、鍸，俱封辅国中尉；一尚幼，未受封。女二，俱幼，未受封。夫以公年未荧眼，有子若孙俱受封爵，朱绂辉□，亦云贵且荣矣，亦宜福祉且昌矣，夫何一疾弗瘳神游岱岳？讵生于正德丁卯年四月初八日，卒于嘉靖四十年十二月二十二日，寿五十五岁。卒日讣奏，命下有司祭葬如制。卜嘉靖四十二年十一月十五日葬镇城东塘坡之阳。铭曰：

皇祖之裔，世系之辉，振振麟趾，翥翥凤仪。

惟德之绵，其悠如泉，流之为川，渟之为渊。

流之匪勺，渟之匪约，□禄□集，后食其福。

嘉靖癸亥岁冬十一月十五日，孤子廷堹等泣血立石。

壙誌

明宗室松軒公墓誌銘
松軒公者乃
代藩和川悼僖王之玄孫輔國齋庵公孫[illegible]溪公之仲子也母淑人周氏於
嘉靖丙申年四月二十日生松軒性質剛方體貌魁偉好賓客耽詩書及長
賜名廷壄
封鎮國中尉配陳氏
封恭人生子男四
世系彝字輩
賜名錯錚錄俱
封輔國中尉一幼未受
封女三俱幼未受
封公以青年上有重慶之樂下有朱紱之貴夫何天年不遂神遊泰山詎卒於嘉靖
癸亥年二月初六日得年二十八歲卜今嘉靖四十二年十一月十五日葬鎮
城東塘坡之陽銘曰
有永永者孰謂之短有乘乘者孰謂之淺終而有聞孰謂匪遠泉深土甘塋之
岩岩是兆
皇族茲皈
嘉靖癸亥歲冬十一月十五日孤子錯等泣血立石

明宗室松轩公墓志铭

年代：明嘉靖四十二年（1563年）

尺寸：宽57厘米，高124厘米，厚14厘米

录文：

圹志

明宗室松轩公墓志铭

松轩公者，乃代藩和川悼僖王之玄孙、辅国霁庵公孙，奉国柏溪公之仲子也。母淑人周氏，于嘉靖丙申年四月二十二日生松轩。性质刚方，体貌魁伍，好宾客，耽诗书。及长，赐名廷鑋，封镇国中尉。配陈氏，封恭人。生子男四，世系鼐字辈，赐名鍇、鈃、録，俱封辅国中尉；一幼，未受封。女三，俱幼，未受封。公以青年，上有重庆之乐，下有朱黻之贵，夫何天年不遂，神游泰山，讵卒于嘉靖癸亥年二月初六日，得年二十八岁。卜今嘉靖四十二年十一月十五日葬镇城东塘坡之阳。铭曰：

有永永者，孰谓之短。

有奕奕者，孰谓之浅。

终而有闻，孰谓匪远。

泉深土甘，望之岩岩，是为皇族之□。

嘉靖癸亥岁冬十一月十五日，孤子鼐鍇等泣血立石。

壙誌

皇明宗室樂山翁墓誌銘

嘉靖甲子春三月十九日延我宗英樂山翁卜葬之期也其子廷均哀絰

狀泣屬于予曰先人之行願公誌之矧予與樂翁素往來往之中夫復何辭

僅述其槩納諸幽壙用垂不朽云翁世系

和川悼僖王所出鎮國將軍聰淳之孫輔國將軍俊枝之子母夫人董氏嫡出

第四嗣也幼而溫雅長通學問孜孜于經史游心于詩翰襟度汪洋氣象雍

容接人待物恭無纖毫欺僞之態事父母以孝闔和兄弟以友著家庭內外

雖疏和睦弱效親範之遺訓也亦嘗恤孤矜寡周濟人之不及崇德尚賢文

交契之不一每遇酒後笑頰可掬誠大德不爲酒困也夫兹才兹德是可嘆

也嘉靖壬戌春嬰疾至冬久祿命永終距生正德癸酉八月二十二日卒於嘉

靖壬戌十月初六日

封爵奉國將軍賜名充爗配張氏 封淑人生子一人廷均 封鎮國中尉配

錢氏 封恭人長女一人 封壽泉鄉君配儀賓周椿長孫男一人鼐釪

封輔國中尉未配孫女三人俱幼未配卜葬之日安厝於城東爾家坡祖塋之

原盖翁之芳名實行允協輿論故於書法特表而出之因爲之銘曰

代宗維翰 大邦維良 宗姓挺華 宗室輝煌 偉哉宗器 厥德克昌

光光裕後 百世馨香 人中之龍 寓內之鳳 翱翔千仞 潛德幽光

賜進士出身知錢塘縣事郡人李承式撰

嘉靖四十三年歲次甲子春三月十九日孤子廷均泣血立石

皇明宗室乐山翁墓志铭

年代：明嘉靖四十三年（1564年）

尺寸：宽59厘米，高113厘米，厚15厘米

录文：

圹志

皇明宗室乐山翁墓志铭

嘉靖甲子春三月十九日，乃我宗英乐山翁卜葬之期也，其子廷均衰绖持状泣属于予曰："先人之行，愿公志之。"矧予与乐翁素在辱往之中，夫复何辞？仅述其概，纳诸幽圹，用垂不朽云。翁世系和川悼僖王所出，镇国将军聪淖之孙、辅国将军俊枝之子，母夫人董氏嫡出第四嗣也。幼而温雅，长通学问，涉猎子、经、史，游心于诗翰，襟度汪洋，气象雍容，接人待物略无纤毫欺侮之态。事父母以孝闻，和兄弟以友著，家庭内外，雍雍和睦，蔼然规范之遗训也。亦尝恤孤矜嫠，周济人之不及；崇德尚贤，久交契之不忘。每遇酒后，笑颜可掬，诚大德不为酒困也。夫兹才兹德，是可叹也！嘉靖壬戌春婴疾，至冬，禄命永终，据生正德癸酉八月二十二日，卒于嘉靖壬戌十月初六日。封爵奉国将军，赐名充熿，配张氏，封淑人。生子一人，廷均，封镇国中尉，配钱氏，封恭人。长女一人，封舜泉乡君，配仪宾周椿。长孙男一人，鼐釪，封辅国中尉，未配。孙女三人，俱幼，未配。卜葬之日，安厝于城东齐家坡祖茔之原，盖翁之芳名实行，允惬舆论，故于书法特表而出之，因为之铭曰：

代宗维藩，大邦维良，宗姓拔萃，宗室辉煌。

伟哉宗器，厥德克昌，光先裕后，百世馨香。

人中之龙，鸾内之凰，翱翔千仞，潜德幽光。

赐进士出身知钱塘县事郡人李承式撰。

嘉靖四十三年岁次甲子春三月十九日，孤子廷均泣血立石。

明昭勇将軍慎菴魏公配淑人秦氏墓誌銘

賜進士第知錢唐縣松澗李承式撰文
鄉貢進士同知永平府懷川任服休篆額
山西行都司軍政都指揮武進雙樓姚龍書丹

是歳五月念有一日辰時昭勇公終于正寝越二七日公冢嗣遊擊将軍持狀屬余爲
誌以余相與同業舉進士者十餘載切切思思寂深且久也誼弗獲辭僭誌其事而銘
于其末公諱經字載道别號慎菴其先鳳陽府臨淮縣一都人諱大公者從我
太祖高皇帝肆伐僭僞克咸厥功叙授衛指揮僉事逮我
成祖文皇帝建都燕京乃北還籍龍驤衛太公生斌永樂二年還調大同前衛僉衛事輙家
焉斌生寧公之高祖公也曾祖公通祖公鏜皆承原職太公清以上貴封昭勇将軍太
母胡封淑人公生而忠實崇儉重本喜人向善而憎其作慝率履循循然若不欺多□
多尚人者乃見義則必爲敢當之氣雖千萬人弗惴既繩祖武累首功增級至指揮使
嘗任衛巡捕强横悍其風勵黙爲斂手奸宄寂然尋綰衛印儀須間百廢聿興條貫井
井久爲當路珍重衆方冀其秉節鉞飭封疆而遊擊将軍登武舉第公忻然告休遂以
其□委之庭訓之外惟事明農惟與二三故老手談笑飲真率忘形有尚古味秦淑人
先公卒遊擊秦南園之妹性端重而心慈惠内則彰明勑昭勇公駕軼孟光鞠育之息
同符孟母魏之家門丕振寔多賴焉生子三長曰寳即遊擊将軍歷廣武平虜守掌山
西行都司屯政續晉今職娶趙氏趙副戎第之長女次曰寀自樹功晉指揮僉事娶趙
沉賓相女三曰宸專即田功爲兩兄養燕娶東川張上舍女女一適指揮夏西野元蔭湖
孫男三曰立府庠生先娶副戎林南山女繼娶副戎李孤山女曰言曰玄尚幼孫女三
曰愛曰等曰秀雲亦幼外孫男二曰書曰典距生於成化三十二年今告終得壽七十
有九淑人生於弘治八年四月二十六日亥時卒于嘉靖二十一年五月二十日辰時
得壽四十八先二十一年八月初一日窆淑人于鎮城西南五里許先兆之側兹七月
初三日窆公于淑人之兆從禮制也夫公以忠實之資達有爲之志淑人以端重之懿
相光前之烈京仰在鄉曲追思存予孫不誌且銘殆百世不朽矣而必誌且銘亦禮制
之所當爲歟

銘曰

在昔魏氏居淮之湄
聖皇啓運豪雄應期効有勲庸勒諸鼎彛世禄世官世守攸宜世世守之咸篤忠良施此慎
菴遠而彌芳慎乃在位慎乃綱常
誥爵以功門第軒昂既光于先亦启後人詩書之府干城之臣三承
賜命屢息邊塵更有孫謀席上之珍爵哉佳城遼控山川龍脉玄藏潛地潛天淑人故宅
君子新阡二靈赫赫餘慶綿綿

嘉靖四十三年歳次甲子孟秋三日

孤哀子魏寳等泣血立石

明昭勇将军慎庵魏公配淑人秦氏墓志铭

年代：明嘉靖四十三年（1564年）

尺寸：宽61厘米，高61厘米，厚15厘米

录文：

明昭勇将军慎庵魏公配淑人秦氏墓志铭

赐进士第知钱唐县松涧李承式撰文

乡贡进士同知永平府怀川任服休篆额

山西行都司军政都指挥武进□双楼姚龙书丹

是岁五月念（廿）有一日辰时，昭勇公终于正寝。越二七日，公冢嗣游击将军持状属余为志，以余相与同业举进士者十余载，切切思思最深且□也，谊弗获辞，僭志其事而铭于其末。公讳经，字载道，别号慎庵。其先凤阳府临淮县一都人，讳大公者从我太祖高皇帝肆伐僭伪，克咸厥功，叙授卫指挥佥事。逮我成祖文皇帝建都燕京，乃北迁籍龙骧卫，太公生斌。永乐二年，迁调大同前卫佥卫事，辄家焉。斌生宁，公之高祖公也。曾祖公通，祖公鉴，皆承原职。太公清以上贵，封昭勇将军，太母胡封淑人。公生而忠实，崇俭重本，喜人向善而憎其作慝，率履循循然。若不欲多事多尚人者，乃见义则必为敢当之气，虽千万人弗惴。既绳祖武，累首功，增级至指挥使。尝任卫巡捕，强横惮其风励，默为敛手，奸宄寂然。寻绾卫印，

俄顷间，百废聿兴，条贯井井，久为当路珍重。众方冀其秉节钺、饬封疆，而游击将军登武举第，公忻然告休，遂以其□委之庭训之外，惟事明农，惟与二三故老手谈笑饮，真率忘形，有尚古味。秦淑人先公卒，游击秦南园之妹，性端重而心慈煦，内则彰明，助昭勇公驾轶孟光鞠育之恩，同符孟母，魏之家门丕振，实多赖焉。生子三，长曰宝，即游击将军，历广武，平虏守，掌山西行都司屯政，续晋今职，娶赵氏，赵副戎第之长女；次曰宓，自树功，晋指挥佥事，娶赵沈宾相女；三曰宸，专即田功，为两兄养廉，娶东川张上含女。女一，适指挥夏西野元荫瑚。孙男三，曰立，府庠生，先娶副戎林南山女，继娶副戎李孤山女；曰言，曰玄，尚幼。孙女三，曰爱，曰等，曰秀云，亦幼。外孙男二，曰书，曰典。距生于成化三十二年，今告终，得寿七十有九。淑人生于弘治八年四月二十六日亥时，卒于嘉靖二十一年五月二十日辰时，得寿四十八。先二十一年八月初一日，窆淑人于镇城西南五里许先兆之侧。兹七月初三日，窆公于淑人之兆，从礼制也。夫公以忠实之资达有为之志，淑人以端重之懿相光前之烈，景仰在乡曲，追思在子孙，不志且铭，殆百世不朽矣，而必志且铭，亦礼制之所当备欤。铭曰：

在昔魏氏，居淮之湄；圣皇启运，豪椎应期。

效有勋庸，勒诸鼎彝；世禄世官，世守攸宜。

世世守之，咸笃忠良；迨此慎庵，远而弥芳。

慎乃在位，慎乃纲常；诰爵以功，门第轩昂。

既光于先，亦俗后人；诗书之府，干城之臣。

三承赐命，屡息边麈（尘）；更有孙谋，席上之珍。

郁哉佳城，邃控山川；龙脉玄藏，潜地潜天。

淑人故宅，君子新阡；二灵赫赫，余庆绵绵。

嘉靖四十三年岁次甲子孟秋三日，孤哀子魏宝等泣血立石。

壙誌

明故

誥封廣靈王府輔國將軍夫人李氏墓誌銘

按狀夫人李氏乃雲中戶[illegible]撫父戶侯李英之女[illegible]于嘉靖元[illegible]秋七

月初六日子時誕生夫人坤貞純一自幼無妄笑語及期于嘉靖十五年[illegible]月

初三日奉禮部勘合選配

代藩廣靈順簡王之孫輔國將軍俊棟琴瑟克協[illegible]克[illegible]

誥封夫人生子男一幼未受封女二長 封清河縣君配[illegible]次[illegible]幼未受

封配夫以夫人之淑媛孝達宗親壼政宜[illegible]子[illegible]其[illegible]三貴矣乎夫宜壽

而康矣夫何天靳其年于嘉靖四[illegible]四年[illegible]月初三日未時告卒之日訃

奏命有司祭葬如制卜今四十五年四月二十四日葬于城南河合村北[illegible]

有都夫人 淑媛且貞 上和下順 純嚴惠心 相夫成德 教子敦倫

宜壽而康 胡復殲[illegible] [illegible]山之陽 其壤埋香 佳城鬱鬱 千載留芳

直隸順天府大城縣知縣郡人漁澗張應武撰

大明嘉靖四十五年四月二十四日 孝子小哥[illegible]立石

明故诰封广灵王府辅国将军夫人李氏墓志铭

年代：明嘉靖四十五年（1566年）

尺寸：宽59厘米，高96厘米，厚15厘米

录文：

圹志

明故诰封广灵王府辅国将军夫人李氏墓志铭

按状，夫人李氏乃云中巨族，厥父户侯李英之女，母□□□□于嘉靖元年秋七月初六日子时诞生。夫人坤贞纯一，自幼无苟笑语，及期，于嘉靖十五年六月□初三日奉礼部勘合选配代藩广灵顺简王之孙辅国将军俊栋，琴瑟克协，埙藻克□，受诰封夫人。生子男一，幼，未受封。女二，长封清河县君，配□□□□麟；次女幼，未受封、配。夫以夫人之淑媛，孝达宁亲，壸政宣穆，子女满前，□□辉□，亦且贵矣、荣矣，宜寿而康矣，夫何天靳其年，于嘉靖四十四年十一月初三日未时告卒之日，讣奏，命有司祭葬如制。卜今四十五年四月二十四日葬于城南河合村北之原。铭曰：

有都夫人，淑媛且贞，上安下顺，纯嘏惠心。

相夫成德，教子敦伦，宜寿而康，胡陨厥贞。

云山之阳，甘壤埋香，佳城郁郁，千载留芳。

直隶顺天府大城县知县郡人渔涧张应武撰。

大明嘉靖四十五年四月二十四日，哀子小哥泣血立石。

壙誌

大明和川王府輔國將軍賜谷公壙誌
中憲大夫都察院右僉都御史奉
勑整飭薊州等處邊備兼巡撫順天等府地方加□前福建道監察御史在吉郡人温□葵撰並書篆
公諱充炷賜谷其別號也高祖
代隱王曾祖和川悼僖王祖宣懿王父鎮國將軍愚庵母夫人王氏行一生有美質少慕儒行甫弱冠乃師事
代左史高小山先生游獵經史大意為時小山先生授諸生以舉子業余亦及其門每見公俛然來親就惟恐其
不相近既允向上之意篤如逝其承懽愚翁即設供帳但遇留賓客嗟嗟即辦深得養志之意待諸昆弟曲盡
友于之情翁逝居喪如禮事母夫人彌篤至於敎諸子以
祖訓親仕宦而不干以私亦有乃翁之風宗黨咸欽羨之嘉靖乙丑偶患痰疾調攝逾年方愈再逾年前疾復作一
夕而遂捐館值隆慶改元四月二十一日也距生正德辛未十一月十七日得年五十有七配趙氏乃雲中承
事鏞之長女
誥封夫人婦道姆儀咸正無缺子七俱封奉國將軍配俱封淑人長廷璽則齊氏次廷坤充氏廷垣薛氏廷墉吳氏
廷埒羅氏廷璈王氏廷墠張氏也女四配俱儀賓其潭津縣君寒泉縣君信德縣君已次第出閤惟興濟縣君
尚未焉孫男十有一鼐鏂鼒鈗餘幼未名孫女十有二俱幼卜以本年十月十三日葬城南七里村愚翁之墓
之西嗚呼予嘗讀魯論至人不間於父母昆弟之言未嘗不仰歎先哲之孝至事其大夫之賢者友其士之仁
者又未嘗不仰歎聖人教人以為仁之方公以宗人能善是其賢乎哉是宜錫之難老以永遐福而僅之中
壽焉豈非数耶余方以昔夙之雅追憶而悼惜之適諸孤奉狀踵余門懇書壙石誼不忍辭遂敘其行之大者
以誌
隆慶元年歲次丁卯十月十三日　孤□廷堅等泣血立石

大明和川王府辅国将军旸谷公圹志

年代：明隆庆元年（1567年）

尺寸：宽68厘米，高140厘米，厚17厘米

录文：

圹志

大明和川王府辅国将军旸谷公圹志

中宪大夫都察院右佥都御史奉敕整饬蓟州等处边备兼巡抚顺天等府地方加三品俸前福建道监察御史在告郡人温景葵撰并书篆

公讳充灶，旸谷，其别号也。高祖代隐王，曾祖和川悼僖王，祖宣懿王，父镇国将军愚庵，母夫人王氏。行一生有美质，少慕儒行甫，弱冠乃师事代左史高小山先生，涉猎经史大意。为时小山先生授诸生以举子业，余亦及其门，每见公俯然来亲就，惟恐其不相近，脱凡向上之意蔼如也。其承欢愚翁，日设供帐，但遇留宾客，嗟嗟即办，深得养志之意。待诸昆弟曲尽友于之情。翁逝，居丧如礼，事母夫人弥笃。至于教诸子以祖训，亲仕宦而不干以私，亦有乃翁之风，宗党咸歆羡之。嘉靖乙丑，偶患痰疾，调摄逾年方愈。再逾年，前疾复作，一夕而遂捐馆，值隆庆改元四月二十一日也，距生正德辛未十一月十七日，得年五十有七。配赵氏，乃云中承事镛之长女，诰封夫人，妇道姆仪，咸正无缺。子七，俱封奉国将军，配俱封淑人。长廷堅，则齐氏；次廷坉，亢氏；廷垣，薛氏；廷埠，吴氏；廷垺，罗氏；廷埢，王氏；廷埄，张氏也。女四，配俱仪宾，其潭津县君、寒泉县君、信德县君已次第出阁，惟兴济县君尚未焉。孙男十有一，鼐鍡、鼐釮，余幼，未名。孙女十有二，俱幼。卜以卒年十月十三日葬城南七里村愚翁之墓之西。呜呼！予尝读鲁论，至人不间于父母昆弟之言，未尝不仰叹先哲之孝；至事其大夫之贤者，友其士之仁者，又未尝不仰叹圣人教人以为仁之方。公以宗人能善，是其贤乎哉，是宜锡之难老，以永遐福，而仅臻于中寿焉，岂非数耶？余方以昔夙之雅，追忆而悼惜之，适诸孤奉状踌余门恳书圹石，谊不忍辞，遂叙其行之大者以志。

隆庆元年岁次丁卯十月十三日，孤子廷堅等泣血立石。

壙誌

廣靈王府鎮國將軍愨庵翁壙誌

將軍諱俊檬宣和王第四子母夫人劉氏生於弘[illegible]

五月初七日嘉靖五年十一月初十日受

誥封鎮國將軍配劉氏

誥封夫人繼配王氏張氏翁立心忠孝居家儉勤[illegible]

輕施友于兄弟義方教子琴書養性詩酒陶情生子四長曰

充烴配仲氏二曰充熵配許氏三曰充炣配劉氏四曰充[illegible]

配陳氏子姓俱

誥封輔國將軍而氏則皆夫人也女二長曰靜江郡君次曰[illegible]

郡君孫男八長曰述[illegible]餘幼孫女四俱幼瓜瓞緜緜方[illegible]

未可艾也亦足以表愨菴翁積德幽光享壽五十有七[illegible]

薨於正寢訃聞於

朝

皇帝遣有司致祭卜是年冬十二月初四日塋窆於城東木瓜[illegible]

之原其禮儀如

制嗚呼若愨庵者可謂生榮死哀者矣勒誌於石用垂可久

隆慶二年歲在戊辰季冬[illegible]

孤哀子充烴等泣血[illegible]

广灵王府镇国将军恕庵翁圹志

年代：明隆庆二年（1568 年）

尺寸：宽 62 厘米，高 124 厘米，厚 15 厘米

录文：

圹志

广灵王府镇国将军恕庵翁圹志

将军讳俊楝，宣和王第四子，母夫人刘氏，生于正德五年五月初七日。嘉靖五年八月初十日，受诰封镇国将军。配刘氏，诰封夫人；继配王氏、张氏。翁立心忠孝，治家俭勤，下贤忘势，尚义轻施，友于兄弟，义方教子，琴书养性，诗酒陶情。生子四，长曰充烇，配仲氏；二曰充燏，配许氏；三曰充炣，配刘氏；四曰充□，配陈氏。子姓俱诰封辅国将军，而氏则皆夫人也。女二，长曰静江郡君，次曰东溪郡君。孙男八，长曰廷㙂，余幼。孙女四，俱幼。瓜瓞绵绵，万兴而未可艾也，亦足以表恕庵翁潜德幽光。享寿五十有七，□□薨于正寝。讣闻于朝，皇帝遣有司致祭。卜是年冬十二月初四日茔葬于城东水泊村之原，其礼仪如制。呜呼！若恕庵者，可谓生荣死哀者矣，勒志于石，用垂可久。

隆庆二年岁在戊辰季冬日□玄□□次，孤哀子充烇等泣血立石。

墓誌

明

誥封夫人薛氏墓誌并銘

廣靈府輔國將軍菊溪棨 夫人薛氏卒孤子充默持狀哀泣而告曰默輩不德

殃逮先母幽室既祔卜葬屆期願一言以賁下土義弗容辭按狀夫人姓薛氏

嚴父諱斌母楊氏雲中大族夫人生有淑質逮長奉

禮部選配菊溪

誥封為夫人生子二長即默 封奉國將軍配毛氏 封淑人次充燆尚幼女三

長 封雲林縣君選配儀賓秦幹次 封慶元縣君選配儀賓錢安俱授大夫

職次女亦幼未選配夫人性朴直不喜紛華勵勤崇儉懲逸杜奢是以相夫孝

友樽節興家妯娌有禮臧獲有恩閫範端嚴家政簡肅訓誨子女有嚴有翼克

溫克良立心制行綽有女史丈夫之風德豐壽嗇竟臥靡起惜哉訃

聞

欽錫葬祭之典若制夫人卒于隆慶己巳春三月十有二日得壽四十有二筮於

是歲六月念四日塟于城南合河村北塋之原 銘曰

嗟哉夫人 卓爾令名 既歸

王家 綽有懿風 有子有女 克繼家聲 九原賁寵 垂德無窮

隆慶己巳夏六月吉辰 哀子充默泣血稽顙立石

明诰封夫人薛氏墓志铭

年代：明隆庆三年（1569年）

尺寸：宽51厘米，高105厘米，厚14厘米

录文：

墓志

明诰封夫人薛氏墓志并铭

广灵府辅国将军菊溪桊夫人薛氏卒，厥子充黖持状哀泣而告曰："黖辈不德，殃追先母，幽室既创，卜葬届期，愿一言以贲下土。"义弗容辞。按状，夫人姓薛氏，厥父讳斌，母杨氏，云中大族。夫人生有淑质，逮长，奉礼部选配菊溪，诰封为夫人。生子二，长即黖，封奉国将军，配毛氏，封淑人；次充熻，尚幼。女三，长封云林县君，选配仪宾秦斡；次封庆元县君，选配仪宾钱安，俱授大夫职；次女亦幼，未选配。夫人性朴直，不喜纷华，励勤崇俭，惩逸杜奢，是以相夫孝友，樽节兴家，妯娌有礼，臧获有恩，阃范端严，家政简肃。训诸子女有严有翼，克温克良，立心制行，绰有女丈夫之风。德丰寿啬，竟卧靡起，惜哉！讣闻，钦锡葬祭之典若制。夫人卒于隆庆己巳春三月十有二日，得寿四十有二，筮于是岁六月念（廿）四日，葬于城南合河村北茔之原。铭曰：

嗟哉夫人，卓尔令名。既归王家，绰有懿风。

有子有女，克继家声。九原莫寝，垂德无穷。

隆庆己巳夏六月吉辰，哀子充黖、熻泣血稽颡立石。

壙誌

明故榮藩墓誌銘

榮藩端俊撰

代藩廣靈順簡王之孫鎮國將軍恒[illegible][illegible]子

追封夫人先太母武氏所出

請封輔國將軍配先夫人孟氏隆慶元年二月初二日卒無子厥弟石溪楧等率諸姪若充侯輩卜塋有期

涕石刊銘來乞言以貽永辭不已秉筆而嘆曰偉哉孝溪翁也生平孝友好施與人忠交友信篤尚

釋伽深諳愚者[illegible]翁以身先之親養甚且極甘旨凡遇先太夫人辰忌及春秋祀極其哀慕時食

必薦與其生者無異兄弟最友愛物我不分爾我皆相與扶助成立視諸子姪洎姪女儕若己出遇婚姻事

極力捐資同知類惜至養備有克樂者極恩澤凡與人交無問久近咸與推惠猶信卑己遜人至與同姓

諸長者及先輩和凡吉凶事無不躬詣書造城南大起庭室崇築臺榭因先夫人喪事卜遷塋原隆

慶王午可謂執禮孝平日凡聞寺庵觀宇殘傷修人力指捨曾不吝費飯僧至一再至再亦不憚煩甚至出己

祿領以爲施捨所願也不已暑寒不倦驟疾藥罔奏功逾歲而卒悲夫按狀翁生正德甲戌四月九日

書距五十有五同母弟二曰石溪楧曰我曰萬溪梓張氏曰菊溪棨薛氏俱 封輔國將軍配俱 封夫

人姪男五長曰充戍武氏萬溪之子也次曰充默毛氏菊溪之子也俱 封奉國將軍配俱 封淑人次

曰充嬌幼未 封亦菊溪所出也石溪之子二俱幼姪孫男二亦幼充侯所出也擇于隆慶三年六月念

四日葬于城南河北之塋銘曰

嗟呼慈孫 克孝克友 忠惠撝謙 宜康宜壽 四善曰佛 篤信篤守

竟臥不起 胡爲[illegible] 皆天哉 千人所抱 幽壤難灌 永覺厥后

隆慶己巳夏六月吉日 哀姪充侯[illegible][illegible]立石

明故荣溪墓志铭

年代：明隆庆三年（1569年）

尺寸：宽63厘米，高116厘米，厚15厘米

录文：

圹志

明故荣溪墓志铭

荣溪讳俊榎，代藩广灵顺简王之孙、镇国将军恒庵翁家子，追封夫人先太母武氏所出，诰封辅国将军，配先夫人孟氏，隆庆元年二月初二日卒，无子。厥弟石溪栋等率诸侄若充凭辈，卜葬有期，淬石刊铭，求予言以昭永。永辞不已，遂秉笔而叹曰：伤哉！荣溪翁也，生平孝友好施，与人忠，交友信笃，尚释伽，率诸昆弟事慎庵翁，以身先之□颜养志，且极甘旨。凡遇先太夫人辰忌及春秋祀，极其哀慕，时食必荐，无异生者。与诸昆弟最友爱，物不分尔我，皆相与扶助。成立，视诸子姓洎侄女俦若己出，遇婚姻事，极力捐费，罔知顾惜，至若俯育，充凭、充极恩渥。凡与人交，无问久近，咸与推惠循信，卑己逊人。至与同姓诸长者交，尤极谦和，凡吉凶事无不□情。喜营造，城南大起庭室，崇筑台榭。因先夫人丧事，卜建茔原，隆兴土木，可谓执礼矣。平日凡闻宇庙寺观建修，尽力捐舍，曾不为费饭，僧至、再至、三亦不惮烦，甚至出己禄，领以为施资，亦所愿也。不忌暑寒，致罹骤疾，药罔奏功，逾岁而卒。悲夫！按状，翁生正德甲戌四月九日，寿仅五十有五。同母弟三，曰石溪栋，李氏；曰蕙溪枰，张氏；曰菊溪桀，薛氏，俱封辅国将军，配俱封夫人。侄男五，长曰充凭，武氏，蕙溪之子也；次曰充黓，毛氏，菊溪之子也，俱封奉国将军，配俱封淑人；次曰充熵，幼，未封，亦菊溪所出也；石溪之子二，俱幼。侄孙男二，亦幼，充凭所出也。择于隆庆三年六月念（廿）四日葬于城南河北之茔。铭曰：

嗟呼荣溪，克孝克友。慈惠㧑谦，宜康宜寿。曰善曰佛，笃信笃守。

竟卧弗起，胡弗□祐。噫兮天哉，于人□尤。幽垆辉耀，永昌厥后。

隆庆己巳夏六月吉旦，哀侄充凭等哭泣立于石。

壙誌

代藩和川府鎮國中尉廷掄壙誌銘
中尉諱廷掄號梅泉
代藩析封和川悼僖王之後
太祖高皇帝八代孫也祖輔國將軍霽翁祖母夫人王氏父奉國將軍植溪
母淑人周氏霽翁以勤儉起家貲累巨萬甲于雲中生子君孫率循家法
先業愈昌俱享富榮已越三世迨今猶繩繩未艾焉若中尉者生而岐嶷
舉止異常及長容貌豐偉器宇軒昂行不苟安動遵禮度罔驕于貴罔傲
于富樂善好學循循然有東平之風宗中鄉人罔不重且愛之以為迺
祖流慶焉不意今歲春偶遘一疾醫來無藥遂終于正寢擴生于嘉靖二
十四年十一月初六日戌時卒于隆慶三年二月二十二日巳時享年二
十有四娶王氏封恭人生子二女一俱幼未名未封昆玉三人兄梅林醞
藉詩書禮賢好士凡縉紳之來茲土者必相與焉弟梅亭質實閑雅禮讓
從容亦素養不凡者古稱難兄難弟三人有焉嗚呼盛哉卜吉于本年七
月十有九日葬于城東先塋之次兄梅林以狀泣請誌銘余是以敘銘曰
文林郎知直隸河間府靜海縣事郡人王用賓撰
大明隆慶三年七月十九日　孤子長歌等泣血上石

代藩和川府镇国中尉廷抡圹志铭

年代：明隆庆三年（1569年）

尺寸：宽61厘米，高122厘米，厚16厘米

录文：

圹志

代藩和川府镇国中尉廷抡圹志铭

中尉讳廷抡，号梅泉，代藩析封和川悼憘王之后，太祖高皇帝八代孙也。祖辅国将军霁翁，祖母夫人王氏。父奉国将军柏溪，母淑人周氏。霁翁以勤俭起家，资累巨万，甲于云中。生子若孙，率循家法，先业愈昌，俱享富荣，已越三世，迨今犹绳绳未艾焉。若中尉者，生而岐嶷，举止异常。及长，容貌丰伟，器宇轩昂，行不苟安，动遵礼度，罔骄于贵，罔侈于富，乐善好学，循循然有东平之风，宗中乡人罔不重且爱之，以为乃祖流庆焉。不意今岁春偶遘一疾，医来无药，遂终于正寝。据生于嘉靖二十四年十一月初六日戌时，卒于隆庆三年二月二十二日巳时，享年二十有四。配王氏，封恭人。生子二，女一，俱幼，未名、未封。昆玉三人，兄梅林，酝酿诗书，礼贤好士，凡缙绅之来兹土者必相与焉；弟梅亭，质实闲雅，礼让从容，亦素养不凡者。古称难兄难弟，三人有焉。呜呼，盛哉！卜吉于本年七月十有九日葬于城东先茔之次，兄梅林以状泣请志铭，余是以叙铭曰。文林郎知直隶河间府静海县事郡人王用宾撰。

大明隆庆三年七月十九日，孤子长歌等泣血立石。

墓誌

大明昌化王府奉國將軍竹畦公墓誌銘

族兄奉國將軍西泉[illegible]撰

隆慶丁卯春吾弟竹畦公卒其子熺丐予銘墓中之石夫銘者考諸後世而不
朽之詞也噫嗚生死人之常情造化之自然但所謂死者人而不死者德也夫
公之德莫先乎孝孝乃百行之原萬善之首公備於是而其美又於譜按狀敘
而銘之公諱俊[illegible]竹畦其別號焉按
太祖高皇帝之六世孫
代簡王之玄孫曾祖
昌化溫穆王大父鎮國將軍成鋑翁父輔國將軍聰澄母夫人郭氏所生之長子
公生三日父卒遺公襁褓嗁人生不得見其親並勵其茲何甚大焉公少而聰
穎篤志向學及長受封奉國將軍事母至孝每向父之音容輒嗟絕先公未
姻時其母命葬父于祖塋之次[illegible]恭勤小居於周家居之原遂父之
柩與母行合葬之禮哀慟殊甚而家道隆新門庭整肅父之遺風儼然如在
可謂善繼也矣天何也蒼不憗是歲三月二十一日偶疾弗起未縞之傾點[illegible]
家事囑于其子目着冠裳令從[illegible]搵人以為妾[illegible]抱然而逝是曰知死者也[illegible]
生嘉靖甲午五月十三日春秋三十有四嗚呼壽不滿德使千歲泣而三嘆也
配壯氏封淑人生子二長即充熺封鎮國中尉配張氏次幼未名女二俱幼未
名封卜今隆慶三年八月十九日歸葬於父塋之次其孝[illegible]如禮哀悼逾常
偉哉竭力謂其繼善繼先天理相論豈偶然哉是銘于石用垂不朽云爾銘曰
不死者孝 可死者人 從君之德 非玉非金 青山峩峩
流水粼粼 我為君言 刻之為深 千萬斯年 不磨之貞
時隆慶三年歲次己巳八月十九日 孤子充熺等立血泣石

大明昌化王府奉国将军芹畦公墓志铭

年代：明隆庆三年（1569年）

尺寸：宽61厘米，高105厘米，厚15厘米

录文：

墓志

大明昌化王府奉国将军芹畦公墓志铭

族兄奉国将军凹泉沐手撰

隆庆丁卯春，吾弟芹畦公卒，其子充熔丐予铭墓中之石。夫铭者，考诸后世而不泯之词也。噫唏！生死人之常情，造化之自然，但所谓死者人而不死者，德也。夫公之德，莫先乎孝。孝乃百行之原、万善之首，公备于是而其美以哉，谨按状叙而铭之。公讳俊椟，芹畦其别号焉，我太祖高皇帝之六世孙，代简王之玄孙，曾祖昌化温宪王，大父镇国将军成锓，翁父辅国将军聪澧，母夫人郭氏所生之长子。公生三日，父卒，遗公襁褓。嘘！人生不得见其亲，其恸、其苦何其大焉！公少而聪颖，笃志向学。及长，受封奉国将军，事母至孝，每询父之音容，哭之几绝。先公未姻时，其母命葬父于祖茔之次，母□□矣。□恭勤，卜居于周家店之原，迁父之柩，与母行合葬之礼，哀悔殊甚。已而家道隆新，门庭整肃，父之遗风俨然如在，可谓善继也矣。夫何彼苍不淑，是岁三月二十一日，偶疾弗起，束纩之倾，点检家事，嘱于妻子，自着冠裳，令徙前楹，人以为妄寻，俺然而逝，是曰知死者也。距生嘉靖甲午五月十三日，春秋三十有四。嗟呼！寿不满德，使予垂泣而三叹也。配杜氏，封淑人。生子二，长即充熔，封镇国中尉，配张氏；次幼，未名。女二，俱幼，未名、封。卜今隆庆三年八月十九日归葬于父茔之次。其子祭葬如礼，哀悔逾常，侍母竭力，谓其继善继美。天理相阴，岂弗然哉！是铭于石，用垂不朽云。尔铭曰：

不死者□，可死者人。拟君之德，非玉非金。

青山峨峨，流水粼粼。我为君言，刻之幽深。

于万斯年，不磨之贞。

时隆庆三年岁次己巳八月十九日，孤子充熔等泣血立石。

墓誌銘

廣靈王府輔國將軍廷壚墓誌銘

輔國將軍者諱廷壚號浚溪

廣靈康定王之孫鎮國將軍時庵翁之仲子嫡夫人王氏所生也嘗聞之人曰將軍之在世也性聰達超群衆好古道敦禮讓崇素儉厭浮華守典承休弗驕弗侈父母賢之兄弟賢之宗人賢之鄉邦之人亦賢之□為有儒者之器度不失廣府之遺風焉胡乃天奪其壽俾之為不永哉嗚呼是可傷也雖然人之壽有出於天者有□人者出於天者有限出於人者無窮也將軍之年雖弗延然而無愧無怍顯於生前有子有女継於沒後茲非所以壽將軍者歟將軍生於嘉靖壬辰七月初六日卒於隆慶己巳二月初一日享年三十八歲配夫人袁氏生子三長鼐錡仲鼐錤俱封奉國將軍季子尚幼未封女二長封武隆縣君配儀賓鄭来忠次女亦幼未封未娉古人云仁者壽又曰仁者必有後將軍者耆耋雖未登而其後如此茲非仁者歟茲非仁者歟卜今年將葬於水泊村祖塋之次銘曰

書稱萬年詩曰無疆俱本於德不在年長將軍天壽不足德壽有餘子子孫孫用永終譽勿謂斯丘四尺之固德音弗磨千載之香

文林郎直隸□□縣知縣郡人遇庵王用賓撰書

□□□年□月□日孤哀子鼐錡等泣血立石

广灵王府辅国将军廷垆墓志铭

年代：明隆庆五年（1571年）

尺寸：宽55厘米，高110厘米，厚13厘米

录文：

墓志铭

广灵王府辅国将军廷垆墓志铭

辅国将军者，讳廷垆，号液溪，广灵康定王之孙，镇国时庵翁之仲子，嫡夫人王氏所生也。尝闻之，人曰：将军之在世也，性聪达，超群众，好古道，敦礼让，崇素俭，厌浮靡，守典承休，弗骄弗侈。父母贤之，兄弟贤之，宗人贤之，乡邦之人亦贤之。□为有儒者之器度，不失广府之遗风焉。胡乃天夺其寿，俾之为不永哉？呜呼！是可伤也。虽然人之寿有出于天者，有□于人者，出于天者有限，出于人者无穷也。将军之年虽弗延，然而无愧无怍，显于生前，有子有女，继于没后，兹非所以寿将军者欤？将军生于嘉靖壬辰七月初六日，卒于隆庆己巳二月初一日，享年三十八岁。配夫人袁氏。生子三，孟鼐锈，仲鼐锲，俱封奉国将军；季子尚幼，未封。女二，长封武隆县君，配仪宾郑秉忠；次女亦幼，未封、未婚。古人云：仁者寿。又曰：仁者必有后。将军耆耋虽未登观，其后如此，兹非仁者欤？兹非仁者欤？卜今年将葬于水泊村祖茔之次。铭曰：

书称万年，诗曰无疆，俱本于德，不在年长。将军天寿不足，德寿有余，子子孙孙用永终誉。勿谓斯丘四尺之冈，德音弗磨，千载之香。

文林郎直隶静海县知县郡人遇庵王用宾撰书。

隆庆辛未四月二十四日，孤哀子鼐锈等泣血立石。

壙誌

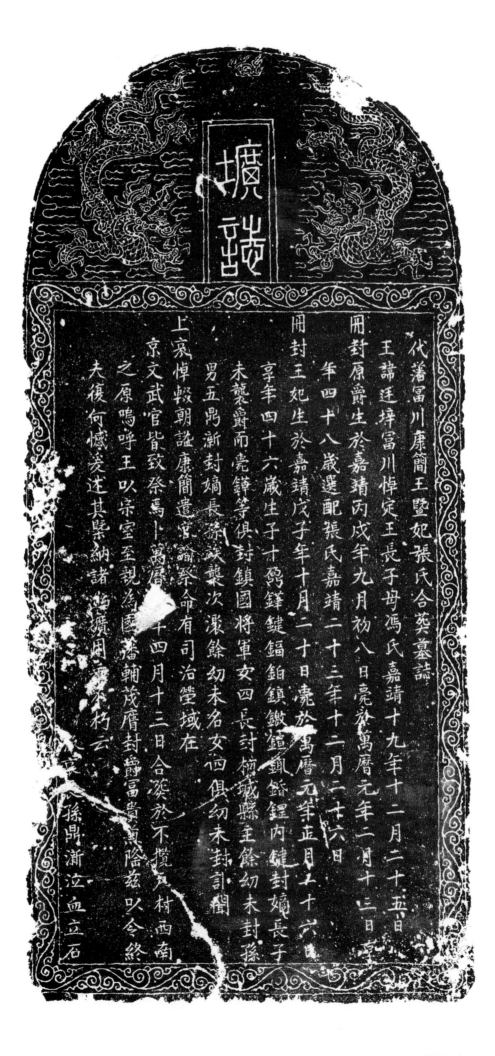

代藩富川康簡王暨妃張氏合葬墓誌

王諱廷埤富川悼定王長子母馮氏嘉靖十九年十二月二十五日

冊封原爵生於嘉靖丙戌年九月初八日薨於萬曆元年二月十三日享

年四十八歲選配張氏嘉靖二十三年十二月二十六日

冊封王妃生於嘉靖戊子年十月二十日薨於萬曆元年正月十六日

享年四十六歲生子十人鏵鍵鍢鉑鎮鐵鑪鈏鎔鋥内鍵封嫡長子

未襲爵而薨鏵等俱封鎮國將軍女四長封栴城縣主餘幼未封孫

男五鼎漸封嫡長孫該襲次滾餘幼未名女四俱幼未封訖闈

上哀悼輟朝謚康簡遣官諭祭命有司治塋域在

京文武官皆致祭焉卜萬曆[illegible]四月十三日合葬於不攪[illegible]村西南

之原嗚呼王以宗室至親為國藩輔茂膺封爵富貴兼隆茲以令終

夫復何憾爰述其槩納諸幽壙用垂不朽云

孫鼎漸泣血立石

代藩富川康简王暨妃张氏合葬墓志

年代：明万历元年（1573年）

尺寸：宽63厘米，高131厘米，厚18厘米

录文：

圹志

代藩富川康简王暨妃张氏合葬墓志

王讳廷垶，富川悼定王长子，母冯氏，嘉靖十九年十二月二十五日册封原爵，生于嘉靖丙戌年九月初八日，薨于万历元年二月十三日，享年四十八岁。选配张氏，嘉靖二十三年十二月二十六日册封王妃，生于嘉靖戊子年十月二十日，薨于万历元年正月一十六日，享年四十六岁。生子十，鼐鏵、鍵、鍢、鉑、鎮、鐓、鍹、鉶、鍣、鑃。内鍵封嫡长子，未袭爵而薨，鏵等俱封镇国将军。女四，长封柯城县主，余幼，未封。孙男五，鼎漸封嫡长孙，俟袭；次漯，余幼，未名。女四，俱幼，未封。讣闻，上哀悼辍朝，谥康简，遣官谕祭，命有司治茔域，在京文武官皆致祭焉。卜万历[元]年四月十三日合葬于不揽户村西南之原。呜呼！王以宗室至亲为国藩辅，茂膺封爵，富贵兼隆，兹以令终，夫复何憾？爰述其概，纳诸幽圹，用垂不朽云。

孤哀长孙鼎漸泣血立石。

壙誌

皇明代藩輔國将軍壙誌銘
将軍諱充煒別號東川迺
太祖高皇帝八世孫
始祖代簡王
和川悼僖王之曾孫
和川宣懿王之孫鎮國将軍俊本之長子母楊氏正德辛巳十月
十三日嫡生也嘉靖乙未六月廿七日受
誥封輔國将軍英姿敏穎天性莊恭言慎而不躁氣和而能肅仁慈
好善不苟惟貞允百云為動履殊常迥出人表其大善全德不
能悉紀如将軍者誠宗室中之山斗也偶獲構疾不起遂瞑目
焉寔萬曆三年七月二十五日享年五十有五配夫人董氏生
子四長廷[illegible]先卒配許氏次廷圻配武氏廷垙配胡氏廷垅配
許氏子俱封奉國将軍配氏皆封淑人生女二長尉氏縣君配
儀賓黄忠次鎮西縣君配儀賓陳平孫男四俱幼未封孫女一
配儀賓張仁以次萬曆四年三月初九日葬城南七里村之原
嗚呼貴衍天潢富享世祿令聞卓譽厥德孔彰生榮死哀夫復
何憾爰述其槩納諸幽壙用垂不朽云
萬曆四年三月初九日孤子廷圻等泣血立石

皇明代藩辅国将军圹志铭

年代：明万历四年（1576 年）

尺寸：宽 56.5 厘米，高 95 厘米，厚 15 厘米

录文：

圹志

皇明代藩辅国将军圹志铭

将军讳充熿，别号东川，乃太祖高皇帝八世孙，始祖代简王，和川悼僖王之曾孙，和川宣懿王之孙，镇国将军俊本之长子，母杨氏，正德辛巳十月十三日嫡生也。嘉靖乙未六月十七日，受诰封辅国将军。英姿敏颖，天性庄恭；言慎而不躁，气和而能肃；仁慈好善，不苟惟贞；凡百云为动履，殊常迥出人表，其大善全德不能悉纪。如将军者，诚宗室中之山斗也。偶获构疾，不起，遂瞑目焉，实万历三年七月二十五日，享年五十有五。配夫人董氏。生子四，长廷垕，先卒，配许氏；次廷圻，配武氏；廷垗，配胡氏；廷垞，配许氏。子俱封奉国将军，配氏皆封淑人。生女二，长尉氏县君，配仪宾黄志；次镇西县君，配仪宾陈平。孙男四，俱幼，未封；孙女一，配仪宾张仁。卜于万历四年三月初九日葬城南七里村之原。呜呼！贵衍天潢，富享世禄；令闻卓誉，厥德孔彰；生荣死哀，夫复何憾？爰述其概，纳诸幽圹，用垂不朽云。

万历四年三月初九日，孤子廷圻等泣血立石。

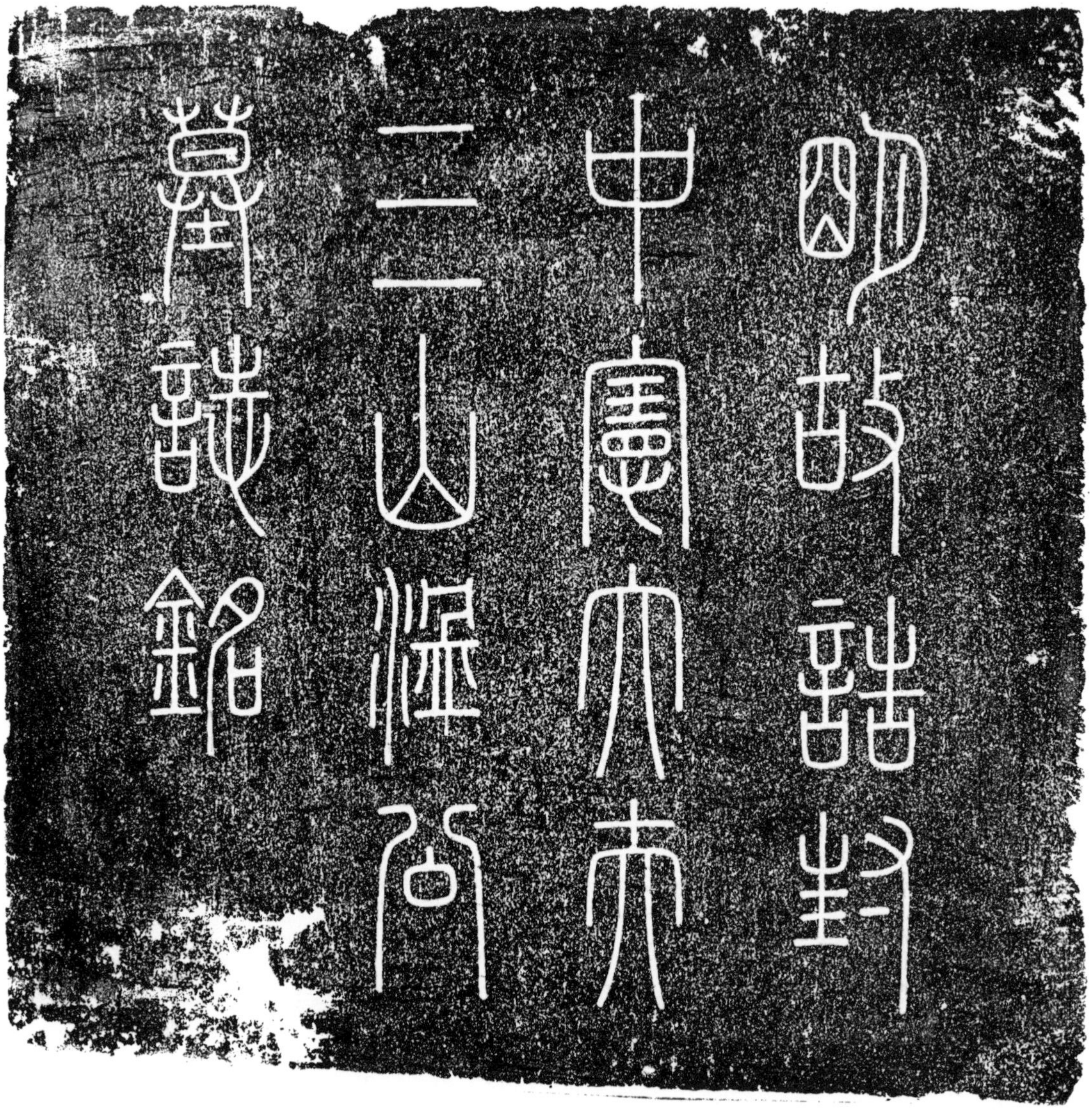

（盖）

明故诰封中宪大夫都察院右佥都御使三山温公墓志铭

年代：明万历四年（1576年）

墓志尺寸：宽76厘米，高70厘米，厚12厘米

志盖尺寸：宽76厘米，高70厘米，厚11厘米

录文：

明故诰封中宪大夫三山温公墓志铭

明故诰封中宪大夫都察院右佥都御使三山温公墓志铭

赐进士出身翰林院□□□林郎纂修

国史记□启居经筵日讲官山阴王家屏撰

赐进士出身大中大夫山东等处承宣布政司右参政前河南道监察御史侍经筵蔚州郝杰书

赐进士出身中宪大夫四川等处提刑按察司兵巡下川南道副使郡人覃应元篆。

万历丙子夏，余谒古还里道，闻大中丞三山公卒也，为欷歔咨悼者久之。余生也晚，未尝奉教公之门，然心慕公，公乡先生有道者也。余从左右史后尝阅先朝故实，见郡国所上最书多首公南北疆事奏。公之绩甚伟，即公既谢病归，诸上书荐文武才者，犹籍籍推毂公不绝也，藉令起而受事。其所建立，史可胜书，乃今已矣，惜哉！公讳景葵，字汝阳，别号三山。幼颖敏，七岁受书，日可诵千数百言。弱冠补郡诸生，抚台石冈蔡公深加器重，时延与切劘文艺，自是文誉日起。嘉靖戊子举于乡，五上春官，不第，谒选长山令。

（铭）

长山有范文正公祠，公至，增葺其宇，凡守己动民，壹以范为师，曰庶几不羞老正之神灵耳。朞年□大治，百姓□公像祠之，事详李中麓公记中，可本。用治行第一，征入为福建道御史，丁母忧归。庚戌服阕，复除。其秋，虏太□薄近郊，九门戒严，无敢内一旅。公上书请时启闭，以内奔命之众，内外便之。既解严肃，皇帝惩己事，议实边镇城。通州特简公监储京通二仓，并董治城工，公经营调度咸当，上意指事竣掌优赉焉。壬子，以公按辽左兼督学政，公至，以身为多士范，稍惩其跅弛者，士皆廪廪奉科指，文教为之一新。时辽人多以垦田致富，然不为战守备，虏一入，或弃耕具以走。公建议度城堡疏密，募富人出赀筑亭堠以依农。至今，辽人赖之。无何，岛夷寇浙直，公奉诏募兵山东，监送维扬，比远例当补郡，乃出知真定府事。会姑苏告急，廷议非公不能办，则又移公姑苏。公方入境，寇咋舌惊相谓曰："温御史至矣。"辄引去。苏既剧郡，值兵燹后簿牒填委，豪右宿猾多因缘为奸利。公至，姑置不问，第罢城守，示民休息，积储缮器，慎固海防。为守御备已，乃案舞文者数辈，重绳之，以风群吏，群吏皆慑伏已。又收郡丁赋图籍杂核之，某为滥免，某为诡寄，悉为厘正，以抑诸豪右，诸豪右亦皆慑伏。于是法令大行，称者以先守况公比焉。郡有织造局，中使监织者，常勒其额价十一，与郡守共没入之。公禁勿取，中使大失望，数侵公，公正色遇之，终不为动。乡大夫以事请托者，公初善词应之，使者去则悉焚其书，书自是不更未然，未尝不服，公之执也。己未，擢霸州兵备。居一岁，以督臣杨襄毅公荐移永平。是年，土蛮寇一片石，公勒兵御之，虏不获入。寻城抚宣等县，筑石门寨等，营榛子镇等，墩堡皆不类。公帑刺期而就，又增构郡城楼橹，规制甚杰，故相石麓先生为文记之，亟称其廉勤任事云。壬戌，加山东参政。癸亥，以墙子岭上变，晋公右佥都御史，经略蓟□。明年，虏穿塞，入黄土岭，号二十余万。公躬督询军击虏，斩前锋一人以徇军，声大振，虏稍却。公策虏南下不利，必折而东，宜急备关。其夜，虏果攻关，时我军已先守，□一虏先登及雉，我军斫其腕，堕，虏不敢逼而退。公因乘虏不诫，夜出勇敢士袭击其营，虏内惊，自相蹂躏，因大克获捷。闻诏，晋公俸副都御史，兼赐白金、彩币，称异数焉。公在疆事既久，虽尽瘁弗恤，然以劳遘疾者数矣，因上书乞骸骨归，温旨慰留不允，书三上，乃允，时丙寅春也。公归，日唯□门坐一室，敕门者谨谢客，即缙绅大夫固求，公一见，终无所言，言亦不及他事，人以此益服其高。两遇登极大庆，荐章无虑数十。公雅志不欲起第，作别墅□区，架亭其上，出入游焉，以示无复仕进意已。堪舆家言城东水泊都海滨地吉，公往视之，曰："乐哉！斯丘，吾将□真守此。"因迁贾恭人柩厝焉。迁一年而公卒，是为万历丙子六月十七日也。公自少严重步趋，咸有绳度，即在军□间羽书旁午而端凝整暇，望之肃然。既老，犹斤斤不废检押。时与一二执友谈论名理，对坐移日，容未尝少欹□。事亲至孝，居丧，哀毁若不欲生。晚建先祠于第之东，偏前起宝制楼，以尊藏天子之纶玺，曰："吾即老且休，不敢忘君父也。"处两兄一弟，友爱笃至。拊兄弟之子，一如己子。然塾□甚严，即嗣君习传富文，学为诸生高等，犹然督过不置。尝勒先贤格言四种，示戒种种，皆切德义，可诵法。卒之日，犹以孝友忠信谆谆进诸子勖之，其诒谋宏远如此。余尝谓：修士□奇，通儒鲜节。公才诣干略质有其文武，而□躬饬行，粹然壹执于人伦。

其家法似万启君，方严似包孝肃，雍容镇静，□羊□□。至决功名进退之际，则二逾让其达矣，语云行欲方而智欲圆，公殆兼之哉！余特论次其大者，以补国史，□未备焉。公生正德丁卯十月十四日，享年七十。其先系出太原，相传为唐御史造之后。国初，有讳泉者以从军，占籍云中，遂为云中人。曾祖春，祖广，俱有隐德；父自学，岁贡，生以君贵，赠中宪大夫山东按察司副使；母马氏，赠太恭人。配陈氏，赠恭人；继贾氏，累封恭人，先公十年卒，太学士蒲坂张公为之铭，兹不具述。子一，即习传，邑庠生。习传将以明年四月二十八日奉公与贾恭人合窆，则持状诣余乞铭。铭曰：

有赫执法，显名自唐，公绍厥世，风棱载扬。
揽辔□阳，抗旌吴会，霾曀潜消，海波不沸。
来旬来宣，于彼卢龙，枕席过师，尊俎折冲。
虏窥严关，公躬秉越，是馘是俘，□□系绁。
卢公入奏，式当帝心，宠之大赉，文绮兼金。
方茂尔猷，遽云乞骨，暂□其归，亟需其出。
胡天降割，泰山其倾，岂乏耄耋，终谢典刑。
无谓公亡，不亡者在，国有信史，家垂炯诫。
楚楚玄宫，麦兹海堧，光灵炳如，过者式旃。
郡人冯继芳刻。

墓誌銘

明故
誥封廣靈王府奉國將軍東塘充㸃墓誌銘
按狀東塘
代藩廣靈順簡王玄孫鎮國將軍□菴翁孫輔國松溪翁冢子
代簡王之裔
太祖高皇帝七世孫
誥封夫人薛母所出生而穎異且有歧質少長知揖讓動有禮度人咸嘉之知其所就非常遠矣
娉名充㸃 封奉國將軍選遊擊將軍毛君恭之女為配
誥封淑人夙遭母凶克知勤儉歛躬自奉黑衣菲食朝夕未有怠時及莫幾聲孔振識者靡不感泣事
繼母盡子道遇父疾延醫致資客盧陳視道以盡其孝從異母二弱弟不啻同母弟也況
色怡顏諫諫遜避隨所致未嘗知爭其友如此見伯兄南川大擴農業創建市第居養儀屋
然與士君子往來賢宗交游常稿詩自舊與與軒輊其志也是以東齋不多覽勸益勤書
有於農心關閱凡百可以豐財而節侈者無不為也不數年能貲長於翁克成大業殺桑務
績乃倉刕惕大有所為以酬夙志奈何撫爾遘疾不起嗚呼哉生於嘉靖庚戌年七月初二日卒
於萬曆五年十一月初四日享年僅二十有六生子四長
朝賜名廷□未
封餘咸幼擇葬於萬曆丁丑四月二十八日城南合河村新創之原松溪翁撫孤狀馳求吾故書之
銘曰
天□□英
東塘膺崇　孝友天成　居仁由義　播事芳□
忠操遼火　竭力經營　大業既就　□□□□
後嗇未定　渠棟斯頹　藏齎黃壤　瘞彼玄室
不永厥年　而未厥馨　趣趣來世　茲茲幽銘
旹萬曆五年歲次丁丑夏四月二十有八日　孤子廷□泣血立石

明故诰封广灵王府奉国将军东塘充黕墓志铭

年代：明万历五年（1577年）

尺寸：宽62厘米，高113厘米，厚13厘米

录文：

墓志铭

明故诰封广灵王府奉国将军东塘充黕墓志铭

按状，东塘，代藩广灵顺简王后，镇国恒庵翁孙，辅国松溪翁冢子，代简王之裔，太祖高皇帝七世孙，诰封夫人薛母所出。生而颖异，且有懿质，少长知揖让，动有礼度，人咸□之，知其所就非常逮。既长，赐名充黕，封奉国将军。选游击将军毛君恭之女为配，诰封淑人。夙遭母凶，克知恸毁，歠粥，面深黑，哀慕朝夕，未有怠时。及葬，号声凡振观者，靡不感泣。事继母尽子道。遇父诞辰，乃致宾客，盛陈祝筵，次尽其孝。爱异母二弱弟，不啻南渠同母弟也，悦色怡颜，抝谦退逊，随弟所欲，未尝知争，其友如此。见伯兄南川大扩农业，创建市第，居养优渥，兼与士君子往来，贤宗友，交缔常，窃法自奋，期□轩轾，是其志也。是以策淬不苟，磨砺益勤，尽力畎亩，劳心阛阓。凡百可以丰财而节侈者，无不为也。不数年，能赞襄松翁克成大业，菽粟乃积乃仓。方将大有所为，以酬夙志，奈何瞬尔遘疾不起，恻哉！生于嘉靖庚戌年七月初二日，卒于万历三年十一月初四日，享年仅二十有六。生子四，长朝赐名廷橙，尚未封，余咸幼。择葬于万历丁丑四月二十八日城南合河村新创之原。松溪携孤状驰求言，故书之。铭曰：

东塘□宗，孝友天成，居仁由义，天□之英。

志操远大，勖力经营，大业既就，穑事方亨。

彼苍未定，梁栋斯倾，憾赍黄壤，痛彼玄穹。

不永厥年，而永厥声，超超来世，鉴兹幽铭。

时万历五年岁次丁丑夏四月二十有八日，孤子廷橙泣血立石。

[illegible]

明宗室西岩翁墓誌銘

夫銘銘金石而納幽宮彰厥美而載世代是永於不泯者也萬曆之丁丑孟冬十有六日吾宗

西岩翁卒其弟平谷翁葦[illegible]狀而請予銘予來敢以不能為辭按狀公諱我

太祖高皇帝之五世孫

代簡王之玄孫襄垣恭簡王之曾孫輔國將軍成鐵翁母夫人陳氏之仲子也生而穎悟

孝弟絜矩器宇軒昂勤儉自若幹蠱多猷建宮室之巍儀光前光於先世緣宇之盛未至

[illegible]益更於其家之西南刱立梵宮一剎吉為保藩維而貢雲朔啟後裔而[illegible]者親嗚呼西

岩之心以哉受命潘垣東公業政無為而理實樞坦然至今稱其宗而敬五族[illegible]先

哲而紹後賢呼公之心又何大哉公受

封奉國將軍賜諱聰瀽西[illegible]其別號也配淑人李氏賦性幽閑克偕壼道生子[illegible]後[illegible]

配聶氏次傍[illegible]配白氏子俱封鎮國中尉配皆封恭人孫女一封鄉君[illegible]儀賓李璇[illegible]

生於正德壬申季夏朔旦得壽六十有四誠壽也初終[illegible]

九重命有司祭葬如制今年仲秋吉日卜葬郡城西南周家店之原祖塋之右嗚呼子[illegible]

與公聯附三十餘年未嘗少替今以不斐之言捷述西翁之德於萬一[illegible]

銘曰　於惟西岩　盛德淵源　譽光沖漢　理達幽玄　得天之[illegible]　[illegible]人之天

胡為乎然　胡為不然　可泯者形　不泯者言　勒諸[illegible]　陵谷匪遷

仰哉敬哉　於萬斯年

萬曆五年歲次丁丑仲秋十九日　[illegible]

明宗室西岩翁墓志铭

年代：明万历五年（1577 年）

尺寸：宽 55 厘米，高 113 厘米，厚 16 厘米

录文：

墓志

明宗室西岩翁墓志铭

夫铭铭金石而纳幽宫，彰厥美而载世代，是永于不泯者也。万历乙亥孟冬十六日，吾宗人西岩翁卒，其弟平岩渊辈挥涕持状而请予铭，未敢以不能为辞。按状，公乃我太祖高皇帝之五世孙，代简王之玄孙，襄垣恭简王之曾孙，辅国将军成鏉翁、母夫人陈氏之仲子也。生而颖悟，孝弟絜矩，器宇轩昂，勤俭自若，干蛊多猷。建宫室之巍仪，允有光于先世，栋宇之盛，有至千楹。更于其第之西南创立梵宫一刹，盖为保藩篱而奠云朔，启后效而视君亲。呜呼！西岩之心大以哉！受命藩垣，秉公襄政，无为而理，灵枢坦然。至于礼六宗而敦五族，缵先哲而绍后贤，吁，公之心又何大哉！公受封奉国将军，赐讳聪滚，西岩其别号也。配淑人李氏，赋性幽闲，克偕壶道。生子二，长俊栦，配聂氏；次俊楁，配白氏。子俱封镇国中尉，配皆封恭人。孙女一，封乡君，配仪宾李流光。距生于正德壬申季夏朔旦，得寿六十有四，诚寿也。初终，驿讣，九重命有司祭葬如制。今年仲秋吉日，卜葬郡城西南周家店之原，祖茔之右。噫唏！予父子与公肺附三十余年，未尝少替，今以不斐之言梗述西翁之德于万一，临楮凄怆虔之。次铭曰：

於惟西岩，盛德渊源，誉光冲漠，理达幽玄。

得天之天，进人之天，胡为乎然，胡为不然。

可泯者形，不泯者言，勒诸珍琼，陵谷匪迁。

仰哉敬哉，于万斯年。

万历五年岁次丁丑仲秋十九日立石。

御製

代藩和川恭惠王妃彭氏壙誌

妃彭氏乃南城兵馬指揮鏞之長女母劉氏弘治壬子四月十四日生焉正德甲戌六月初三日

册封為妃萬曆四年七月十四日以疾薨享年八十五歲生子四長充烰襲

封和川王先薨

賜謚榮康

次充炷充焌充燉皆

封鎮國將軍女六長秀水次古蔡沙陽黎山棋亭懷柔並陽皆封縣主孫男二十一人長廷堿襲

封和川王次皆

封鎮輔國將軍孫女一十二人皆

封縣主郡君曾孫男女三十二人皆

封鎮輔奉國將軍女皆幼玄孫男女二人亦幼訃

聞遣官諭祭命有司喪葬

仁聖慈聖兩宮皆致祭焉以萬曆丁丑閏八月廿二日葬城南七里村之原嗚呼妃以賢淑嬪于宗藩早受榮封享有富貴茲以全終夫復何憾爰述其槩納諸幽用垂不朽云

萬曆五年閏八月二十二日

孫廷堿泣血立石

代藩和川恭惠王妃彭氏圹志

年代：明万历五年（1577年）

尺寸：宽63厘米，高92厘米，厚15.4厘米

录文：

御制

代藩和川恭惠王妃彭氏圹志

妃彭氏乃南城兵马指挥镛之长女，母刘氏，弘治壬子四月十四日生焉，正德甲戌六月初三日册封为妃，万历四年七月十四日以疾薨，享年八十五岁。生子四，长充烰，袭封和川王，先薨，赐谥荣康；次充炡、充焌、充焮，皆封镇国将军。女六，长秀水；次古蔡、沙阳、黎山，俱卒；怀柔、芷阳皆封县主。孙男二十一人，长廷堿，袭封和川王，次皆封镇、辅国将军；孙女一十二人，皆封县主、郡君。曾孙男女三十二人，皆封镇、辅、奉国将军，女皆幼。玄孙男女二人，亦幼。讣闻，遣官谕祭，命有司丧葬。仁圣、慈圣两宫皆致祭焉。以万历丁丑闰八月廿二日葬城南七里村之原。呜呼！妃以贤淑嫔于宗藩，早受荣封，享有富贵，兹以全终，夫复何憾？爰述其概，纳诸幽圹，用垂不朽云。

万历五年闰八月二十二日，孙廷堿泣血立石。

誥封明故宜人

史母王氏墓誌

（盖）

明故诰封宜人史母王氏墓志铭

年代：明万历八年（1580年）

墓志尺寸：宽48厘米，高72厘米，厚8厘米

志盖尺寸：宽48厘米，高71厘米，厚10厘米

录文：

诰封明故宜人史母王氏墓志

明故诰封宜人史母王氏墓志铭

直隶河涧府河涧县主簿林下闵濬撰

大同府儒学庠生门婿任虞龙书并篆

万历八年庚辰八月初三日庚子，史母宜人王氏正寝仙逝，厥哀子世檪呼天叩地，痛噫致毁，乃以礼制筮晨殓，既适□，帅命夺情，西往遑遑。走子所曰檪，不幸先母捐养天，所以僇不肖也。形声求诀，遗德未泯，遽忍忘乎？乃行状于余，余忘固陋，谨详述焉。按，史母，云中后卫司家会名乡人也。其先大父讳清，以农自业，治行高古，罔群俗流，娶同郡名家贺氏，偕伉俪焉。正德十一年丙子十一月二十二日己亥，史母诞生。其在闺储，恪遵母训，温懿自淑。年既二八，乃归大同后卫前所□。父史宣（？）焉，翁讳大江，字潮宗，诚壳天赋，有古人风，更赖仙逝。宜人王氏，孝事舅姑，和处妯娌，严敬以范，闺阁仁爱，以□□里，勤俭不惰，言笑不苟，相夫思齐，乐羊教子，并驾孟母，遂育子男三。仲、季中夭，惟孟

明故誥封宜人史母王氏墓誌銘

直隸河間府河間縣主簿林下閒𤀹撰

大同府儒學庠生門婿任虞龍書并篆

萬曆八年庚辰八月初三日庚子史母宜人王氏正寢仙逝厥哀子世樑呼天叩地痛憶致毀遍以禮制至是途既適[illegible]

帥命奪情西往遑遑走予所曰樑不幸先母捐養天所以僇不肖也形声永訣道德未表遠思忘乎乃行狀添余余志固[illegible]

謹諱述焉按史母雲中後衛司家會名鄉人也其先大父諱清以農自業治行高古固鮮俗流娶同郡名家賀氏偕伉[illegible]

爲正德十一年丙子十一月二十二日巳亥史母誕生其在閨儲恪遵母訓温懿自敬年既二八歸大同後衛前所[illegible]

父史室焉翁諱天經字湖宗誠毅天賦有古人風更賴仙逝宜人王氏孝事舅姑和處妯娌嚴敬以範閨閫仁愛以睦[illegible]

里勤儉不憸言笑不苟相夫思齊樂羊教子並駕孟母遂育子男三仲季中夭惟孟乃世樑也其撫摩鞠育提撕警覺[illegible]

無不至及長遣登兄世標體思報

國卹陣損軀後之嫡嗣派以世樑恭承

祖爵正千户是以榮錫

封誥以永光也世樑惟繹思

祖宗着績之彜論兄罹難之苦新勝砥勵日惴惴於心靡懈遍覽書演武身親行陣諳號令規進止鼓勇恤困毋以[illegible]

單期行將

總鎮珍材監司爲用以顯親揚名無窮也故曰求忠臣於孝子之門母享壽六十五歲卜九月二十四日辛卯塟大同[illegible]

城東南以永祀焉

銘曰

松栢之操　蘭蕙之英　厚秉坤元　吉協女貞　贊惟夫君　惟德之行　貽謀燕翼　斷機是成

敬承中饋　嚴謹外閫　婦順既備　母道攸明　雲中奇秀　冀北垂名　宜主北堂　偕享晚榮

以倡陰教　共爲祀禋　三雲淡慘　一疾告終　芳傳厥後　裔葉雲仍　如山之久　如月之恒

於萬斯年　斯銘是徵

萬曆八年歲次庚辰秋九月吉旦

哀子世樑泣血立石

（铭）

乃世楳也。其抚摩鞠育，提斯警觉，□无不至。及长，遘堂兄世标体忠报国，临阵捐躯，后乏嫡嗣，派以世楳恭承祖爵正千户，是以荣锡，封号以永光也。世楳惟绎，思祖宗著绩之艰，痛兄罹难之苦，薪瞻砥砺，日惴惴于心，靡慾乃玩书演武，身亲行阵，諳号令、规进止，鼓勇恤困，每以□□军期行将，总镇珍材监司荐用，以显亲扬名无穷也。故曰：求忠臣于孝子之门。母享寿六十五岁。卜九月二十四日辛卯葬大同镇城东南，以永祀焉。铭曰：

松柏之操，兰蕙之英，厚禀坤元，吉协女贞。
赞惟夫君，惟德之行，贻谋燕翼，断机是成。
敬承中馈，严谨外闻，妇顺既备，母道攸明。
云中奇秀，冀北重名，宜主北堂，偕享晚荣。
以昌阴教，共给祀禋，三云淡惨，一疾告终。
芳传厥后，裔叶云仍，如山之久，如月之恒。
于万斯年，斯铭是征。

万历八年岁次庚辰秋九月吉旦，哀子世楳泣血立石。

（盖）

潞城王府辅国将军义庵暨夫人梁氏合葬墓志铭

年代：明万历十年（1582 年）

墓志尺寸：宽 50 厘米，高 54 厘米，厚 12 厘米

志盖尺寸：宽 50 厘米，高 54 厘米，厚 12 厘米

录文：

皇明宗室义庵翁暨夫人梁氏墓志铭

潞城王府辅国将军义庵暨夫人梁氏合葬墓志铭

奉政大夫长史司左长史前工部屯田司员外郎覃怀丹涯王明汲撰

奉政大夫长史司右长史前汉州知州密云北泉高光宗书

武英殿原直办中书事儒士新安东洲黄铨篆

义庵翁乃高皇帝六世孙，代藩潞城荣安王孙，镇国将军莲溪翁、夫人徐氏季子也。正德十二年，赐名俊栒。逾年，封辅国将军，禄享八百。选配梁氏，封夫人，先于万历丁丑年十月一日卒，葬城南青圪塔之原。翁卒于万历辛巳六月二十七日，二兄俱先翁卒，孟兄琴庵翁柞有子房山熣、郑原爔，仲兄仁庵翁槅有子月山恔，悉以孝友承家，爵禄奕奕，而翁独一女，大潭县君，亦先翁两月而逝，诸犹子、协婿、仪宾、奉训大夫郭天池郊营葬事，先期具状以志铭请于余，辞不获。谨按状，翁幼质端确，蚤失怙恃，事祖妃段氏以孝闻笃，天显之谊，克恭厥兄，人无间言。恪守祖训，动必以礼居，常存仁乐善。爱士亲贤，不以富贵自骄侈。治家勤俭，秦晋以和，济人利物之德

潞城王府輔國將軍義庵暨夫人梁氏合塟墓誌銘

奉政大夫長史司左長史前工部屯田司員外郎覃懷冉璡王明汲撰

奉政大夫長史司右長史前漢州知州　密雲北泉高光宗書

武英殿原直辦中書事儒士　新安東洲黃　銓篆

義庵翁乃

高皇帝六世孫

代藩潞城榮安王孫鎮國將軍[illegible]夫人徐氏季子也正德十二年

賜名俊枸逾年　封輔國將軍祿[illegible]八百遂配梁氏　封夫人先於萬曆丁丑年十一月一日

卒塟城南青圪塔之原翁卒於萬曆辛巳六月二十七日二兄俱先翁卒孟兄琴庵翁桂

有子房山堆鄭原熾仲兄仁庵翁[illegible]有子月山恢悉以孝友承家爵祿[illegible]奕而翁獨一女

大潭縣君亦先翁兩月而逝諸循子[illegible]儀賓奉訓大夫郭天池郊營塟事先期具狀以

誌銘請於余辭不獲謹按狀翁幼[illegible]確登失怙侍事祖妃陂氏以孝聞篤天顯之誼克

恭敬兄人無間言恪守

祖訓動必以禮居常存仁樂善交士親賢不[illegible]富貴自驕後治家勤儉奉晉以和濟人利物之

德難以悉舉待諸猶子以與視姪壻義賓郭龍池州無異己婿敦睦之雅鄉族重之中年

缺嗣納一媵曾氏生有[illegible]婁見而不存竟沒於翁者咸有天道無知之憾然令譽孔昭俯仰

無愧諸循子與壻盡孝成以襄事亦世所罕見者夫人宋翁伉儷咸有一德敬以事夫仁

以逮下內則罔[illegible]所貴者生榮死哀無愧於己而已嗣之不得天也謂之何哉

翁生於正德癸酉七月四日得壽六十有九夫人生於同庚之七月十有五日得壽六十

有五偕老令終福履無斁是天之眷有德也合塟之期卜吉於今歲壬午四月七日可以

觀諸循子與壻之愼所事而翁與夫人亦可以瞑目於泉壤矣　銘曰

人之寄世莫貴於德福則由天孰能與力義翁夫婦令德已全諧福咸有嗣續缺焉仁者

有後曰爲常理德則不朽天意在此孝終正命令譽遠揚我銘其藏以視不忘

萬曆十年壬午孟夏吉日孝姪充熥充㤄充熾孝婿郭郊立石

（铭）

难以悉举。待诸犹子以恩，视侄婿仪宾郭龙池州无异己婿，敦睦之雅，乡族重之。中年缺嗣，纳一媵贾氏，生育屡见而不存。爱敬于翁者咸有天道无知之憾然，令誉孔昭，俯仰无愧。诸犹子与婿咸哀戚以襄事，亦世所罕见者。夫人荣谐伉俪，咸有一德，敬以事夫，仁以逮下，内则周全，远迩羡慕。所贵者，生荣死哀，无歉于己而已，嗣之不得天也，谓之何哉？翁生于正德癸酉七月四日，得寿六十有九；夫人生于同庚之七月十有五日，得寿六十有五。偕老令终，福履无斁，是天之眷，有德也。合葬之期卜吉于今岁壬午四月七日。可以观诸犹子与婿之慎所事，而翁与夫人亦可以瞑目于泉壤矣。铭曰：

人之寄世，莫贵于德，福则由天，孰能与力。

义翁夫妇，令德已全，诸福咸有，嗣续缺焉。

仁者有后，曰为常理，德则不朽，天意在此。

考终正命，令誉远扬，我铭其藏，以视不忘。

万历十年壬午孟夏吉日，孝侄充熣、充愫、充爔，孝婿郭郊立石。

墓誌

和川王府鎮國中尉
誥封恭人陳氏墓誌銘
賜進士出身前四川道監察御史鄉人郝杰撰并書篆
宗賢野田府駿仔賫狀哀泣而告曰孤哀不德禍逮先母不有鄉哲往德孰旌懿範一言以光[illegible]
義不容默按狀恭人陳母雲中巨族也父翁陳君磊諾不羈乃姚張氏寬禧仁慈生二女長[illegible]
代藩先世親王妃即
國母也以次陳君 封兵馬姚 封宜人次即阿母選 和川王府鎮國中尉松軒翁福適[illegible]
誥封恭人
太祖高皇帝八世孫也恭人自選宮[illegible]沉靜徽柔上事翁姑克盡厥道下臨臧獲咸得其宜孝仁[illegible]著[illegible]
外稱賢是雖親切
藩國心愈撝謙中遭夫君松軒翁之變哀毀骨立孀居二十年來堅操冰霜雖一言一行未嘗[illegible]
居深宮以驕為懼家豊世祿以節為先崇繼[illegible]嘗[illegible]閒賞有所弗惜生平敦行若[illegible]
竟罔功傷哉生於嘉靖壬辰十一月二十七日巳時薨于萬曆壬午三月初十日申時得壽五十有一
一生子四長曰鼐錯別號芝田為倍循禮配郭氏先期而卒次曰鼐銘別號野田敦孝行仁[illegible]
睿配姬氏次曰鼐錄幼卒四曰鼐銑別號辛田尚修朴配劉氏俱
封輔國中尉配俱
封宜人女三長配儀賓姬應元次配儀賓東承暘三配儀賓趙希望俱未受 封孫男三長曰[illegible]
劉哥芝田出也二曰真壽野田出也俱幼未請 封孫女三曰閨兒曰鍾兒亦芝田出也曰[illegible]
辛田出也亦幼俱未請 封卜於是年四月十有六日塋于城東祖塋之側敢為之銘曰
溫溫恭人 天賦懿貞 婣聯 藩貴允謙克仁 時維儷嬪 王[illegible]
崇德萃善 晝夜靡寧 壽逾知年 嚳求無窮 裕昌厥後 [illegible]
旹萬曆十年歲次壬午夏四月上浣吉 孤哀子鼐錯等泣血立石

和川王府镇国中尉诰封恭人陈氏墓志铭

年代：明万历十年（1582年）

尺寸：宽44厘米，高91厘米，厚17厘米

录文：

墓志

和川王府镇国中尉诰封恭人陈氏墓志铭

赐进士出身前四川道监察御史乡人郝杰撰并书篆

宗贤野田侪駇伻赍状哀泣而告曰：孤哀不德，祸逮先母，不有乡哲往德孰旌，愿恳一言，以光幽土。义不容默。按状，恭人陈母，云中巨族也。乃翁陈君，磊落不羁；乃妣张氏，宽裕仁慈。生二女，长选代藩先世亲王妃，即国母也，以故陈君封兵马，妣封宜人；次即阿母，选和川王府镇国中尉松轩翁，讳廷壂，诰封恭人，太祖高皇帝八世孙也。恭人自选宫壸，沉静徽柔，上事翁姑，克尽严道，下临臧获，咸得其宜，孝仁交著，内外称贤。是虽亲切，藩国心愈抝谦。中遭夫君松轩翁之变，哀毁骨立。孀居二十年来，坚操冰洁，虽一言一行未尝弗慎。俭居深宫，以骄为惧；家丰世禄，以节为先。崇缁尚善，济困赒贫，有所弗惜。生平敦行若兹，奈何疾□，竟罔功。伤哉！生于嘉靖壬辰十一月二十七日巳时，薨于万历壬午三月初十日申时，得寿五十有一。生子四，长曰鼐錯，别号芝田，笃俭循礼，配郭氏，先期而卒；次曰鼐釾，别号野田，敦孝行仁，□□致誉，配姬氏；次曰鼐録，幼卒；四曰鼐鍦，别号辛田，汰侈尚朴，配刘氏。俱封辅国中尉，配俱封宜人。女三，长配仪宾姬应元，次配仪宾康承赐，三配仪宾赵希望，俱未受封。孙男三，长曰长奇，次曰刘奇，芝田出也；三曰真寿，野田出也，俱幼，未请封。孙女三，曰闰儿，曰钟儿，亦芝田出也；曰□儿，辛田出也，亦幼，俱未请封。卜于是年四月十有六日葬于城东祖茔之侧，敢为之铭。铭曰：

温温恭人，天赋懿贞；姻联藩贵，允让克仁。

时惟履孀，玉洁冰清；崇德萃善，昼夜靡宁。

寿逾知年，誉永无穷；裕昌厥后，巩固幽宫。

时万历十年岁次壬午夏四月上浣吉，孤哀子鼐釾等泣血立石。

誥封潞府奉國將軍克氏遜山淑人王氏墓

萬曆拾年歲次壬午八月十七日

弟克惓月山同姪廷[illegible]等謹立

诰封潞府奉国将军充氐逊山淑人王氏墓碑

年代：明万历十年（1582 年）

尺寸：宽 52 厘米，高 100 厘米，厚 14 厘米

录文：

诰封潞府奉国将军充氐逊山淑人王氏墓

万历拾年岁次壬午八月十七日，弟充恢月山同侄廷䄙等谨立。

壙誌

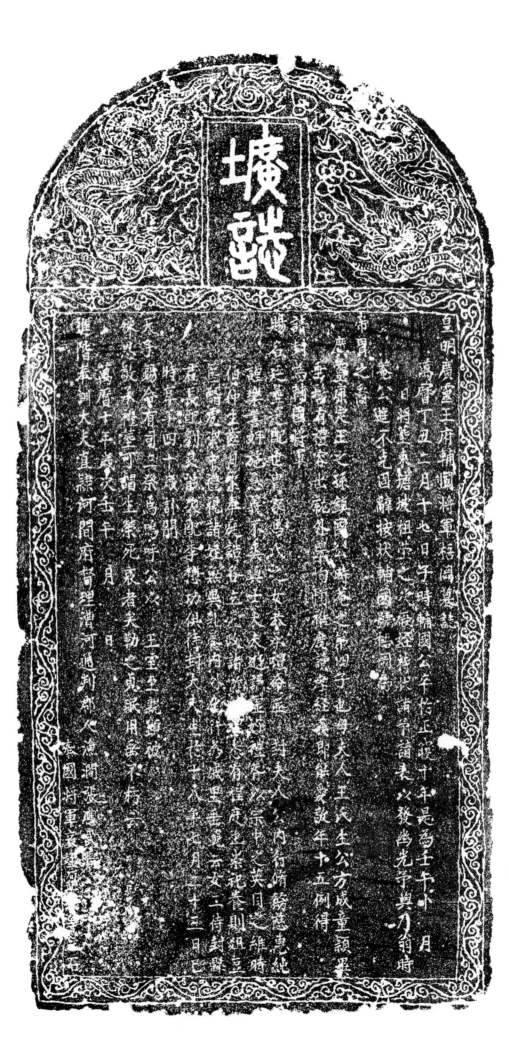

皇明廣靈王府輔國將軍梧岡墓誌

萬曆丁丑二月十七日子時輔國公卒於正寢十年是為壬午十一月
日將葬東塘坡祖塋之次嫡孫持状詣予請表以發幽光予與乃翁時
奄公遊不克固辭按状輔國號梧岡爵
帝胄之裔
廣靈康定王之孫鎮國公將奄之第四子也母夫人王氏生公方成童穎異
年幼有禮容出就外學拘閑禮度誦孝經義即能曉敘年十五例得
請封為輔國將軍
賜名矣娶配世胄家馬氏女奉遺命並封夫人公內行循飭慈惠純
謹樂善好施竟不吝與士大夫遊諸孫姪好禮存恤宗中之英目之維時
伯仲生齒日繁庠序語各立[illegible]諸[illegible]有程度立崇祀養則俎豆
宦皆愛敬中禮視諸姪無異乳養內外行為咸畢其竟云女二待封縣
君長配劉氏躬孝能孝樸功俱待封大夫生於十八年七月二十三日巳
時享年四十歲訃聞
天子錫命有司三祭焉嗚呼公以王室至親顯被
寵眷欽承禮至可謂生榮死哀者矣勒之貞珉用垂不朽云
萬曆十年歲次壬午　月　日
賜進階奉訓大夫直隸河間府督理漕河通判郡人漁澗張應武撰
奉國將軍[illegible]石

皇明广灵王府辅国将军梧冈墓志

年代：明万历十年（1582年）

尺寸：宽54厘米，高110厘米，厚17厘米

录文：

圹志

皇明广灵王府辅国将军梧冈墓志

万历丁丑二月十七日子时，辅国公卒于正寝。十年是为壬午。卜　月　日将葬东塘坡祖茔之次。厥侄持状，诣予请表以发幽光。予与乃翁时庵公游，不克固辞。按状，辅国号梧冈，为帝胄之裔，广灵康定王之孙，镇国公时庵之第四子也，母夫人王氏生。公方成童，颖异；垂髫有礼，容出。就外学恂恂稚度，读孝经义即能爱敬。年十五，例得请封为辅国将军，赐名廷垒。选配世胄家马氏之女，恭承礼命，并封夫人。公内行修饰，慈惠纯谨，乐善好施，急义不爽，与士大夫游，谦虚好礼，胥以宗中之英目之。维时伯仲生齿日繁，奉庭诰各立壸政，诸□□□悉有程度，□崇祀养则俎豆筐酺，虔洁中礼，视诸侄无异乳养，内外化行，为戚里垂范云。女二，待封县君，长配刘良能，次配李懋功，俱待封大夫。生于十八年七月二十三日巳时，享年四十岁。讣闻，天子锡命有司三祭焉。呜呼！公以王室至亲显被殊恩，敬承礼葬，可谓生荣死哀者矣。勒之贞珉，用垂不朽云。

万历十年岁次壬午　月　日，进阶奉训大夫直隶河间府督理漕河通判郡人渔涧张应武撰。

奉国将军哀侄鼒□等立石。

壙誌
皇明代藩和川王府輔國將軍
翁諱充爔乃
世宗肅皇帝勅賜之名也別號碧谷
代簡王之後王子成鍠
皇朝以睦親封
和川王謚悼僖生聰涽襲封王爵謚宣懿生俊櫟封鎮國將軍號
相傳明達顯著身係社稷安危母王氏封鎮國將軍夫人生子九皆當時名
五封輔國將軍天成孝友英格端莊進止有常剛毅莫及侍父母壽至
憪居喪之日哀毀如禮國人咸以孝稱萬曆九年歲在辛巳六月二十日
翁生於正德己卯十五月十三日享年六十有三嗚呼慟哉宗族
之人者衆矣卜以十二年九月十七日葬城北金谷庄之原啓其
選配內助夫人劉氏之墓而合葬之繼配張氏亦辛亞氏高氏
封淑人長廷熇張氏次廷埋雷氏次廷琚張氏次廷臺李氏次廷
廷理未封女五人俱封縣君配俱封奉訓大夫孫十二人長
九歲以壹予見愛於翁今將四十年矣翁待我一以兄弟不以幼壯致異可
擇等奉翁行狀請予為文予何辭焉顧不加粉飾而録翁之實
久云 銘曰
惟彼碧翁 德量寬洪 賦性剛毅 克全孝忠 篤於友愛 雅尚雍容
纘緒繩繩 維業兢兢 壽宜無疆 天降不臧 貽謨宜遠 遺善宜揚
有子發祧 有孫傳芳 翁歸安矣 佳城永藏
萬曆十二年歲次甲申九月吉日 孤哀子廷熇等泣血立石
王府奉國將軍族弟充學海頓首拜書

皇明代藩和川王府辅国将军碧谷翁墓志铭

年代：明万历十二年（1584年）

尺寸：宽56厘米，高102厘米，厚17厘米

录文：

圹志

皇明代藩和川王府辅国将军碧谷翁墓志铭

翁讳充㸅，乃世宗肃皇帝敕赐之名也，别号碧谷，代简王之后，王子成镘。皇朝以睦亲封，和川王谥悼熹，生聪㴽，袭封王爵，谥宣懿，生俊□，封镇国将军，号愚庵翁，实翁父也。历三世□□相传，明达显著，身系社稷安危。母王氏，封镇国将军夫人。生子九，皆当时名望，各膺□衮。翁行五，封辅国将军。天成孝友，英格端庄。进上有常，刚毅莫及。侍父母寿至九旬，问安视膳，未敢一懈。居丧之日，哀毁如礼，国人咸以孝称。万历九年岁在辛巳六月二十日，□□遇疾，薨于正寝。翁生于正德己卯十二月十三日，享年六十有三。呜呼，恸哉！宗族□讣□□□□，而翁之德著于人者众矣。卜以十二年九月十七日，在城北金谷庄之原，启其选配辅国将军夫人盛氏、继选配内助夫人刘氏之墓而合葬之，亚配张氏亦卒。王氏、高氏子人人俱封奉国将军，选配俱封淑人。长廷墒，张氏；次廷埅，雷氏；次廷□，张氏；次廷埴，李氏；次廷□，叶氏；次廷堋，董氏；次廷□、廷塏，未封。女五人，俱封县君，配俱封奉训大夫。孙十一人，长鼐鋑，余尚幼。孙女七人。□少翁十九岁，以童子见爱于翁，今将四十年矣。翁待我一以昆弟，不以幼壮致异，可为笃厚君子矣。今墒等捧翁行状，请予为文，予何辞焉？予何辞焉？顾不加粉饰而录翁之实，□□不朽而垂于永久云。铭曰：

惟彼碧翁，德量宽洪，赋性刚毅，克全孝忠。

笃于友爱，雅向雍容，维仪肃肃，维业兢兢。

寿宜无疆，天降不减，贻谟宜羡，遗善宜扬。

有子承祧，有孙传芳，翁归安矣，佳城永藏。

万历十二年岁次甲申九月吉日，孤哀子廷墒等泣血立石。

潞城王府奉国将军族弟充𤊟学海顿首拜撰书。

壙誌

廣靈王長子夫人趙氏壙誌

夫人姓趙氏世家大同右衛父相母續氏嘉靖甲寅[illegible]月十七日生聰淑不凡性嫺内則隆慶六年十二月二十九日選配

廣靈王長子鼐鈴

封夫人内政脩謹逮下有恩奉事

舅姑咸以孝稱萬曆丁丑二月初五日以疾卒春秋二十有四訃

聞

上命有司致祭營葬如制卜萬曆丁亥十月十二日葬城東南西王家莊之原嗚呼夫人出自名族作配

王家雖弗享年然閫德昭昭令人追悼用是誌之以垂不朽

鄉進士奉議大夫

代藩右長史關中江轄撰

大明萬曆十五年歲次丁亥十月十二日

立石

广灵王长子夫人赵氏圹志

年代：明万历十五年（1587年）

尺寸：宽64厘米，高126厘米，厚18厘米

录文：

圹志

广灵王长子夫人赵氏圹志

夫人姓赵氏，世家大同右卫，父相，母续氏，嘉靖甲寅八月十七日生，聪淑不凡，性闲内则。隆庆六年十二月二十九日，选配广灵王长子鼐鉁，封夫人。内政修谨，逮下有恩，奉事舅姑，咸以孝称。万历丁丑二月初五日，以疾卒，春秋二十有四。讣闻，上命有司致祭，营葬如制。卜万历丁亥十月十二日葬城东南西王家庄之原。呜呼！夫人出自名族，作配王家，虽弗享年，然阃德昭昭，令人追悼，用是志之以垂不朽。

乡进士奉议大夫，代藩右长史关中江橹撰。

大明万历十五年岁次丁亥十月十二日立石。

明昭武將軍上輕車都尉左千戶將者石嵩府君妣夫人顧氏合塋誌銘

府君姓李氏諱維字德彰別號居嵩鳳陽之潁上人也始祖貴以武略將軍調宣府懷安衛

貴生春春生洪洪生寬寬生我大父封君恭崖公諱李氏世世積功累仁至我大父暨我大母

益增修厲德以啟上天數錫篤生我伯考通奉大夫浙江布政右參府君居士府君純進功[illegible]

東鄣平縣尹府君先府君其季也方在娠大母數有異徵及生果岐嶷端凝[illegible]顯額首

不凡甫齔亂大父捐舉儒業即穎悟神解于經史百家罔不會其大都然亦弗肯竟事乎居輒

嘆曰士生邊塞當如郭李諸人垂名竹帛安所效腐儒執毛錐刺刺章句耶遂習騎射居器[illegible]

自有二以千戶登嘉靖乙未武進士舉加授指揮僉事居四年上邊事萬言策于總督虜城楊公

大奇之擢守大同助馬堡堡極孤懸列邊外與虜相鄰六七里先是瀕危者數矣我先君經營戰守

備極勞苦民甫安業而乙丑歲虜酋俺答率十萬衆造堡下環圍攻擊必欲屠我土地時參師劉[illegible]

君素懦弱且恐魚肉于虜潛謀夜遁先府君以大義責之曰食君之祿死君之事義也焉有偷生苟[illegible]

免能自立于天地間者因攝堡門列車輿爲掎道而按劍厲衆曰吾死此吾輩吾分內諸士其自爲

計于是衆心感泣始協力固守虜野無所掠內不可攻遂解圍遁去事聞晉山西行都司僉書都

指揮僉事先君賦性亢直不善逢迎當道者忌之遂慷慨告歸總制陳公考先惜其才而知其屈

强起爲大同永嘉守俄因疾危甚面衛調理當隆慶壬申歲之貳月也是時堅天子咸加遠謀

虜首歲貢宣府張家口堡者遣當市衛醜夷驕悍商賈當其事者輒枉報罷至萬曆甲戌令

上登極之三載總制嘉魚方公薦先君守之先君隨機應變迎刃而解折諸酋以威撫諸酋以信款誠

商賈輩民以注遷內外無敢譁譁迄今張家口稱爲金湯虜奉約束彌謹者蓋賴先君之成算之

三賈皆成陞河南都司僉書定州遊擊將軍再更居匪五軍營萬曆甲申轉遊擊茶將乙酉調薊

宣府[illegible]路時值同事有司者贓賄如山亮聲載道先君自擊之而弗忍也言之當道有司者因為撫

爲民先君亦爲其所嫉而閑住然皆撫拾無一可以指摘先君者先君怡然就道無少不平色天自

書曰捐一職而救萬民仁之所爲也求仁而得仁夫又何怨況有居足以蔽身田足以糊口而

足以爲身揚名不臨先業矣遂優游林下與鄉耆俊士日賦詩飲酒爲終老計胡昊天不弔

傾逸奪我怙時和別然天也我距先君生于嘉靖八年丁亥四月十九日辰時卒于萬曆十六

戊子三月二十四日戌時享年止六十二夫胡不寵老者不滿德意才碘善蒼蒼果蕓之即接先君

性至孝友卻曾參閑摘茂以適之撫諸猶子不啻所生賴先君而成立者若千戶兄勳居士兄汝[illegible]

指揮僉事兄汝諫汝相署丞弟汝林儒生弟汝梗先君容度弘遠喜慍不形一言一動皆有成律

人之儀之徒未嘗敢忘而睚眦之忿不計也及父兄之讐則捐生授命以報之雖人有謂失道者

先君無之恤盡其忠義之性植之於天者本如是平生織介不苟取故居常二十五載臨[illegible]

上遺二百餘金喪事未竟遺囊已罄天地鬼神實共鑒臨嗚呼是可以知先君之爲人矣先君[illegible]

人顧氏四從三從離所不備是君德業妣實相之享年三十六先先君卒繼配夫人閆氏咸有一德

後先殁美生子二長汝植任指揮僉事娶羅氏爲松樹守汝郎京孝孫汝模娶吳氏繼娶郝氏[illegible]

長道武舉指揮宗夏鎮出汝適指揮楊元吉三尚在禄禄問出先是府[illegible]

不孝孫曰吾痛必不起子勉承吾志吾之墓誌銘予自爲之毋求諸他人爲[illegible]

昏絶而復生升天號泣顧屠猿以代父躬而卒其中也于十六年九月二十日[illegible]

人顧氏之柩合葬城北故山之陽稱祖血稽顙百拜而爲之銘曰嬌嬌[illegible]國[illegible]

惜智慮勇仁秉道嶽和正已律人惜我顧母一德咸馨[illegible]

千戶[illegible]萬曆十[illegible]年戊子[illegible]九月壬戌承祀[illegible]

明昭武将军上轻车都尉左参将显考石嵩府君妣夫人顾氏合葬志铭

年代：明万历十六年（1588 年）

尺寸：宽 54 厘米，高 52 厘米，厚 10 厘米

录文：

明昭武将军上轻车都尉左参将显考石嵩府君妣夫人顾氏合葬志铭

府君姓李氏，讳维，字德彰，别号石嵩，凤阳之颍上人也。始祖贵，以武略将军，调宣府怀安卫……贵生春，春生洪，洪生宪，宪生我大父，封君松崖公，□李氏。世世积功累仁，至我大父暨我大母□□，益增修厥德，以故上天敷锡，笃生我伯考，通奉大夫、浙江布政石峰府君纶，居士府君绅，迪功郎□，东邹平县尹、石溪府君缉。先府君，其季也，方在娠，大母数有异征。及生，果岐嶷端凝，虎头燕额，□□不凡。甫齠龀，大夫俾卒儒业，即颖悟，神解子、经、史、百家，罔不会其大都，然亦弗肯竟事。平居辄喟□叹曰："士生边塞，当如郭、李诸人，垂名竹帛，安所效竖儒执毛锥刺刺训章句耶？"遂习孙吴方略，至□旬有二，以千户登。嘉靖己未，武进士举，加授指挥佥事。居四年，上边事万言，策于兵书虞坡杨公。公大奇之，擢守大同助马堡。堡极孤悬列边，外与虏相邻六七里，先是濒危者数矣。我先君经营战守，备极劳苦，民甫安业。而乙丑岁，虏酋俺答率十万众造堡下，环围攻击，必欲荐食我土地。时参帅刘君素懦弱，且恐鱼肉于虏，潜谋夜遁。先府君以大义责之，曰："食

君之禄，死君之事，义也。焉有偷生苟免能自立于天地间者？”因据堡门，列车舆，为狭道而按剑，励众曰：“吾死此，吾毕；吾分阃，诸士其自为计。”于是众心感泣，始协力固守。虏野无所掠，内不可攻，遂解围遁去。事闻晋山西行都司佥书都指挥佥事。先君赋性亢直，不善逢迎，当道者忌之，遂慷慨告归。总制陈公者心惜其才而知其屈也，强起为大同永嘉守，俄因寒疾危甚，回卫调理，时隆庆壬申岁之贰月也。是时，圣天子威加远夷，虏酋款贡。宣府张家口堡者，适当市冲，丑夷骄悍，商贾业集，当其事者辄任辄报罢。至万历甲戌，今上登极之三载，总制嘉鱼方公荐先君守之，先君随机应变，迎刃而解，折诸酋以威，抚诸酋以信，制诸商贾、军民以法，边内外无敢讙哗，迄今张家口称为金汤。虏奉约束弥谨者，盖亦赖先君之成算云。三贡告成，升河南都司佥书、定州游击将军，再更石匣五军营。万历甲申，转巡捕左参将。乙酉，调守宣府南路。时值同事有司者赃贿如山，冤声载道，先君目击之而弗忍也，言之当道，有司者因落拱为民，先君亦为其所嗾而闲住，然皆摭拾，无一可以指摘先君者。先君怡然就道，无少不平，色友自喜曰：“捐一职而救万民，仁人之所为也。求仁而得仁，夫又何怨？况有居足以蔽身，田足以糊口，而子足以立身，扬名不堕先业乎？”遂优游林下，与乡耆俊士日赋诗、饮酒，为终老计。胡昊天不吊，□疾告倾，遽夺我怙恃而永别终天也哉！距先君生于嘉靖八年丁亥四月十九日辰时，卒于万历十六年戊子三月二十四日戌时，享年止六十二。夫位不宠，施寿不满，德忌才殃，善苍苍果梦之。即按先君，性至孝友，即曾参、闵损，蔑以过之。抚诸犹子，不啻所生，赖先君而成立者若干户。兄勋居士、兄汝立指挥佥事，兄汝谏、汝相署丞，弟汝栋儒生，弟汝梗。先君气度弘远，喜怒不形，一言一动皆有成律。受人一饭之德，未尝敢忘，而睚眦之忿不计也。及父兄之仇，则捐生授命以报之。虽人有谓失□适者，先君亦□之恤，盖其忠义之性植之于天者本如是。平生纤介，不苟取，故居官二十五载，临□之日，止遗二百余金。丧事未襄，遗囊已罄，天地鬼神实共鉴临。呜呼！是可以知先君之为人矣。先君配夫人顾氏，四德三从，靡所不备，先君德业，妣实相之，享年三十六，先先君卒。继配夫人闫氏，咸有一德□先□美。生子二，长汝桓，任指挥佥事，娶罗氏，为松树守；次即不孝孤汝桢，娶吴氏，继娶郝氏。女三，长适武举指挥□宗夏，俱顾出；次适指挥杨元吉；三尚在襁褓，闫出。先是府君未终之前一日，嘱不孝孤曰："吾病必不起，子勉承吾志。吾之墓志铭，子自为之，毋求诸他人，为溢美贻我。"不□桢□命昏绝，死而复生，叫天号地，愿属牺牲以代父躬而卒，无由也。卜十六年九月二十日□时，启先妣□人顾氏之柩，合葬于城北坎山之阳。桢泣血稽颡，百拜而为之。铭曰：

矫矫府□，国之□□。□友□信，智廉勇仁。秉道嫉邪，
正己律人。偕我顾母，一德咸磬。既受帝祉，施于后昆。
呜呼！□千□宝，永乎贞珉。

万历十陆年戊子九月壬戌，奉祀孝男李汝桢泣血稽颡拜撰。

壙誌

代藩輔國將軍晴川暨夫人劉氏合葬壙誌銘

晴川[illegible]卒[illegible]中余[illegible]之[illegible]何以銘翁墓哉盖云中[illegible]者不[illegible]朝夕矣

辛卯[illegible]三日[illegible]君[illegible]者早[illegible]趨[illegible]得自言[illegible]父母先後[illegible]逝今將合[illegible]矣[illegible]乞[illegible]銘以昭不

泯[illegible]政[illegible]任[illegible]生[illegible]武以呈之噫人[illegible]于翁不[illegible]父母之光[illegible]以[illegible]自[illegible]人[illegible]將[illegible]而[illegible]

為岳父母[illegible]忘知[illegible]者[illegible]真[illegible]於半子[illegible]義[illegible]辭[illegible]文[illegible]晴川[illegible]究[illegible]

太祖高皇帝六葉裔代藩和川悼僖王之孫鎮國將軍[illegible]俊[illegible]夫人楊氏[illegible]出也[illegible]性朴[illegible]不[illegible]

[illegible]孝賢且[illegible]能[illegible]之[illegible]讀人之過至[illegible]門[illegible]方數[illegible]尤[illegible]能[illegible]對諸子[illegible]曰吾[illegible]

豈可[illegible]為[illegible]武[illegible]為[illegible]奔走計哉雖[illegible]能安其[illegible]

祖宗[illegible]法[illegible]已[illegible]下[illegible]以[illegible]何以[illegible]子和[illegible]族為以厚宗盟哉[illegible]是[illegible]大[illegible]百年[illegible]夫婦[illegible]一而[illegible]吾[illegible]

業[illegible]吉[illegible]一[illegible]六[illegible]樂善忘勢[illegible]足守分而已[illegible]弱[illegible]禮部[illegible]合[illegible]夫人劉氏其[illegible]文[illegible]政[illegible]

惠慈祥[illegible]可[illegible]姻[illegible]及娌[illegible]凡[illegible]其恩宥者須為口碑若其相夫[illegible]刻[illegible]于[illegible]事[illegible]四十餘年唱

隨弗[illegible]按[illegible]人[illegible]翁[illegible]劉有[illegible]孟[illegible]翁生於嘉靖丁亥二月二十五日終於萬曆庚寅四月十七日享

年六十四歲配劉生於嘉靖己丑三月二十九日終於萬曆丁亥五月二十六日享年五十九歲翁之生先劉二

載劉之卒先翁三年停柩於廬遲[illegible]未發其若有所待者與翁平日從一而終之說不其符契矣乎翁之先四翁

之第六排行一十一人俱封輔國將軍一門之盛於今為烈何[illegible]休哉內助一楊氏子七長[illegible]次即[illegible]三[illegible]四

[illegible]五[illegible]六[illegible]俱封奉國將軍七[illegible]名[illegible]十[illegible]尚幼[illegible]劉氏出其所配俱封淑人弟[illegible]光翁[illegible]年翁女五各擇

[illegible]有差孫[illegible]四孫女四曾孫一俱幼擇[illegible]於萬曆壬辰年四月二十[illegible]日卜地於城南七里祖[illegible]之南[illegible]衍天

黄貴列雲中之盛[illegible]多[illegible]藩[illegible]之先正命考終全歸[illegible]銘曰

[illegible]表晴川 [illegible]秀[illegible]宗藩 樂善不倦 尚禮崇賢 [illegible]能得人 室家且爾 終始相從 骨肉[illegible]死

[illegible]子能幹蠱 婚近乘龍 門闌赫奕 [illegible]選流[illegible] 合[illegible]伉儷 佳城[illegible] [illegible]乾[illegible] [illegible]同緒

萬曆二十年四月二十日大同府儒學教授絳州兆峰王廷臣拜撰 不[illegible]男[illegible]泣血立石

代藩辅国将军晴川翁夫人刘氏合葬圹志铭

年代：明万历二十年（1592年）

尺寸：宽47厘米，高110厘米，厚18厘米

录文：

圹志

代藩辅国将军晴川翁夫人刘氏合葬圹志铭

晴川翁开府云中，余远处绛郡，何以铭翁墓哉？盖云中府庠，余叨教□，与天池郭君郊为莫逆交者，不啻朝夕矣。辛卯季春念（廿）三日，郭君携□□王孙，讳廷埱者，早趋学廨，自言岳父母先后继逝，今将合葬矣，愿乞墓铭以昭不泯，埱遂涕泣哀鸣，执乡致政恒泉任先生状以呈之。噫！人有子而能不没父母之光，可以称克肖矣；人有婿而能为岳父母不□不忘，如郭君者，其真无负于半子责哉！兹义固难辞，而文弗文不暇计矣。按状，晴川翁讳充慭，太祖高皇帝六叶裔，代藩和川悼僖王之孙，镇国将军俊本、夫人杨氏嫡出也。翁素性朴直，不喜浮躁，协心□亩，乐善尊贤，且能远谗佞之言，禁谈人之过。至其刑于闺门，义方教子，尤宗□首出者焉，尝对诸子、婿言曰："吾宗室之中，岂可骄淫矜夸为骨梁态哉？岂可趋炎附势为奔走计哉？惟能安享我祖宗禄养。□理守法，虚己下贤，仰以事亲，俯以教子，和族属以厚宗盟，敦手足而友兄弟。百年后，夫妇从一而终，吾愿毕矣。"平居□训言非一端，大抵皆乐善忘势、知足守

分而已。弱冠，奉礼部堪合，选配得夫人刘氏，其女仪坤政，温惠慈祥，班班可录。妯娌及婢媵，凡沐其恩育者，颂为口碑。若其相夫君、训诸子、持余事耳，琴瑟关雎四十余年，唱随弗移，举按愈谨，人咸称翁与刘有梁孟风。讵翁生于嘉靖丁亥二月二十五日，终于万历庚寅四月十七日，享年六十四岁。讵刘生于嘉靖己丑三月二十九日，终于万历丁亥五月二十六日，享年五十九岁。翁之生先刘二载，刘之卒先翁三年，停柩于庐，迟疑未发，真若有所待者，与翁平日从一而终之说不其符契矣乎！翁之兄四，翁之弟六，排行一十一人，俱封辅国将军，一门之盛于今为烈，猗欤休哉！内助一，杨氏。子七，长廷坭，次即埽，三□、四□、五埜、六□，俱封奉国将军；七寄，名六十儿，尚幼，俱刘氏出。其所配俱封淑人。第坭与□先翁卒耳。翁女五，各择配有差。孙男四，孙女四，曾孙一，俱幼。择葬于万历壬辰年四月二十日，卜地于城南七里祖茔之南。呜呼！派衍天潢，贵列云中之盛；多男多福，荣称藩邸之先。正命考终，全归造化。铭曰：

表表晴川，秀毓宗藩，乐善不倦，尚礼崇贤。

选配得人，室家宜尔，终始相从，骨肉生死。

子能干蛊，婿近乘龙，门阑赫奕，遐迩流声。

合葬伉俪，佳城郁郁，恒岳桑干，万年同绪。

万历二十年四月二十日，大同府儒学教授绛州九峰王廷臣拜撰，不肖男廷垣等泣血立石。

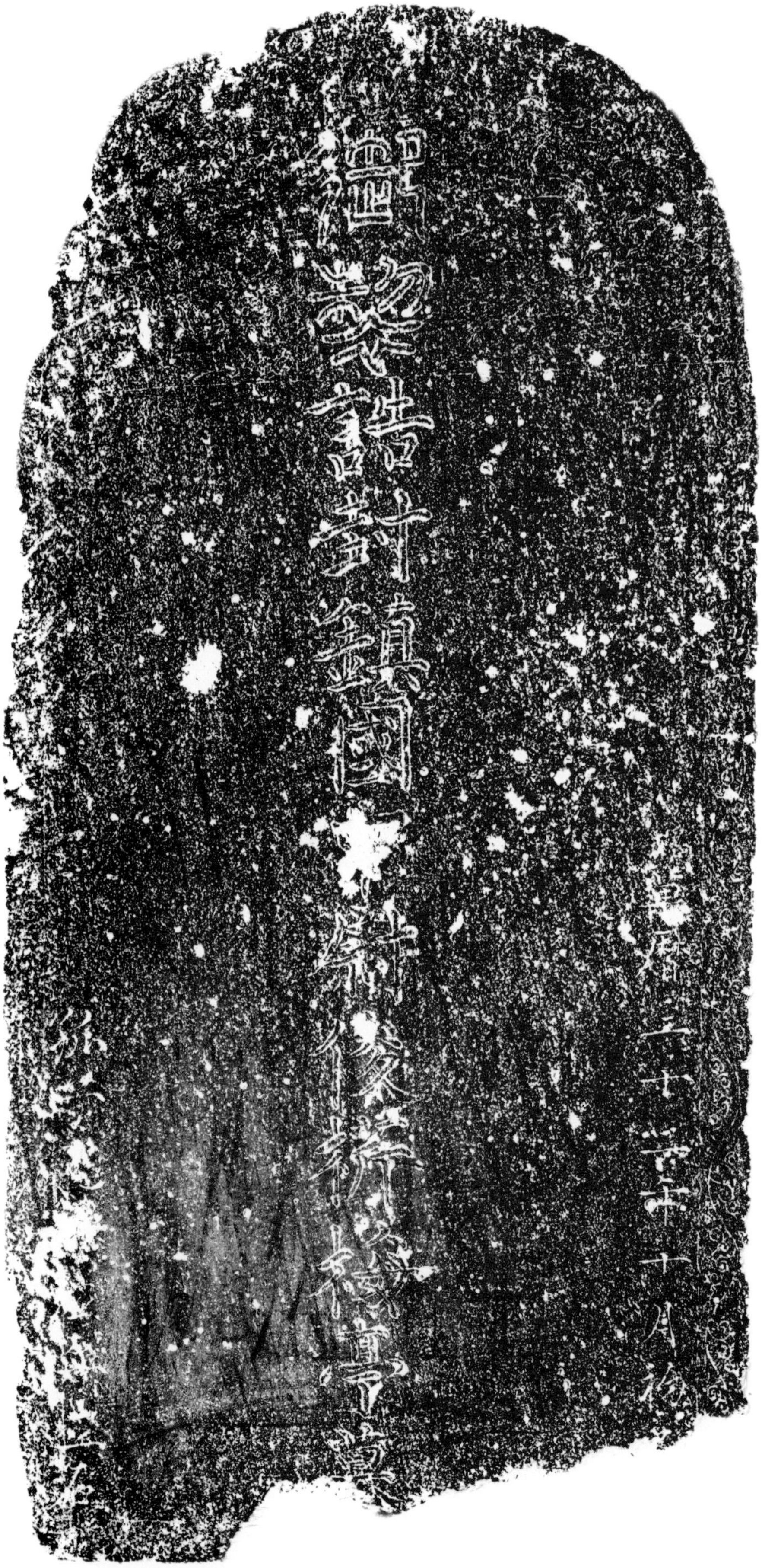

御制诰封镇国中尉俊桥梅亭墓碑

年代：明万历二十二年（1594 年）

尺寸：宽 50 厘米，高 89 厘米，厚 13 厘米

录文：

御制诰封镇国中尉俊桥梅亭墓

万历二十二年十月初……孤子□□泣血立石。

壙誌

皇明[illegible]王府輔國中尉北泉公壙誌銘

賜進士出身禮部主客清吏司主事[illegible]

北泉公者輔國中尉廷壁居人也余與公同鄉有親道舊[illegible]雅善[illegible]

冬貴公其弟走書抵余曰不肯[illegible]幸厚泰戚顧[illegible]文使文垂遠[illegible]

弗敢當其詞而辭則其意好按所狀曰公諱[illegible]賢封鎮國中尉北泉其別號

也其父奉國將軍智麼翁諱俊杖者公為第五子母宜人劉氏所出

潞城安簡王之曾孫而始祖祐

冊封為代簡王公寔我

太祖高皇帝七世孫也安享爵祿歷受龍屋富貴極矣公生而穎異聰慧非常容

貌豐偉敦厚然篤喜樂詩書禮賢下士恪遵典章種遣束平訓嗣嚴厲居家整

齊且周人之急濟人之難孝友勤儉聞於宗族仁義忠信播於鄉黨立心如此

於凡博奕游玩之類一迹罔臨其生性如此公之為人光明正大一毫不苟允

宜永壽夫何偶遭疾一夢黃泉無疾而終謂非天喪哲人而為神耳豈不信

哉嗟乎是亦可以徵公已公生嘉靖辛亥四月十一日卒萬曆甲午十月初一

日得壽四十四配[illegible]生董鈺長女封恭人生子一 賜名廷壇 封輔國中

尉娶丁氏封宜人生女二長配儀賓張三策次女未配孫女一名定兒卜九

月十八日葬於五里墻之原不佞自徵偉南宮佳以來有案牘之勞不甚以

揚公之美緣道家之雅遂為之銘曰 [illegible]北[illegible]瑰意猶行 質直好義

[illegible]履錯精明 藩國[illegible]重[illegible]族[illegible]安[illegible] 貽厥令子

芳譽無窮[illegible]安靈玄宮 地沃人[illegible]

萬曆二十五年歲次丁酉九月吉旦 孤子廷壇立石

皇明潞城王府镇国中尉北泉公圹志铭

年代：明万历二十五年（1597 年）

尺寸：宽 49 厘米，高 94 厘米，厚 14 厘米

录文：

圹志

皇明潞城王府镇国中尉北泉公圹志铭

赐进士出身礼部主客清吏司主事眷生肖衡李杜撰并书篆

北泉公者，辅国中尉廷嚎君父也。余与公同郡，有亲道焉，素相雅善。嚎君甲午冬遘公丧，悲号走书抵余曰："不肖服幸辱忝戚，愿得一言而铭父，使父重也。"余弗敢当其词而深恻其意，乃按所状曰，公讳充黥，封镇国中尉，北泉其别号也。其父奉国将军智庵翁，讳俊栰者，公为第五子，母淑人刘氏所出，潞城安简王之曾孙，而始祖初册封为代简王，公实我太祖高皇帝七世孙也，安享爵禄，历受宠渥，富贵极矣。公生而颖异，聪慧非常，容貌丰伟，敦厚纯笃，喜乐诗书，礼贤下士，恪遵典章，种迈东平，训嗣严厉，居家整齐，且周人之急，济人之艰，孝友勤俭闻于宗族，仁义忠信播于乡党，立心如此。于凡博奕游玩之类，一迹罔临，其生性如此。公之为人光明正大，一毫不苟，允宜永寿，夫何偶遭殰瘚，一梦黄泉，无疾而终，谓非天取哲人而为神□，岂不信哉？嗟乎！是亦可以征公已。公生嘉靖辛亥四月十一日，卒万历甲午十月初一日，得寿四十四。配庠生董钰长女，封恭人。生子一，赐名廷嚎，封辅国中尉，娶丁氏，封宜人。生女二，长配仪宾张三策，次女未配。孙女一，名定儿。卜九月十八日葬于五里墙之原，不佞自儆倖南宫筮仕以来，有案牍之劳，不能以扬公之美，缘通家之雅，遂为之铭曰：

矫矫北公，瑰意琦行。质直好义，厥志忠诚。禀性醇厚，履错精明。
藩国所重，矢族殊英。贻谷合子，芳誉无穷。山明水秀，妥灵玄宫。
地沃人杰，万古施声。

万历二十五年岁次丁酉九月吉旦，孤子廷嚎立石。

□宣威将軍鎮山李公墓誌銘

奉政大夫山西平陽府同知武陵夏尚金譔

公諱汝植字培之鎮山其别號也方在娠時母顧淑人数有異夢及生岐嶷端
凝虎頭燕頷公大父封君松崖公考昭武将軍石喬公咸器重之謂此兒必大
吾宗甫齠齔即令從師授四書毛詩輒能領畧大義然好拏劍走馬弗肯竟文
士事年十三自請於石喬公曰大人日禦胡□絕塞上兒願効終軍請纓繫單
于頭石喬公謂兒少年學壯士語□哥時□□遣至郎挾弋首立刺虜於
陣中一軍驚咤嗣後屢立戰功斬九級併授懷安衛指揮僉事萬曆初年
虜畏威欵塞每恨不能搴可汗頭□□□血□焉章畏死志在衛才名籍甚院
道遠而異之委防守鵰鶚三年調衛又三年歲在戊子石喬公終於正寢武
弁奉例不守制公慨然曰孩未侍湯藥不親襄事死且有餘罪遂謝官歸里
哀毀骨立三年如一日也君無何選視衛篆衛號疲殘難治視篆者輒任輒報
罷公矢諸天日以清白自勵指揮振刷衛事焕然改觀制府薊公中丞郭公閔
科鍾公交章舉薦甲午調守渡口堡堡與虜使隣一山素稱巢穴一見公即徙
右□指奏約束唯謹前後八上薦剡敕□弗偶又恥以金錢賂權貴故鬱鬱終
不得志丁酉冬末始奉
命守蔚州迺昊天不吊一疾告傾嗚呼仁者必有壽豈公之仁未盡耶又曰積善
有餘慶豈公之善未積耶始母□□□顧淑人早世事繼母闕淑人孝養
備至愛弟夏縣君汝楨自少至壯一飯未嘗離異妹適□□□□夏早卒公
爲甥維藩覔娶不惜数百金全其世業鄉黨有貧乏者□傾囊助之自甘澹泊
弗顧也公之孝友若是敦睦若是可謂志仁行善矣胡甫受一命即奄然長逝
耶距公生於嘉靖三十一年壬子九月十五日午時卒於萬曆二十六年戊戌
三月初五日辰時享年四十有七娶恭人羅氏先公十一年卒生女二長適指
揮程期遠次適指揮賈國臧繼室彭氏生女一適應襲□攀龍王氏生子紹芳
任氏生子貽芳繼夏尹李君□卜戊戌八月七日附葬昭武将軍之塋金佐郡
丞水與夏尹李君雅相友善李君不遠千里遣幣祈予一言以賁其幽宅全義
不獲辭而爲之銘曰
積善行仁将軍之心也斬将搴旗将軍之勇也馬革裹屍将軍之志也将軍
之位則不昌也将軍之壽則不長也嗚呼天實爲之将軍則順受乎正命也

明宣威将军镇山李公墓志铭

年代：明万历二十六年（1598 年）

尺寸：宽 54 厘米，高 54 厘米，厚 13 厘米

录文：

明宣威将军镇山李公墓志铭

奉政大夫山西平阳府同知武陵夏尚金撰

公讳汝植，字培之，镇山其别号也。方在娠时，母顾淑人数有异梦；及生，岐嶷端凝，虎头燕颔，公大父封君松崖公、考昭武将军石峤公，咸器重之，谓此儿必大吾宗甫。龆龀即令从师，授四书、毛诗，辄能领略大义，然好击剑走马，弗肯竟文士事。年十三，自请于石峤公，曰：“大人日御胡儿绝塞上，儿愿效终军，请缨系单于头。”石峤公谓儿：“少年学壮士语□□□奇。”时边报适至，即挟匕首立刺虏于阵中，一军惊咤。嗣后屡立战功，斩□□九级，并授怀安卫指挥佥事。万历初年，虏畏威欵塞，每恨不能搴可汗头、蹀阏氏血，成马革裹尸志。在卫才名籍甚，院道遴而异之。委防守雕鹗三年。调松树又三年。岁在戊子，石峤公终于正寝，武弁奉例不守制，公慨然曰：“疾未侍汤药，丧不亲葬事，死且有余罪。”遂谢官归里，哀毁骨立，三年如一日也。居无何，选视卫篆，卫号疲

瘵难治，视篆者辄任辄报罢。公矢诸天，日以清白自励，拮据振刷，卫事焕然改观。制府萧公、中丞郭公、闭科钟公交章举荐，甲午调守渡口堡。堡与虏仅隔一山，素称桀骜，一见公即吐舌啮指奉约束。唯谨前后八上荐剡□奇弗偶，又耻以金钱赂权贵，故郁郁久不得志。丁酉冬末，始奉命守蔚州，乃昊天不吊，一疾告倾。呜呼！仁者必有寿，岂公之仁未尽耶？又曰积善有余庆，岂公之善未积耶？姑母□□□□妳顾淑人早世，事继母阎淑人，孝养备至。爱弟夏县尹汝桢，自少至壮一饭未尝离异。妹适守备□□□夏，早卒。公为甥维藩完娶，不惜数百金，全其世秩。乡党有贫乏者，即倾囊助之，自甘澹泊弗顾也。公之孝友若是，敦睦若是，可谓志仁行善矣。胡甫受一命即奄然长逝耶？距公生于嘉靖三十一年壬子九月十五日午时，卒于万历二十六年戊戌三月初五日辰时，享年四十有七。娶恭人罗氏，先公十一年卒，生女二，长适指挥程期远，次适指挥贾国威。继室彭氏，生女一，适应袭苑攀龙王氏；生子绍芳。任氏生子昭芳，继夏尹李君嗣。卜戊戌八月七日，附葬昭武将军之茔，金佐郡平水与夏尹李君雅相友善，李君不远千里遣币祈子一言以贲其幽宅金，义不获辞而为之。铭曰：

积善行仁，将军之心也。斩将搴旗，将军之勇也。马革裹尸，将军之志也。将军之位则不昌也，将军之寿则不长也。呜呼！天实为之，将军则顺受乎正命也。

關羅城原議週圍一千一百八十丈一尺五寸自萬
十八年二月起至今修成揆各營路供作馮十二百
後東面北角臺起東南角止共長二百四十一丈
今為三工修砌勒此於後
總工中軍都指揮馮大恩

計開

神機營官軍四百四十八員名分修大墻六十三丈八尺六寸
頭工分修五作每作六丈五尺計三十七丈一尺五寸
二工分修四作每作六丈七尺計二十三丈六尺一寸
總管提調千總官一員　栗應武
管工把總官二員　李茂松　周世德
東路營官軍五百九十員名分修九十三丈四尺六寸
頭工分修九作每作六丈五尺計四十八丈四尺
二工分修七作每作六丈七尺二寸計四十七丈六寸
管工千總官一員　王詔
把總官二員　任勳　徐寶
北東路官軍五百五十三員名分修七十二丈六尺八寸
頭工分修七作每作六丈五尺計四十二丈三尺五寸
二工分修六作每作六丈七尺八寸計四十一丈三尺三寸
管工把總官三員　周尚武　朱國臣　方朝
石泥匠三名　徐時禎　蘇鳴鳳　李進

萬曆二十八年四月　日立

公仪地均碑记

年代：明万历二十八年（1600 年）
尺寸：宽 117 厘米，高 89 厘米，厚 15 厘米

录文：

北关罗城原议周围一千一百八十丈一尺五寸，自万历十八年二月起，工包修派拨各营路供作官军一千六百员名，从东面北角台起，东南角止，沿长二百四十二丈，分为二工修砌。勒此于后，综工游击都指挥冯大恩，计开神机营官军四百四十八员名，分修大墙六十三丈八尺六寸。头工分修五作，每作六丈五，计三十丈二尺五寸；二工分修五作，每作六丈七尺，零计三十三丈六尺一寸。总管提调千总官一员：柴应武。管工把总官二员：李汝松、周世德。东游兵营官军五百九十九员名，分修九十五丈四尺六寸。头工分修八作，每作六丈五寸，计四十八丈四尺；二工分修七作，每作六丈七尺二寸，计四十七丈六寸。管工千总官一员：王诏；把总官二员：任勋、徐宝。北东路官军五百五十三员名，分修八十二丈六尺八寸。头工分修七作，每作六丈五寸，计四十二丈三尺五寸；二工分修六作，每作六丈七尺二寸，计四十丈三尺三寸。管工把总官三员：周尚武、李国臣、方朝刚；石泥匠三名：徐时福、苏鸣凤、佳通。

万历二十八年四月　日立。

明誥授榮祿大夫
特進光祿大夫平
羌將軍鎮守甘肅
固原總兵官右軍
都督府都督同知
桓川孫公暨一品
大夫人原氏朱氏
合葬墓誌銘
（盖）

孙公暨一品太夫人原氏、朱氏合葬墓志铭

年代：明万历三十九年（1611年）

墓志尺寸：宽76厘米，高77厘米，厚10厘米

志盖尺寸：宽76厘米，高77厘米，厚10厘米

录文：

明诰授荣禄大夫特进光禄大夫平羌将军镇守甘肃固原总兵官左军都督府都督同知栢川孙公暨一品太夫人原氏朱氏合葬墓志铭

明诰授荣禄大夫特进光禄大夫平羌将军镇守固原甘肃总兵官左军都督府都督同知栢川孙公暨一品太夫人原氏朱氏合葬墓志铭

赐进士出身资政大夫太子少保礼部尚书兼翰林院学士予告三赐存问岁给夫廪华亭陆树声撰

赐进士出身资政大夫巡抚陕西地方赞理军务兵部尚书兼都察院右副都御史武安贾待问书

赐进士出身通议大夫巡抚甘肃等处地方赞理军务都察院右副都御史太康王□篆

孙之先，家于浙，自元末徙松，为望族，以至故文简公仕，世朝为名臣，汉阳嗣之有声。其一派则从军大同，以战功世袭指挥使，阅再传为特进。生而鹰扬，好儒术，自少于书无不阅。年十六，值父战殁，号恸几殒，以复仇自矢己复职。未几，任把总；寻积边功，蒙兵部题升守备；历升游击参副都，都督诸官；诏擢总兵，镇守固原十载；继而奉敕挂十□将军印，镇守甘肃等处。盖孙氏二宗瓜分南北，南至文简公而大，北至特进而大，文武相望，掩映当代矣。尤可志者为云西操守筑垣谨谍力过虏冲，为参将。值隆庆改元，护送永陵梓宫，伍肃令严。为都督时，穆宗大阅，温旨褒赉，竟忤柄臣，左迁为神木孤山，所至，与下均甘苦，得士心。在固镇值偕番洮，番先后叛为殊死，斩馘三百四十余级，且疾军政，允弛力任新固城，新兰靖洮诸边垣二百余里，木石一一因诸塞外，计省费千缗，是役

明誥授榮祿大夫特進光祿大夫左柱國鎮守固原甘肅總兵官左軍都督府都督同知潁川孫公暨
一品太夫人原氏朱氏合葬墓誌銘
賜進士出身資政大夫太子少保禮部尚書兼翰林院學士
予告
三賜存問歲給夫廩華亭陸樹聲撰
賜進士出身資政大夫巡撫陝西地方贊理軍務兵部尚書兼都察院右副都御史武安賈待問書
賜進士出身通議大夫巡撫甘肅等處地方贊理軍務都察院右副都御史太原王埈篆
孫之先家於析自元末從彬為望族以至故公仕
世翰為名臣表揚翮之有聲其一派則從軍大同以戰功世襲指揮使開再傳為特進生而膺揚好儒術自少
抗書極不閑年十六值父戰歿號慟幾殞以復自矢已復職未幾任把總屢著邊功家兵部
題陞守備歷陞遊擊參副都都督諸官
詔□□□兵鎮守固原十載繼而奉
勅掛平羌將軍印鎮守甘肅等處孫氏二宗瓜分南北南至文簡公而大北至特進而大文武相望掩映
當代矣茲所謂者為雲西操守築垣謹採力通虜衛為參將值隆慶改元護送
永陵梓宮伍爾令嚴為都督時
穆宗大閱
溫旨褒獎竟忤柄臣左遷為神木孤山所至與下均甘苦得士心其在固鎮值借番洮番先後叛為殊死斬馘
三百四十餘級且疾軍政免弛力任新固城新蘭靖洮諸邊垣二百餘里木石一一因諳塞外計省費千
緡是役一堅而百暇堅而垂永賴督府稱其功上
詔賚金幣陞都督在甘肅備人落撻番躬倡勇敢凡金城嘉峪張掖武威諸路賴以安堵無虞
詔加特進
恩貤四世蓋異數也居恒力疾抗疏得請歸臥家免息踵日惟對博山爵數自娛雖弋草起家而顛造然儒者
曉差從固保全名較他時賢矣卒之日訃聞
上命所司予祭予葬贈封晉宣不崇哀交至武特進生嘉靖戊戌十二月初三日卒于萬曆庚子七月十八
日得年六十有三元配原氏先卒贈一品太夫人繼配朱氏以少川公貴加封一品太夫人太夫人性嚴重
有才致盡筆女紅其他握算會計纖嗇內外無不秩然得所公之乃心疆場累奏殊績所由來也且生
自貴後而終不衰以奇故驕公用是自窮約暨顯榮及優游泉石每饌客至丙夜夫人躬臨視之竟羅酒
乃已然後庚子年所非夫人手調食弗食也可謂婦德終始者矣越十有一年為辛亥之二月十二日
而夫人卒距生嘉靖壬寅五月十四日得年七十子仕任陝西臨鞏總兵官屢建捷功
欽陞實授都督同知蔭一子本衛世襲正千戶移鎮上谷佩鎮朔將軍印益茂譽望不愧其家娶山西利民副
總兵彭世臣長女封一品夫人卒繼娶張氏封一品夫人女三長適指揮同知林有聲任河南都司次適
正千戶龍威振任迎恩堡守備季適指揮同知焦垣任破虜堡守備孫男二啓祚應襲任膺揚大同古□
左所正千戶聘大理寺左評事王從善長女啓宗任大同右衛指揮僉事娶右衛指揮同知張維垣長女
諸其漢陽狀予耄謝筆研久顧以鄉曲通家之誼且其子大元戎走數千里使不認辭也為之銘曰
皇有虎臣超迹騰起出為隆龍居維隱豹文武南北嘉猷世紹溫溫令淑婉嫕秘靜偕以終始于宅于兆
亦既有宇宣武建葆堂家祁山穹水浿後千百年俾此是銘匪夫人之銘以廣忠孝

（铭）

一坚而百堠坚。洵垂永赖督府程其功上，诏赉金币，升都督。在甘肃备人落掠番，躬倡勇敢，凡金城、嘉峪、张掖、武威诸路，赖以安堵。无何，诏加特进，恩貤四世，诚异数也。居顷，力疾抗疏得请归，归辄塞兑息踵，日惟对博山啸歌自娱。虽戈草起家，愿造次儒者，晚益□悦，用保令名较他帅贤矣。卒之日，讣闻，上命所司予祭予窆，赍封若贲，讵不荣哀交至哉！特进生嘉靖戊戌十二月初三日，卒于万历庚子七月十八日，得年六十有三。元配原氏，蚤卒，赠一品夫人；继配朱氏，以少川公贵，加封一品太夫人。太夫人性严，重有才，执工书笔、女红，其他握算、会计、纤啬，内外无不秩然得所。公之乃心疆场，累奏殊绩，所由来也；且生自贵族而终不敢以贵故骄，公用是自穷，约暨显荣。及优游泉石，每馔客至丙夜，夫人躬临视之，竟罢酒乃已。公寝疾二年，所非夫人手调食弗食也，可谓□德并终始者矣。越十有一年，为辛亥之二月十二日，而夫人卒，讵生嘉靖壬寅五月十四日，得年七十。于仁任陕西临巩总兵官，屡建捷功，钦升实授都督同知。荫一子，本卫世袭正千户，移镇上谷，佩镇朔将军印，益茂誉望，不愧箕裘。娶山西利民副总兵李世臣长女，封一品夫人，卒；继娶张氏，封一品夫人。女三，长适指挥同知林有声，任河南都司；次适正千户郭威振，任迎恩堡守备；季适指挥同知焦垣，任破虏堡守备。孙男二，启祚应袭任荫，授大同右卫左□正千户，聘大理寺左评事王从义长女；启宗任大同右卫指挥佥事，娶右卫指挥同知张维垣长女。语具汉阳状。予耄谢笔研久，顾以乡曲、通家之谊，且其子大元戎走数千里使，不认辞也，为之铭曰：

皇有虎臣，赳赳腾趠，出允骧龙，居维隐豹。

文武南北，嘉猷世绍，温温令淑，婉嫕秘馞。

偕以终始，于宅于兆，亦既有子，宣威建纛。

若堂象祁，山穹水澳，后千百年，惇史是诏。

匪夫人之铭，以广忠孝。

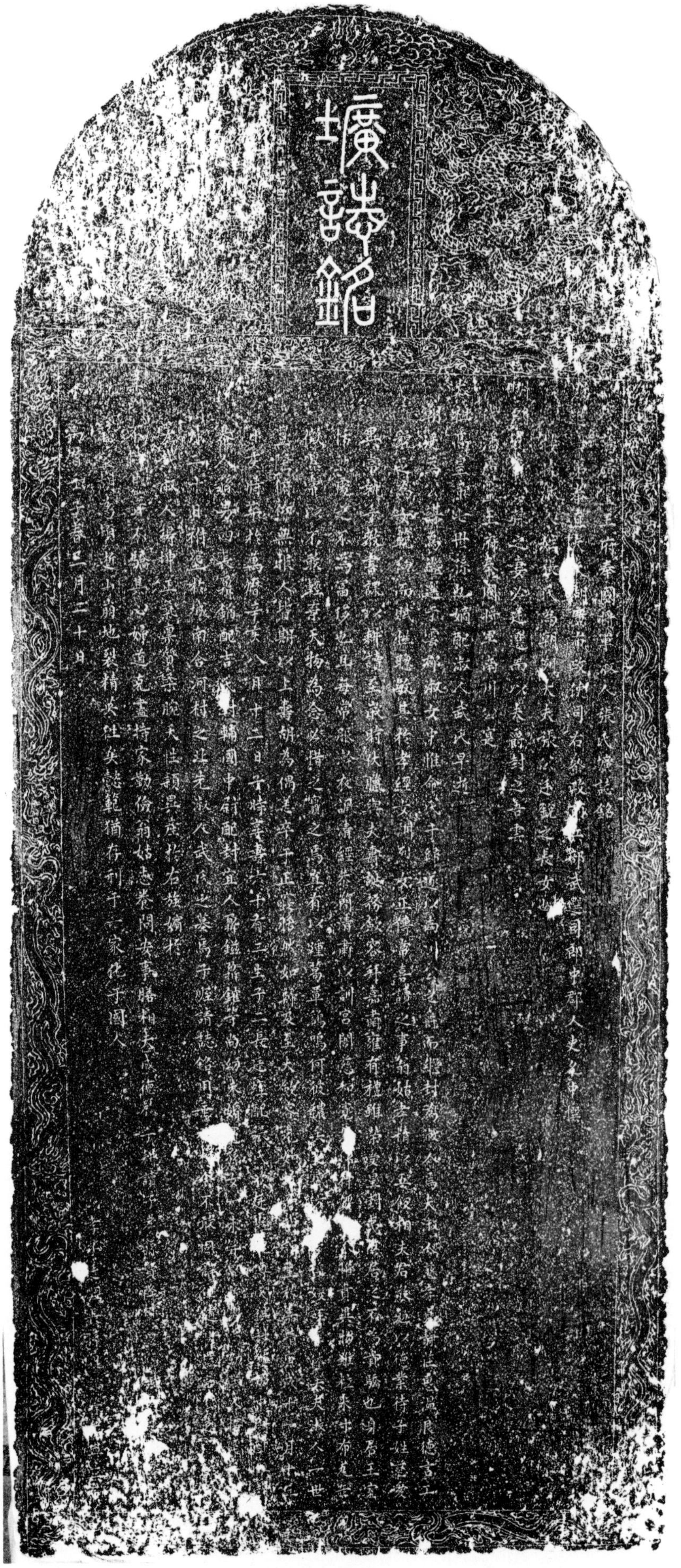

壙誌銘

代藩广灵王府奉国将军淑人张氏圹志铭

年代：明万历四十年（1612 年）

尺寸：宽 59 厘米，高 135 厘米，厚 17.5 厘米

录文：

圹志铭

代藩广灵王府奉国将军淑人张氏圹志铭

进士第奉直大夫湖广布政使司右参政前兵部武选司郎中郡人史允中撰

按状，淑人姓张氏，为朝列大夫张公廷锐之长女也。□□□□公孙之妻，必廷选而以夫爵封之。吾云代藩广灵王府奉国将军南川公，实太祖高皇帝七世孙也。嫡配淑人武氏早逝，朝廷为公谋，为继选于云郡淑女中，惟命氏于归，遂以南川公之爵而继封为淑人焉。夫淑人慈孝贞静，庄惠温良，德言工貌，足为女范。幼而赋性聪敏，其于《孝经》《女训》《烈女正传》常喜读之。事翁姑孝，精以五饭；相夫君敬，勉以德业；待子姓慈爱异常，执手教书，课以耕读。至岁时伏腊与夫寿诞，务敛容拜嘉，肃雍有礼。虽荣受皇封，夷然居之，不为贵骄也；身居王室，恬然处之，不为富侈也耳。每常服浣衣，调清经，恭简清肃，以训宫闱。慈和宽□，□待□□，不惟贵异物，虽粒米、寸布、瓦缶微器，常以不敢轻弃天物为念，必惜之、宝之焉。真有以踵《葛覃》《鸡鸣》《何彼秾矣》之盛。方□□哲媛，可□休矣。夫淑人一世丰隆，俯仰无恨人，皆期以上寿，胡为偶恙，卒于正寝，恬然如归。及至大敛，容光如□，奇哉！讵生于嘉靖庚戌十一月十三日亥时，卒于万历辛亥八月十二日子时，享寿六十有二。生子二，长廷蛭，配张氏；次廷□，配傅氏。俱封镇国中尉，配俱封恭人。孙男四，长鼐□，配吉氏，封辅国中尉，配封宜人；鼐镃、鼐鍷等尚幼，未婚□。孙女一，未笄。曾孙男尚幼……月二十日，祔葬于城南合河村之北先淑人武氏之墓焉。子胣请志铭，用垂不朽。余不敢固辞，仅随状志……左哉。淑人得坤正气，禀质柔腕，天性颖异；产于右族，嫔于皇门；不恃其贵，不骄其心；妇道克尽，持家勤俭；翁姑志养，问安事膳；相夫成德，严子耕读；子孝孙贤，降尔……胡为顿逝？山崩地裂，精英往矣。懿范犹存，刑于一家，化于国人。

万历壬子春三月二十日，孝子廷□、长孙□□等泣血立石。

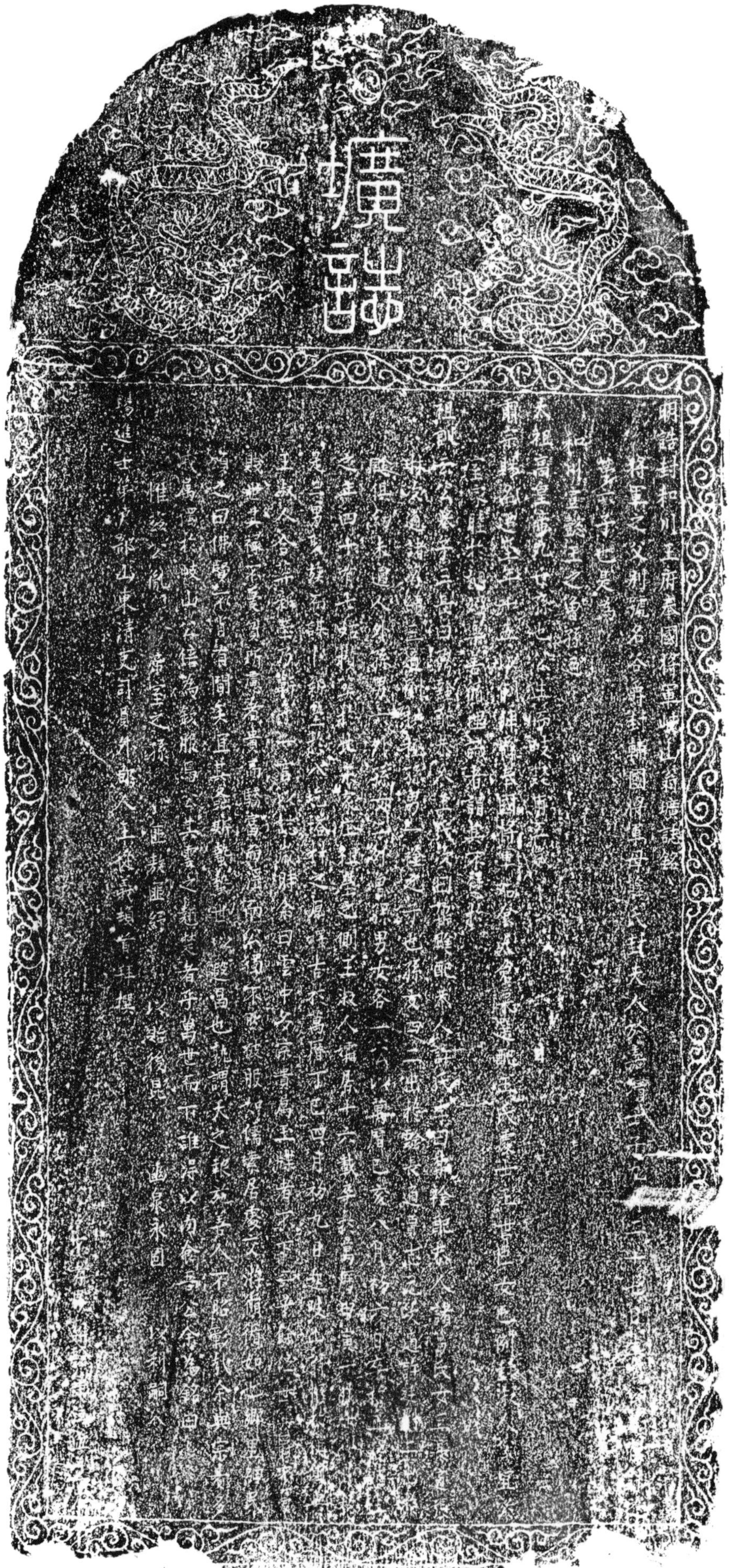
壙誌

明诰封和川王府奉国将军岐山翁圹志铭

年代：明万历四十五年（1617年）
尺寸：宽48厘米，高98厘米，厚14.5厘米

录文：

圹志

明诰封和川王府奉国将军岐山翁圹志铭

将军之父别号名谷，爵封辅国将军，母□氏封夫人，于嘉靖壬子九月二十七日生……第六子也，是为和川宣懿王之曾孙，乃太祖高皇帝九世孙也。公生而岐嶷，甫五岁，肃宗赐名廷□。年十五，以例拜爵奉国将军，始食太仓粟。选配王氏，处士王世臣女也，例封淑人。公宜于室家，睦于姻娅，乐善循理，识者谓其不愆于祖训云。公□子三，长曰鼐黔，配恭人王氏；次曰鼐颾，配恭人许氏；季曰鼐袷，配恭人诸葛氏。女三，长适张琳，次适诸葛缙，三适刘拱极。孙男一，袷之子也。孙女四，二出于黔，长适贾志元，次适许廷□；二出于颾，俱幼，未适人。外孙男六，外孙女二，外曾孙男、女各一。公以万历己亥八月初六日卒于正寝，距生之年四十有七，姑攒葬于北宋家庄祖茔之侧。王淑人孀居十六载，卒于万历甲寅一月□□日。于是三男聚族而谋，卜新茔于八圪塔村之原，择吉于万历丁巳四月初九日起岐山翁柩于祖□，与王淑人合葬新茔，乃蕲予一言以志。岁时，余曰云中多宗贵，属玉牒者不下二千余位，世其爵不忧贱，世其禄不忧贫，所虑者贵而骄、富而淫，而公独不然，被服如儒素，居处交游循循如也，乡里细民颂之曰："佛贤不肖有间矣，宜其螽斯蛰蛰世以遐昌也，孰谓天之报施善人不昭彰哉！"余与宗贵多岁属，独于岐山公倍为钦服焉。公其云之翘楚者乎，万世而下，谁得以内食吾公？余为铭曰：

惟兹公胤，帝室之孙。匪敖匪纾，以贻后昆。幽泉永固，以利嗣人。

赐进士第户部山东清吏司员外郡人王从义顿首拜撰，不孝男鼐黔等泣血立石。

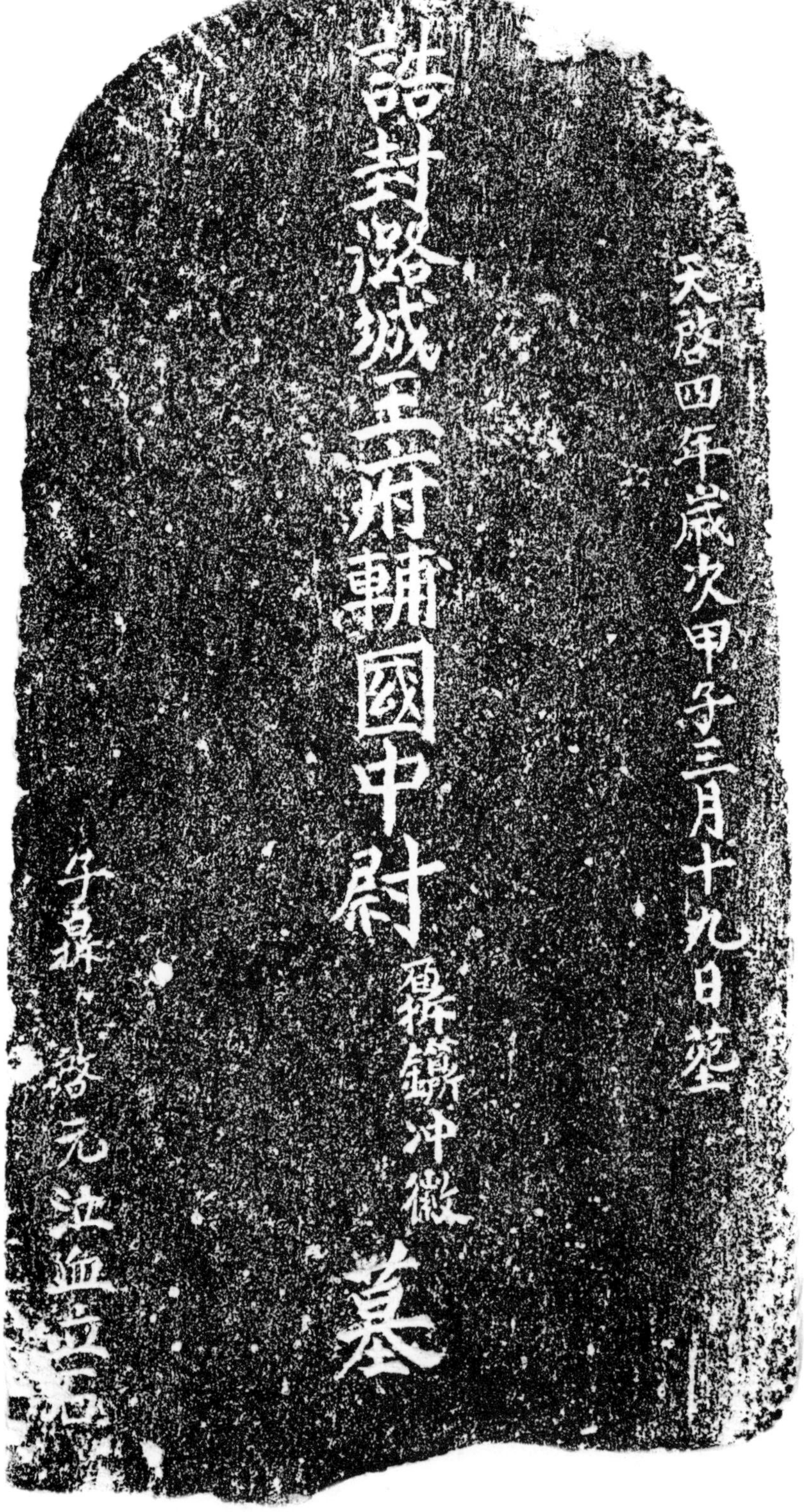
天啓四年歲次甲子三月十九日塟
誥封潞城王府輔國中尉覃孫鐄沖徵墓
子孫〃潞元泣血立石

诰封潞城王府辅国中尉鼐鑴冲徽墓碑

年代：明天启四年（1624 年）

尺寸：宽 48 厘米，高 97 厘米，厚 13 厘米

录文：

诰封潞城王府辅国中尉鼐鑴冲徽墓

天启四年岁次甲子三月十九日葬，子鼎启元泣血立石。

易有太極是生兩儀
生四象生八卦定吉
凶生大業古者伏羲
氏之王天下也仰則
（一）

觀象於天俯則觀法
於地觀鳥獸之文與
地之宜於是始作八
卦以通神明之德以
（二）

類萬物之情天地定
位山澤通氣雷風相
薄水火不相射八卦
相錯數往者順知
（三）

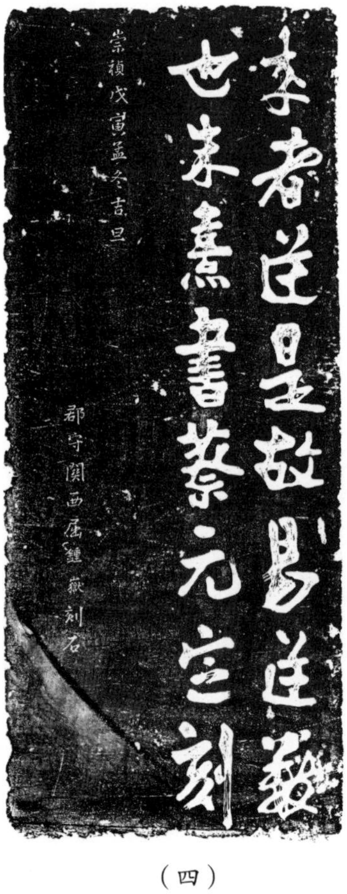
來者逆是故易逆數
也米元章書蔡元定刻
崇禎戊寅孟冬吉旦
郡守関西屈鍾嶽刻石
（四）

朱熹太极碑

年代：明崇祯十一年（1638年）
尺寸：宽60厘米，高157厘米，厚12厘米

录文：

易有太极，是生两仪，两仪生四象，四象生八卦，八卦定吉凶，吉凶生大业。古者伏羲氏之王天下也，仰则观象于天，俯则观法于地，观鸟兽之文与地之宜，于是始作八卦，以通神明之德，以类万物之情。天地定位，山泽通气，雷风相薄，水火不相射。八卦相错，数往者顺，知来者逆，是故易逆数也。

朱熹书，蔡元定刻。

崇祯戊寅孟冬吉旦，郡守关西屈钟岳刻石。

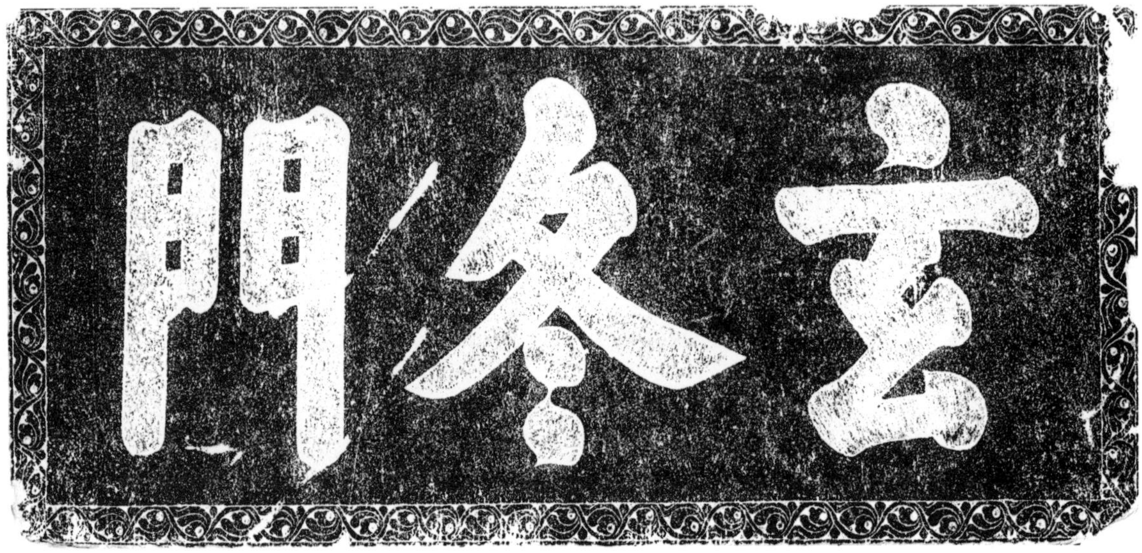
玄冬門

玄冬门匾额

年代：明

尺寸：长 198 厘米，宽 83 厘米，厚 16 厘米

2014 年出土于山西省大同市武定北路道路施工工地

录文：

玄冬门

清及民国

流芳百世

重修七佛禪寺碑記蓋聞

諸佛聖賢出現閻浮皆以覺迷度生爲本而悲憫危持化普渡則以七佛爲最著故上古開天持

世之聖人如堯舜禹湯文武周孔孟衣垂象修道立言此皆諸佛聖賢化導人心之大機大用

也非下劣凡夫所可以尋常意識卜度測量也能使微塵有情衆生頓悟本地風光永脫沉淪

苦趣是故道教後世良[illegible]寶殿金容星列宇宙隨緣赴感普周處處如雲郡南門內有七佛禪

寺按古創自明季萬曆年間爾來相傳二百餘載殿堂日久僅蔽風雨墻壁摧殘幾成荒垣頹

佛祖感發人心幸有江南仁齋毛子雲張志忠等目擊心傷慨發至誠叅同衙坊竭力維持廣募

貴官商賈各捐己資乞化善信檀那鳩捨才業將殿堂法像補修金裝牆頹垣煥然再新則

星簷飛翠起一方之壯觀斗拱流霞閣雲中題名盛輪用力共成莫大良因貴官商賈同證

直齋妙業童子拜涉於鉢內尚感輪王樵大善豎於佛頭猶登寶位傳續心燈常若萬世之盛

經勸石刻銘永爲千載之寶鑑云　　本寺主人普慧鑒撰書

特授山西大同府正堂加三級紀錄七次朱施銀五兩　　鐫石父李更芳曾孫子逢春

張志忠　[illegible]德富　韓義

經理勝事人　毛子雲　[illegible]紹武　劉成

韓成榮　閆秉直　姚璋

住持僧普威　普慧　普聰　徒通祥　通福　通毅　謹監

龍飛大清乾隆十五年歲次庚午[illegible]蓂生二莢之吉

重修七佛禅寺碑记

年代：清乾隆十五年（1750 年）
尺寸：宽 70 厘米，高 158 厘米，厚 19 厘米

录文：

流芳百世

重修七佛禅寺碑记

盖闻诸佛圣贤出现阎浮，皆以觉迷度生为本；而悲悯凡□应化普□，则以七佛为最著。故上古开天持世之圣人，如尧、舜、禹、汤、文、武、周、孔，垂衣画象，修道立言，此皆诸佛圣贤化导人心之大机大用也，非下劣凡夫所可以寻常意识卜度测量也。能使微尘有情、众生顿悟，本地风光永脱沉沦苦趣。是故遗教后世，良以宝殿金容，星列宇宙，随缘赴感，普周尘寰。如云郡南门内有七佛禅寺，按古创自明季万历年间，尔来相传二百余载。殿堂日久，仅蔽风雨；墙壁摧残，几成颓垣。赖佛祖感发人心，幸有江南江宁府毛子云、张志忠等目击心伤，慨发至诚，恭同街坊竭力维持。广募贵官、商贾，各捐己资；乞化善信、檀那，罄舍寸囊。将殿堂法像补修金装，门墙颓垣焕然再新。则星檐飞翠，起一方之壮观；斗拱流霞，开云中之名蓝。输财用力，共成莫大良因；贵宦商贾，同证真常妙乐。童子捧沙于钵内，尚感轮王；樵夫盖笠于佛头，犹登宝位。传续心灯，昭著万世之□经；勒石刻铭，永为千载之宝鉴云。本寺主人普慧鉴撰书。

特授山西大同府正堂加三级纪录七次朱施银五两。

镌石人李文芳暨子逢春、张志忠、王德富、韩义。

经理胜事人毛子云、□绍武、刘成、韩成荣、闫秉直、姚璋。

住持僧普盛、普慧、普聪，徒通祥、通福、通毅。

龙飞大清乾隆十五年岁次庚午□巳月蓂生二荚之吉谨监。

清故光祿大夫建威將軍協辦大學士吏部尚書
黃旗滿洲都統李文僖公墓誌銘
聊城鄒道沂譔并書
清協辦大學士吏部尚書諡文僖李公者山西大同
人也諱殿林字蔭墀曾祖廣壽祖治父增新本生父
增桂三世皆以公貴贈如其官妣皆封夫人公生而
凝重風度閎偉識者早卜為公輔器弱冠舉於鄉乙
丑考取覺羅官學教習丙寅以中書到閣行走丁憂
服闋辛未成進士翰林院庶吉士散館授職編修累
遷詹事府贊善中允洗馬左右春坊庶子翰林院侍
講侍讀學士充　國史館纂修咸安宮總裁　日
講起居注官總裁武會試者一順天鄉試會試同考
官者二以文學侍從迴翔館閣四十餘年歷試有煒
無幾微愆失疊荷　上方珍物書畫文綺之賜乙酉
視學廣西端士習甄人才土司亦喁喁慕化中間丁
母太夫人憂癸巳回　京洊升閣學歷署工兵兩部侍
郎旋授兵部左侍郎　朝廷於是知公可大任駸〻
嚮用矣當庚子典試廣東途次聞　西宮西狩乃間
闕數千里冒險蹈危赴陝　行在授吏部左侍郎戎
馬倉皇之際銓政弛紊公佐理部務澄敘秩然後拜
視學江蘇之　命辛丑　車駕還京師下詔厲行新
政三吳為人文淵藪公提倡教育以中學為本以西
學為輔在職三年士論大驩還朝署郵傳部尚書調
任正黃旗滿洲都統旋授吏部尚書　賞頭品頂戴
充　經筵講官參預政務大臣凡殿廷閱試皇華使
命靡歲無之宣統庚戌遂以吏部尚書協辦大學士
辛亥補授典禮院掌院學士　賜紫禁城騎馬西苑
門內乘坐二人肩輿異數也公在郵部爬梳積弊綜
核名實一日而彈劾數十百員嘗私瀆職者望風引
去部事以飭歲入驟增然未嘗位置一私人掌吏部
時繼定興鹿文端公之後一切慎守成法向遺無所

李殿林墓志铭

年代：1917年

尺寸：共两块，尺寸相同，长63厘米，宽40.4厘米，厚5厘米

出土于山西省大同市云州区许堡乡大王村南

录文：

清故光禄大夫建威将军协办大学士吏部尚书正黄旗满洲都统李文僖公墓志铭

聊城邹道沂撰并书。

清协办大学士、吏部尚书、谥文僖李公者，山西大同人也，讳殿林，字荫墀。曾祖广寿，祖沼，父增新，本生父增桂，三世皆以公贵，赠如其官，妣皆封夫人。公生而凝重，风度闳伟，识者早卜为公辅器。弱冠举于乡。乙丑，考取觉罗官学教习。丙寅，以中书到阁行走，父忧服阕。辛未，成进士，翰林院庶吉士。散馆，授职编修。累迁詹事府赞善、中允、洗马、左右春坊庶子，翰林院侍讲、侍读学士，充国史馆纂修、咸安宫总裁、日讲起居注官。总裁武会试者一，顺天乡试、会试同考官者二。以文学侍从回翔馆阁四十余年，历试有炜，无几微愆失叠，荷上方珍物，书画、文绮之赐。乙酉，视学广西，端士习，甄人才，土司亦喁喁慕化，中间丁母太夫人忧。癸巳，回京，洊升阁学，历署工、兵两部侍郎，旋授兵部左侍郎，朝廷于是知公可大任，骎骎响用矣。当庚子典试广东，途次闻两宫西狩，乃间关数千里，冒险随扈赴陕行在，授吏部左侍郎。戎马仓皇之际，铨政弛紊，公佐理部务，澄叙秩然，复拜视学江苏之命。辛丑，车驾还京师，下诏厉行新政。三吴为人文渊薮，公提倡教育以中学为本，以西学为辅。在职三年，士论大欢。还朝，署邮传部尚书，调任正黄旗满洲都统，旋授吏部尚书，赏头品顶戴，充经筵

受□□□所□□通中外大政密勿啟替□開□
至計疏上則削牘焚草即家人子弟有莫及知者□
歐風東煽海外留學之士盛倡平民主義謂可以救
中國危亡勢已岌岌矣而當國者以九年預備立憲
塗飾觀聽其所用人理財練兵益呰窳羸蔽不足壓
服天下人之志公乃私憂竊歎以謂禍□未艾也
逮武昌事起全國繹騷　孝定景皇后欲體　德宗
救國救民之遺志不忍以一姓之尊榮致億兆之塗
炭下詔以統治權公諸全國比南北之解決定優待
之條件成而公已累疏乞歸謝絕人事詩有之維此
老成瞻言百里有□也夫有以也夫道沂曩歲入都
曾侍公於座隅民國四年以雁門分轄移駐大同詢
公里居近狀往往黃冠野服洄跡漁樵仿佛司空圖
自營生壙飾巾待盡見者不知其為舊日參知政事
也民國六年一月偶示疾戒勿延醫勿進藥越自遂
卒享年七十有四時則丙辰年十二月初七日也遺
□入　大清皇帝震悼易名賜祭禮逾常等民國政
府□數百執事聞公之卒知與不知無不咨嗟太息
以為清室之耆舊盡矣公元配□夫人繼室康夫人
安夫人楊夫人均前卒女子子三無子以兄子垣祐
為主後將於丁巳年閏二月十四日卜葬於村北之
筠地自營生壙諸夫人祔從公志也垣祐纍然服喪
来有請曰先公千秋賴吾丈矣乃據其大節以諗異
日治國聞者系之以銘曰□□□□
雲中雄峙山川鬱盤翳有耆碩篤生其間早負承明
晚參大政翼亮登拱□□守正在家□季國地而危
親貴鼎劇海水群飛時其虞□政嬗共和懸車落日
隱痛揮戈王官之谷大旺之杜後先輝映塵外桃源
太歲司辰日月告凶不慭遺老一節始終□□恆□
浩□桑乾我銘幽石百世不刊
□□□□□

讲官，参预政务大臣。凡殿廷阅试，皇华使命，靡岁无之。宣统庚戌，遂以吏部尚书协办大学士。辛亥，补授典礼院掌院学士，赐紫禁城骑马、西苑门内乘坐二人肩舆，异数也。公在邮部，爬梳积弊，综核名实，一日而弹劾数十百员，营私渎职者望风引去，部事以饬，岁入骤增，然未尝位置一私人。掌吏部时，继定兴鹿文端公之后，一切慎守成法，问遗无所受，请寄无所听。每遇中外大政，密勿献替，动关安□。至计疏上，则削牍焚草，即家人、子弟有莫及知者□。欧风东煽，海外留学之士盛倡平民主义，谓可以救中国危亡。势已岌岌矣，而当国者以九年预备立宪，涂饰观听，其所用人、理财、练兵，益呰窳羸蔽，不足慑服天下人之志。公乃私忧窃叹，以谓祸正未有艾也。逮武昌事起，全国绎骚，孝定景皇后敬体德宗救国救民之遗志，不忍以一姓之尊荣致亿兆之涂炭，下诏以统治权公诸全国，比南北之解决，定优待之条件，成而公已累疏乞归，谢绝人事。《诗》有之：维此老成，瞻言百里。有以也夫？有以也夫！道沂曩岁入都，曾侍公于座隅。民国四年，以雁门分辖，移驻大同。询公里居近状，往往黄冠野服，溷迹渔樵，仿唐司空图，自营生圹，饰巾待尽，见者不知其为旧日参知政事也。民国六年一月，偶示疾，戒勿延医、勿进药，越日遂卒，享年七十有四，时则丙辰年十二月初七日也。遗□入，大清皇帝震悼，易名赐祭，礼逾常等。民国政府暨数百执事闻公之卒，知与不知，无不咨嗟太息，以为清室之耆旧尽矣。公元配李夫人，继室康夫人、安夫人、杨夫人，均前卒。女子子二，无子，以兄子垣祐为主后。将于丁巳年闰二月十四日，卜葬于村北之筠地自营生圹，诸夫人坿从，公志也。垣祐綦然服丧，来有请曰："先公千秋，赖吾丈矣。"乃摭其大节，以谂异日治国闻者，系之以铭，曰：

云中雄峙，山川郁盘。繄有耆硕，笃生其间。早值承明，晚参大政。
翼亮登洪，岳岳守正。在亥之季，国圮而危。亲贵鼎剧，海水群飞。
时异唐虞，政嬗共和。悬车落日，隐痛挥戈。王官之谷，大旺之村。
后先辉映，尘外桃源。太岁司辰，日月告凶。不慭遗老，一节始终。
峣峣恒岳，浩浩桑干。我铭幽石，百世不刊。

后记

碑刻是古人伟大的发明，充分反映了古人的物质文化与精神世界，具有丰富的历史文化与艺术研究价值。大同作为晋、冀、内蒙古三省交汇之处，是中原民族与游牧民族交往、交流、交融之地。大同地区出土的历代碑刻内容丰富，为研究大同地区不同历史时期的政治、经济、文化、军事、社会等提供了翔实的资料。

2021 年，为编撰此书，编撰小组成员林皓、左凤英、赵璐深入博物馆库房与北朝艺术博物馆展厅，了解馆藏碑刻文物收藏和保存的状况，并进行系统拣选，多方核查资料，精心编撰，精益求精，力求内容客观、严谨，具有较高的学术性。

本书的编辑出版工作得到大同市博物馆段晓莉馆长、曹臣明副馆长的高度重视和大力支持，在图片拍摄和图书编撰过程中，不仅给予人员与设备上的支持，更多次提出宝贵意见，使本书能保质保量地顺利刊印。本书的编辑出版工作还得到大同市博物馆内同行的大力支持和协助，在挑选、拓印、拍摄文物、录文等过程中给予我们许多热忱的帮助与积极的配合，骆东峰、吴中华同志在库房协助挑选文物，康林虎同志对碑刻文物进行拓印，韩心济、左凤英、王雅真三位同志协助拓印、扫描及复印，李彦颉同志对唐代碑刻进行录文。在此，向所有给予编撰小组支持和帮助的领导与同仁致以最为诚挚的谢意。此外，本书编撰过程中，参考了殷宪先生所撰的《大同新出唐辽金元志石新解》、《三晋石刻大全·大同市南郊区卷》、大同北朝艺术研究院编著的《北朝艺术研究院藏品图录——墓志》等著作，在此深表感谢。

真诚希望此书可以对各界人士研究碑刻艺术有所裨益与帮助。

编者

2023 年 9 月 1 日

图书在版编目（CIP）数据

翠珉琳琅：大同市博物馆藏历代碑刻选粹 / 大同市博物馆编著 .—太原：三晋出版社，2023.11

ISBN 978-7-5457-2668-8

Ⅰ. ①翠… Ⅱ. ①大… Ⅲ. ①碑刻 – 汇编 – 中国
Ⅳ. ①K877.42

中国国家版本馆 CIP 数据核字（2023）第 243411 号

翠珉琳琅——大同市博物馆藏历代碑刻选粹

编　　著：大同市博物馆
编　　辑：秦艳兰
助理编辑：张靖爽
责任印制：李佳音
装帧设计：我在文化工作室

出 版 者：山西出版传媒集团·三晋出版社
地　　址：太原市建设南路 21 号
电　　话：0351-4956036（总编室）
0351-4922203（印制部）
网　　址：http://www.sjcbs.cn

经 销 者：新华书店
承 印 者：山西印美文化科技有限公司

开　　本：880mm × 1230mm　1/16
印　　张：19.75
字　　数：200 千字
版　　次：2023 年 11 月　第 1 版
印　　次：2023 年 11 月　第 1 次印刷
书　　号：ISBN 978-7-5457-2668-8
定　　价：188.00 元

如有印装质量问题，请与本社发行部联系
电话：0351-4922268